手作りを楽しむ

はじめての
つるし飾りと
ちりめん細工

四季を彩るかわいいお細工ものをつるしたり、置いたり、つなげたり……

山口信子
著

日東書院

第一章
四季を楽しむつるし飾りとちりめん細工

春

夏

目次

第二章 つるし飾りとちりめん細工の作り方

はじめに

布をつなぐ、時間をつなぐ
心をつなぎ、想い出をつないだ作品たち
私の人生の日記帳
布と糸がつくり出す縫い物の世界
楽しい時間のおすそ分けです
今日の元気をつなげるために

二〇一六年　秋　山口信子

第一章

四季を楽しむ つるし飾りと ちりめん細工

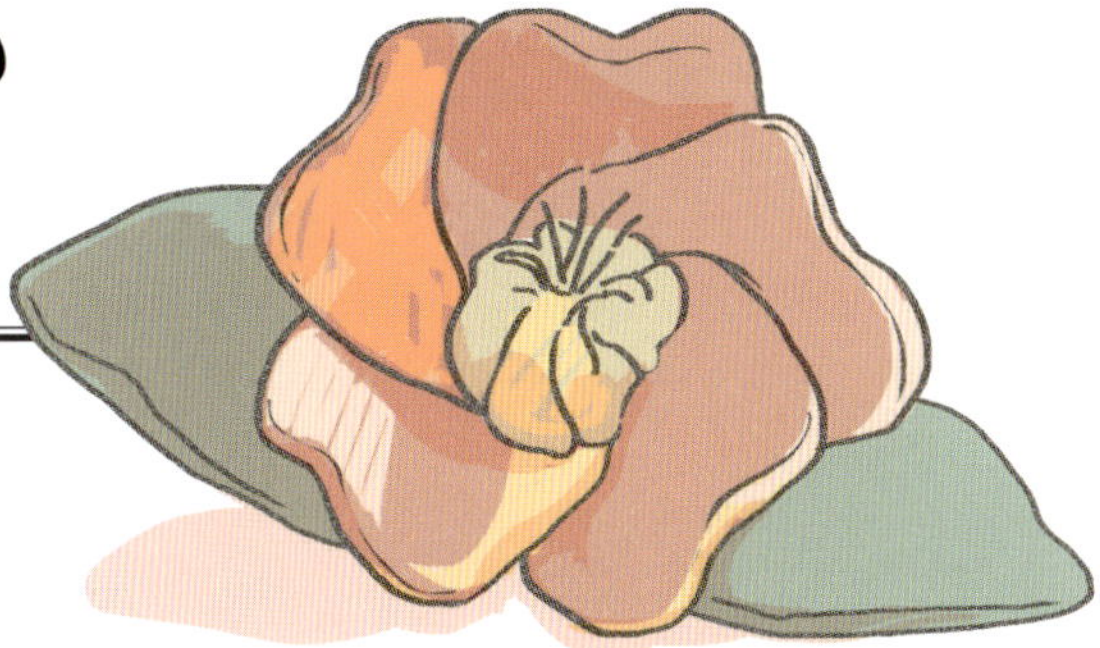

No.1

桜つるし飾り

制作・野村節子

作り方 P.40

うるわしき
大和の桜

No.2
桜タペストリー

作り方 P.40

桜の花は時間のあるときに作りだめしておくといい。

5弁の花びらはうてな（がく）でくるんでいる。

桜の花びらが日本の春を告げる

多くの人に愛される桜は、山桜など10種類ほどの自然種を基本に平安時代から親しまれています。現在の代表的な桜「ソメイヨシノ」のような栽培種も多く、南から北へと春を告げるように開花が北上します。

No.3

菜の花とモモちゃんとさとしくん 春が来た！喜びがいっぱい

作り方 P.42

黄色の絨毯が一面に広がる菜の花畑

夕暮れが少しずつ遅くなり、子供達の遊ぶ時間も長くなります。気がつくとお日様は畑の向こうに沈んでしまいそう。童謡に歌われる情景が目に浮かんできそうです。モモちゃんとさとしくんは元気いっぱいです。

菜の花をよく見ると真ん中には
つぼみがいっぱい。

モモちゃん。エプロンの前にビーズを付けて愛らしく。

さとしくん。絣のベストを着せて畑を駆け回るイメージ。

菜の花の個々の花は小花を集めて作っている。

No.4

おひな様とおすし

作り方 P.44

おひな様。着物は華やかな柄で。扇を持って。

三人官女。伝統的な白い着物と赤いはかまで。

桶に入ったおすし。卵やエビなどお寿司のネタがほほえましい。

女の子の雅なお祭り

少し気取って、お転婆はなしでね

なぜか5月5日の男子のお祭りより2ヵ月早く、3月3日に女子のひな祭りが行われます。これは徳川5代将軍・綱吉が決めたという説があります。ともあれ、この日は普段と違って、雅な立ち居振る舞いで過ごしましょう。

No.5

つわもの七人衆

制作・堺なるみ

作り方 P.46

三番叟。能楽・三番叟の衣装人形。
舞台では黒い面を着ける。

牛若丸。源義経の幼名・
牛若丸時代を表す人形。

格好いい 憧れのヒーロー

昔語りで聞いたお話には、いつも強くて大活躍の主人公が登場します。鬼退治の桃太郎、熊にまたがりお馬の稽古をした足柄山の金太郎など、眼を輝かしながら聞いたものです。もちろん牛若丸も欠かせません。

民話や歴史で おなじみの強者《つわもの》たち

金太郎。足柄山の金太郎は「熊にまたがりお馬の稽古」と歌われた。

弁慶。牛若丸の終生の家来、弁慶。大長刀は弁慶の象徴。

おすもうさん。大きくて強い力士は、子供にはヒーローだった。

桃太郎。鬼退治の桃太郎は猿、雉、犬をお供に大活躍。

トラ。象やライオンを知らない時代ではトラが一番の猛獣。

さるまわし。猿を肩に乗せ各地を回り芸を見せた大道芸。

すこやかに育てと

No.6

兜

制作・石田智恵子

作り方 P.52

新聞紙を折って作った兜

男の子にとって一番嬉しいのは、新聞紙を折って作った兜。飾られた兜と同じようにピンと立った鍬形ができると、誇らしげな気持ちになります。もちろん、うまく折れた証拠だからね。

願いを込めて

端午の節句

（参考作品）

派手やかな色合いのつるし飾りを

武者人形と紫菖蒲の花が男子の節句の定番です。つるし飾りでは色合い豊かな飾りを考えて、白や黄といった明るい色の菖蒲を飾りましょう。金太郎の腹掛けは赤でしたね、十分目立ちます。

たくさんのモチーフで賑やかに

No.7

ミニつるし飾り

制作・山口美枝子

作り方 P.54

三番叟。能の祝言曲で踊る3番目の舞で、おめでたいとされる。

梅。古代は花といえば香りが好まれて、桜よりも梅だった。

飾り玉。右は小花の作り方を応用して作ったもの。

わらべ。這い子ともいい、子どもの成長を願って作られる。

形の面白さも楽しみましょう

大きなつるし飾りは現代の居住間では、飾る場所に困るもの。ミニつるし飾りなら、マンション・リビングの片隅でもマッチします。これまでに作った作品を総動員して色とりどりに。花やとり、小動物など何でもかわいい。

うさぎ。神様のお使いであるうさぎは、飛躍の象徴とされる。

橘。おひな様ではひな壇の上で桜と共に内裏びなを飾る。

亀。鶴は千年、亀は万年というように、長寿の象徴。

七宝まり。いくつものつながった輪が、円満、子孫繁栄を表す。

椿。椿は古来、神の宿る木とされ、魔除けなどの意味もある。

松。松竹梅は門松にも使われ、松は神様の宿る木とされる。

鯛。おめでたい席には欠かせない鯛。赤い色が華やかに映える。

桃。ひな祭りを桃の節句というように、女の子の成長を祝う花。

鶴。長寿の象徴の吉祥の鳥。折り鶴は願い事を折り込む意味も。

No.8

花火 押し絵

制作・嶽釜志津江

作り方
P.58

夏の夜の思い出を布に映して

子どもの頃に見た花火は美しい思い出として残る。その情景をタペストリーに映して。一生の宝物として残したい。

藍の地布に華やかな色合いを

一瞬の光が描く色とりどりの花が夜空に広がります。ドンと大きな音とともに見上げる空は、夏の暑さを忘れさせる爽快な光に覆われ「納涼」という言葉が頭の中を駆け巡ります。うちわであおぐ風も爽快な涼風です。

No.9

うさぎの盆踊り

賑やかな太鼓の音が聞こえます

作り方 P.60

手拍子揃えて
ドドンとなー

夏休みの中頃は盆踊りの季節です。公園の広場には櫓《やぐら》が組まれ、日暮れの頃から太鼓の音が響きます。そんな情景をうさぎと、木組みの櫓で再現してみましょう。踊り手のうさぎを、たくさん作って賑やかに。

うちわを背中にしょって
盆踊りを踊りましょう。

太鼓をたたくうさぎさん。陽気な
音が町内にこだまして。

櫓。舞台装置としてのやぐらで
立派な飾り物になります。

No.10

夏の風物詩

暑いので涼しさ集めてみました

作り方
P.62

風鈴、かたつむり、朝顔、蛍、
かえる、うちわと夏の代表的
なものを集めてみました。

蓮の花。泥沼に美しい花を咲かせる。

蓮の蕾。蕾が開くとき音を立てるとか。

No.11

蓮の花

制作・藤井幸代

朝早く音を立てて咲く蓮たち

作り方 P.64

蓮の葉。大きな葉は花を守るように。

涼しさを呼ぶ工夫を先人に習って

先人は夏の暑さをしのぐ様々な工夫を凝らしました。風鈴の音で涼風を、朝顔の蔓垣《つるがき》で日除けなどは代表的なものです。また水鉢で蓮を育て、早朝の花咲の音を楽しむといった粋な楽しみも流行りました。

千利休が好んだということから、茶花としてよく用いられる。関東以北には見られず、また絶滅が危惧されている。

お花を飾って お茶を 点てましょう

No.12 大山れんげ

作り方 P.66

深山に自生する幻想的な白い花

蓮華という名前ながら、池や沼に生える蓮とはまったく関係ない木蓮科に属する植物。関東以南の深山に自生し、大群落のある奈良大峰山にちなみ大山れんげとなったとされます。白い花は5～6月頃に咲きます。

七夕
押し絵
（参考作品）

織姫と彦星の出会う夜

七夕も子どもの頃に短冊を下げて祈った思い
出の行事。大人っぽい意匠で楽しむのも粋。

No.13

柿タペストリー

秋の夕暮れ 寂しくも美しく

作り方 P.68

地布に「夕やけこやけ」の歌を白い墨で書いて、しみじみとした風情を演出。（書：小野誠子）

抜ける青空に映える柿の朱

豊穣の秋と言われるように、作物はたわわの実りを誇ります。中でも柿の朱色は空の青と競うように華やぎ、印象深い風景の主役でもあります。黒地に朱色の柿を散らしたタペストリーは季節を強く主張します。

うさぎうさぎ何見てはねる

No.14 やじろべえ

つるし飾りとちりめん細工×秋

作り方 P.70

お月見にはすすきとお団子をお供えして。うさぎ親子も楽しんでいる様子。

台の上に座っているうさぎ。神のお使いであるうさぎが天上から眺めている？

月にうさぎの言い伝え。科学的には嘘と分かっても、やっぱり夢がありますね。

No.15

おじぞうさん

制作・嶽釜志津江／松原水子／猪久保敏子

かわいい顔の六地蔵

今でも地方の道沿いに六体の地蔵が安置された六地蔵を見かけます。人々の生きていく上での苦を救う六種の地蔵で、延命《えんめい》・宝処《ほうしょ》・宝《ほう》手《しゅ》・持地《じじ》・法印手《ほういんで》・堅固意《けんごい》の六体です。地蔵はかわいい顔にしましょう。

作り方
P.74

かわいいお顔で並んでいます

子どもの守り神として親しまれているおじぞうさん。大地がすべての命を育む力を蔵していることから、名付けられたという。数珠を手にして、笠とよだれ掛けが必須のアイテム。

和テイストで楽しむクリスマス

No.16 クリスマスつるし飾り

制作・辻野友巳

作り方 P.76

クリスマスもつるし飾りに。
一番目立つところに靴下を飾って、いっぱいプレゼントが入りますように。

No.17 クリスマスタペストリー

作り方 P.76

赤いサンタさんがかわいいタペストリー。夜空に星が光ってる。

大きな靴下にくまさんやあめのプレゼント。朝、目を覚ました子どもが歓声を上げるように。

イブにふさわしく サンタの訪問ストーリーで

サンタやトナカイを主役にして、トナカイに乗ったサンタがイブの空からやってくる。

もちろん大きな袋にはプレゼントがいっぱい。夜空からサンタが降りてくるように、自分の家の煙突は忘れずに。

No.18

椿タペストリー

いろんな種類の椿を飾って

作り方 P.80

椿の学名はカメリア・ジャポニカ

日本を代表する花ともいえ、北海道を除き日本の各地に自生し高さ15メートルを超える高木もあります。色も紅、淡紅色、濃紅紫色、白色等々、他に園芸品種もあって八重咲き、牡丹咲き、ラッパ咲きなど多彩。

No.19

椿 くす玉

制作・堀田由子

お香を入れて邪気を払いましょう

作り方 P.80

椿1。真っ赤な花弁の椿。雪の降った朝などにはひときわあでやかに。

椿2。柄布で斑入りの椿を表現。斑入りだけで200種近くある。

祇園。名前の通り和を象徴するにふさわしいたたずまい。

久留米乙女。九州。久留米の品種。花芯に宝珠状の玉を抱く。

五色椿。「白毫寺」の五色椿は奈良三銘椿の一つ。

紅からこ。中心部に花弁化した雄しべがぎっしり詰まっている。

無季

No.20

傘福

制作・石川淑子

傘の中で幸せに暮らすうさぎ

作り方 P.86

白い体に赤い目と耳、紅白の姿からめでたさを表す縁起物。

絞りの布を使ってくしゅくしゅと縮めて作った花。

三大つるし飾りの一つとして「傘福」

江戸時代の後期に酒田（山形県）周辺で小さな飾り物を傘先に吊して神社仏閣に奉納した風習が始まりと言われています。色鮮やかな朱の傘に花やうさぎなどのつるしものをさげた形は、回転木馬のように回したくなります。

No.21

ねずみの嫁入り

花嫁の行列が行く華やかに

作り方 P.88

無季

晴れ着姿の行列 多彩な衣装を楽しめる

親は娘の幸せを願い、有力者の息子との縁談を進めますが、結局は娘の気持ちを汲んで思う人との結婚を許すという昔話を題材に、花嫁の行列を再現。登場人物は皆晴れ着姿。花婿花嫁の衣装、出席者の着物はそれぞれ。

ねずみの従者。提灯を持って、行列を先導する。

ねずみの花嫁。繁殖力の強さから子孫繁栄の象徴とされている。

ねずみの仲人。女性は留袖、男性は羽織袴。正装のお二人を表現。

ねずみの娘。華やかな振り袖で、婚礼の場をもり立てる。

No.22

花ととり

桃源郷の幸せを

制作・藤井幸代

作り方 P.94

陸の桃源郷、海の竜宮城

中国の詩人・陶淵明は著書『桃花源紀』で道に迷った猟師を歓待し、俗世を離れたこの世の理想郷を描き、多くの詩人が賛美する詩を作りました。日本では浦島太郎の竜宮城にあたるかもしれませんね。

無季

とり。平和と幸福のシンボルとしての鳩は、身近な鳥でもある。

花は小花を集めてくす玉に。布の風合いを生かしている。

第二章

つるし飾りとちりめん細工の作り方

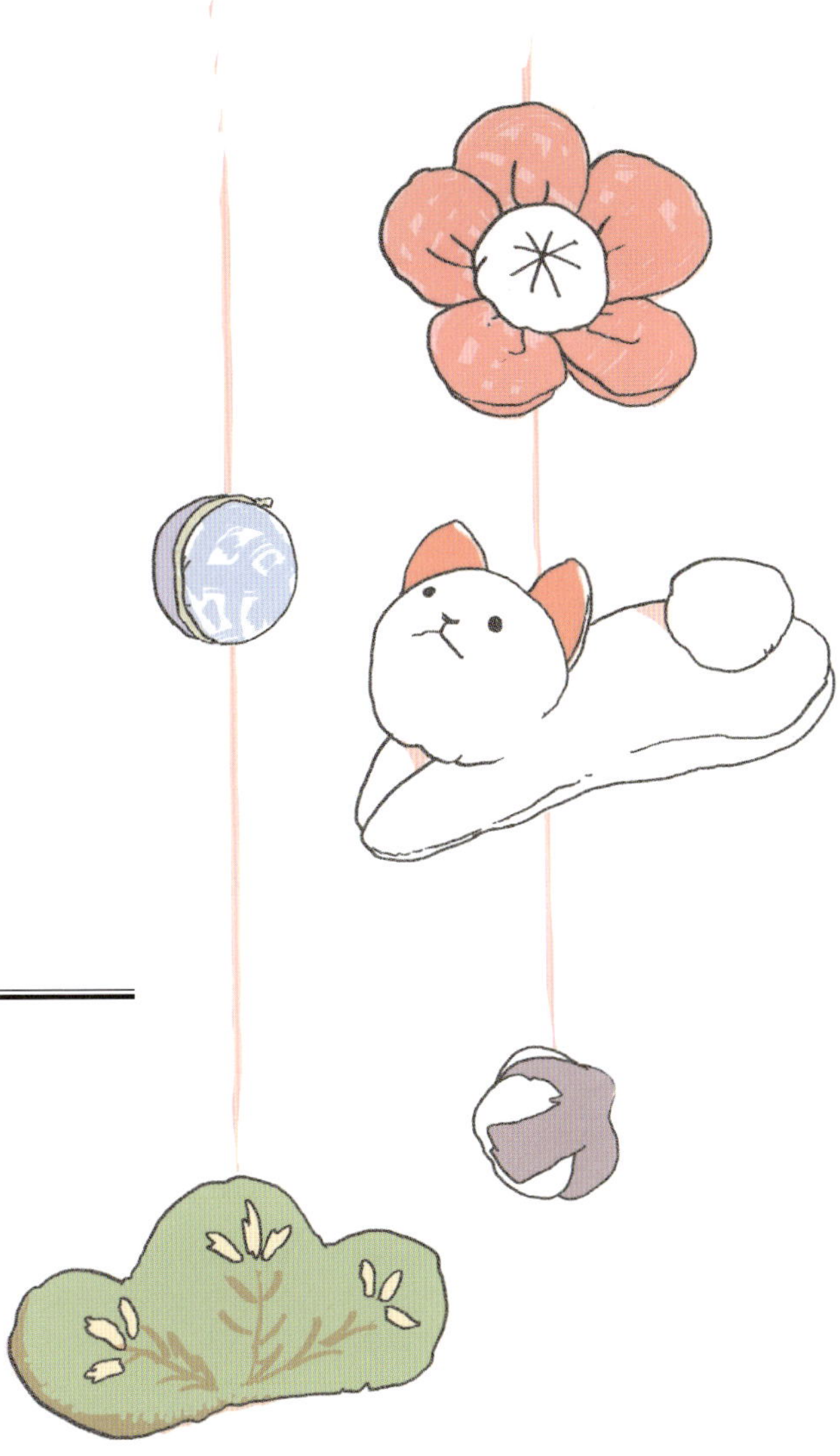

実物大型紙

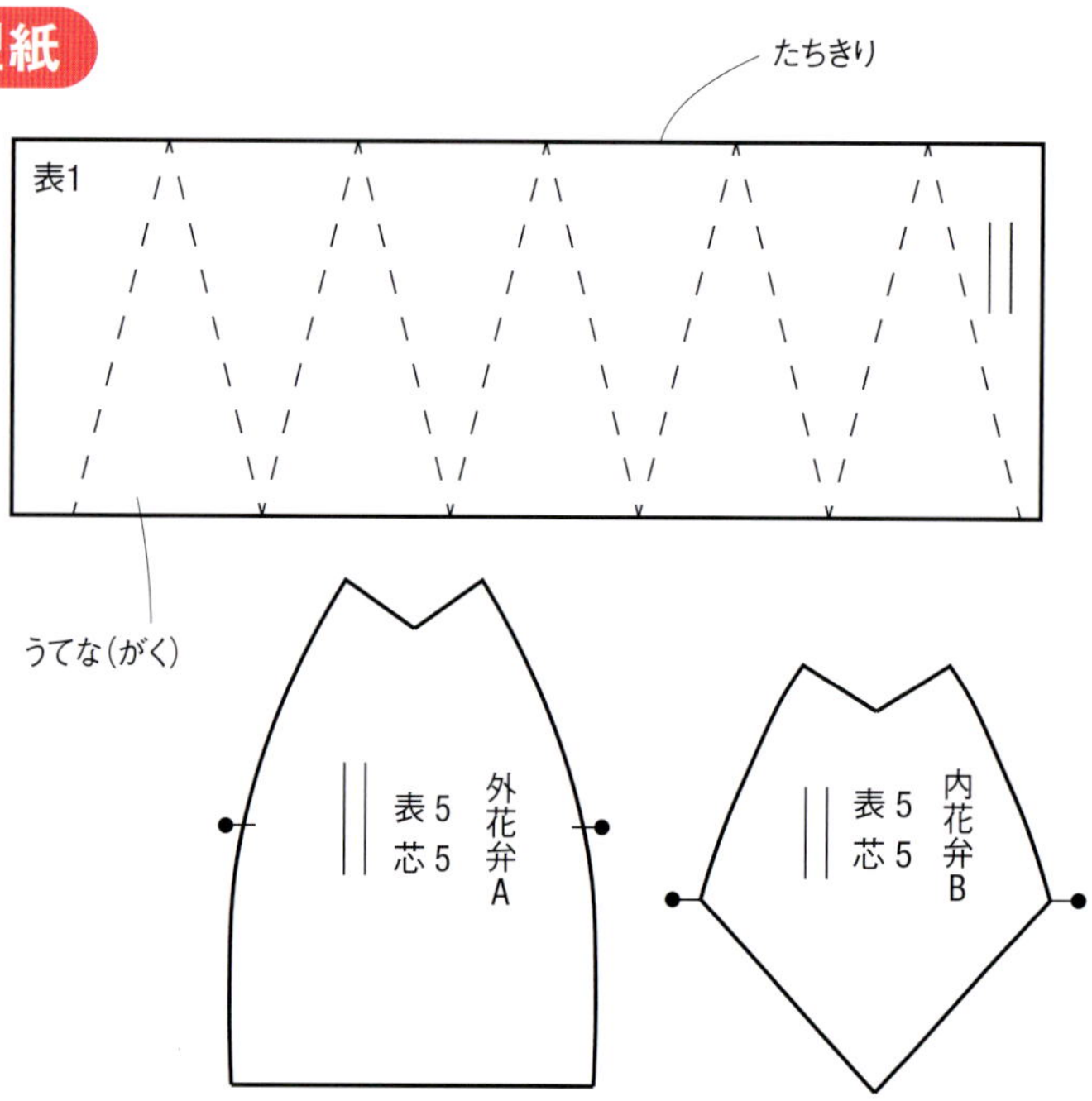

出来上がりの形

桜の花はつるすときには袋にしていませんが、香袋として用いる際にはくちべりを付けて紐を通し結びます。くちべりの付け方はP95参照。

うてな(がく)

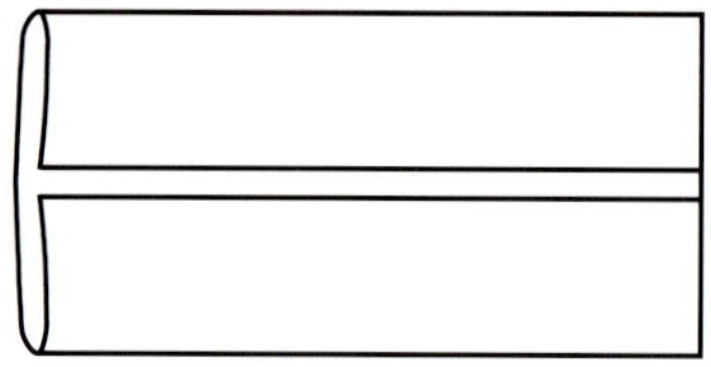

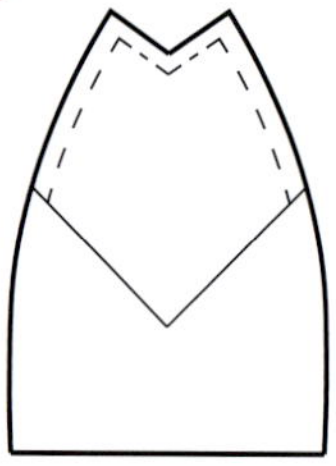

布の中央に両面接着芯を貼って図のように折る。

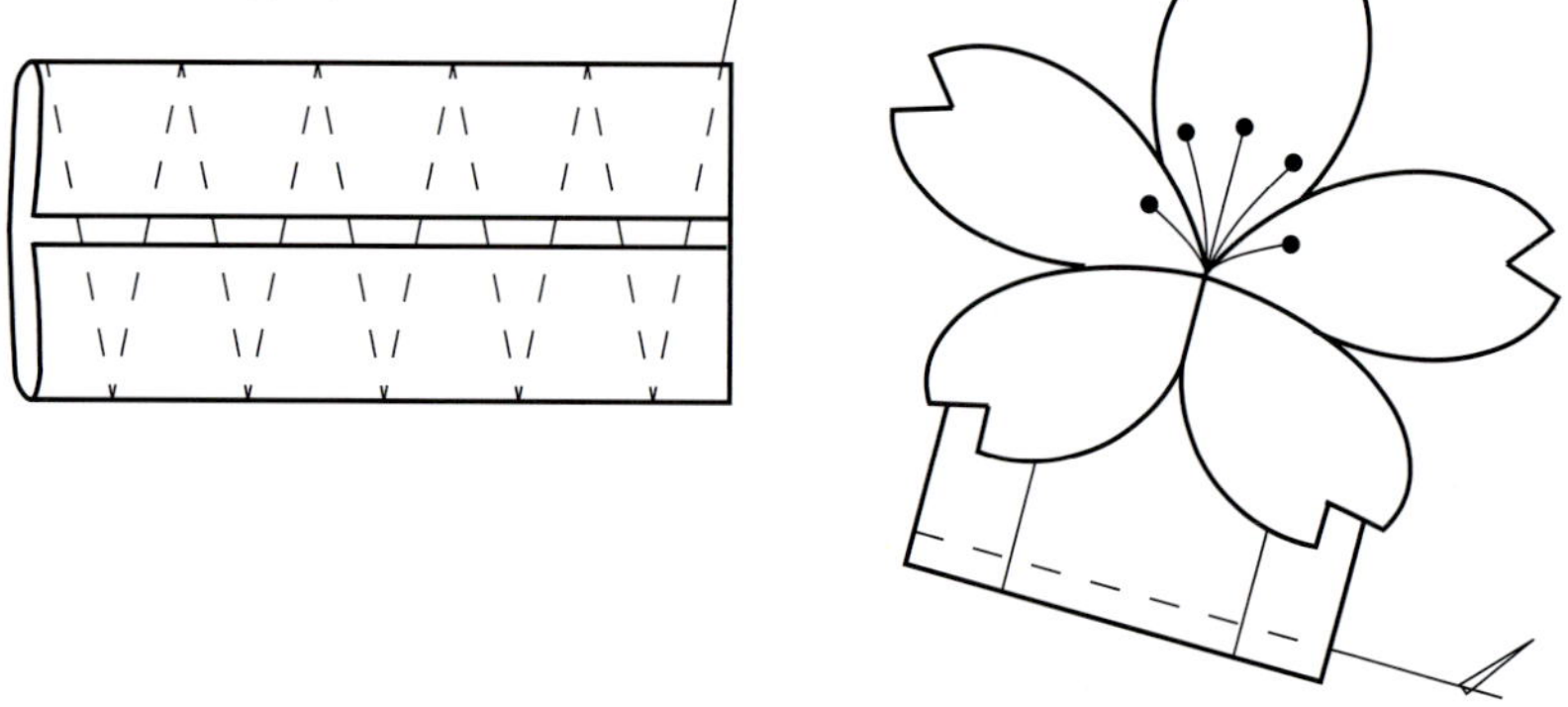

No.1　No.2

作品 P.6

No.1 桜のつるし飾り
No.2 桜タペストリー

材料(桜)

縮緬無地・柄
その他着物地
化繊綿
打ち紐(太さ0.1cm)
極細紐(花芯)
胴裏地
両面接着芯

材料(つるし)

直径20cmの竹の輪
打ち紐…太さ0.1cm×15cm=3本
　　　　太さ0.1cm×35cm=1本
打ち紐(グリーン)
　…太さ0.1cm×170cm=8本
　　太さ0.35cm×330cm
リリアングリーン…10束
リボン(グリーン)…2.5cm幅5m

桜の作り方
つるし飾り、タペストリー共通

1. 花弁A、Bを縫い合わせる。
2. 内花弁同士、外花弁同士縫い合わせる。
3. 内花弁の中央に、花芯を差し込んでとめる。
4. 外花弁の回りをぐし縫いして絞る。(花弁の中に化繊綿を少し入れ形を整える)
5. うてなを図のように縫い縮めて付ける。

花芯

紐0.1cmを2.5cmにして端をひと結びする。それを5本束ねる。結び目にボンドを付ける。

Ⓐ 0.1×15cm　3本
Ⓑ 0.1×35cm　1本
Ⓒ 竹の輪にはリボンを巻く
Ⓓ 中央のの紐　0.35×330cm
※中央の紐に菊結び、つゆ結びをした
桜くす玉大、小をつける。
Ⓔ 周囲の紐0.1×170cm　8本
Ⓕ 桜は10cm間隔で12個付ける
Ⓖ 小花くす玉
Ⓗ リリアン房

竹の輪が無ければ

❶クラフトテープ63cmを輪にする。(直径20cm)
❷ボンドをつけて❶の上にクラフトテープを3～4回ぐらい重ねるとしっかりした輪になる。

※桜くす玉は、桜のがくに糸を通してくす玉にする。12個1組が1つと8個1組が2つ。

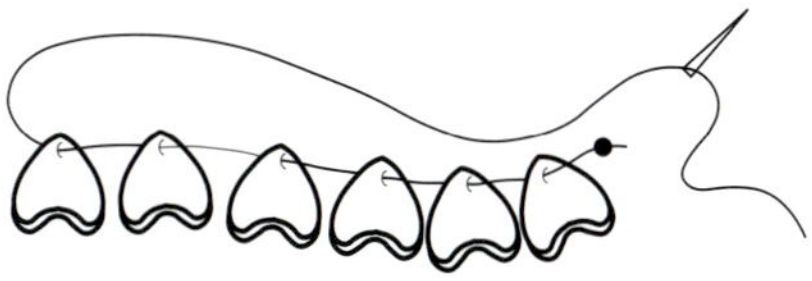

輪につないで絞りくす玉にする。

紐の結び方

・つゆ結び

図のように矢印の方向に通していく

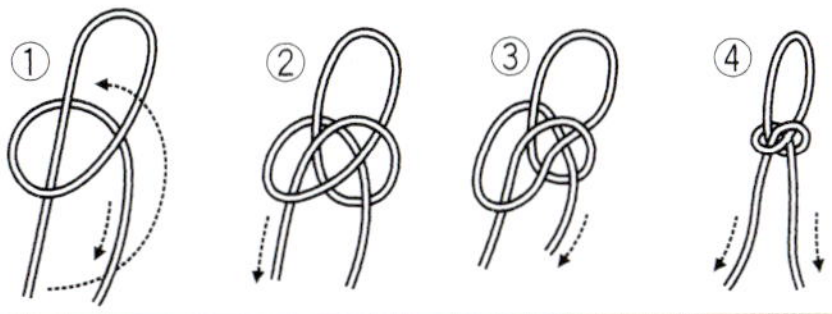

・菊結び

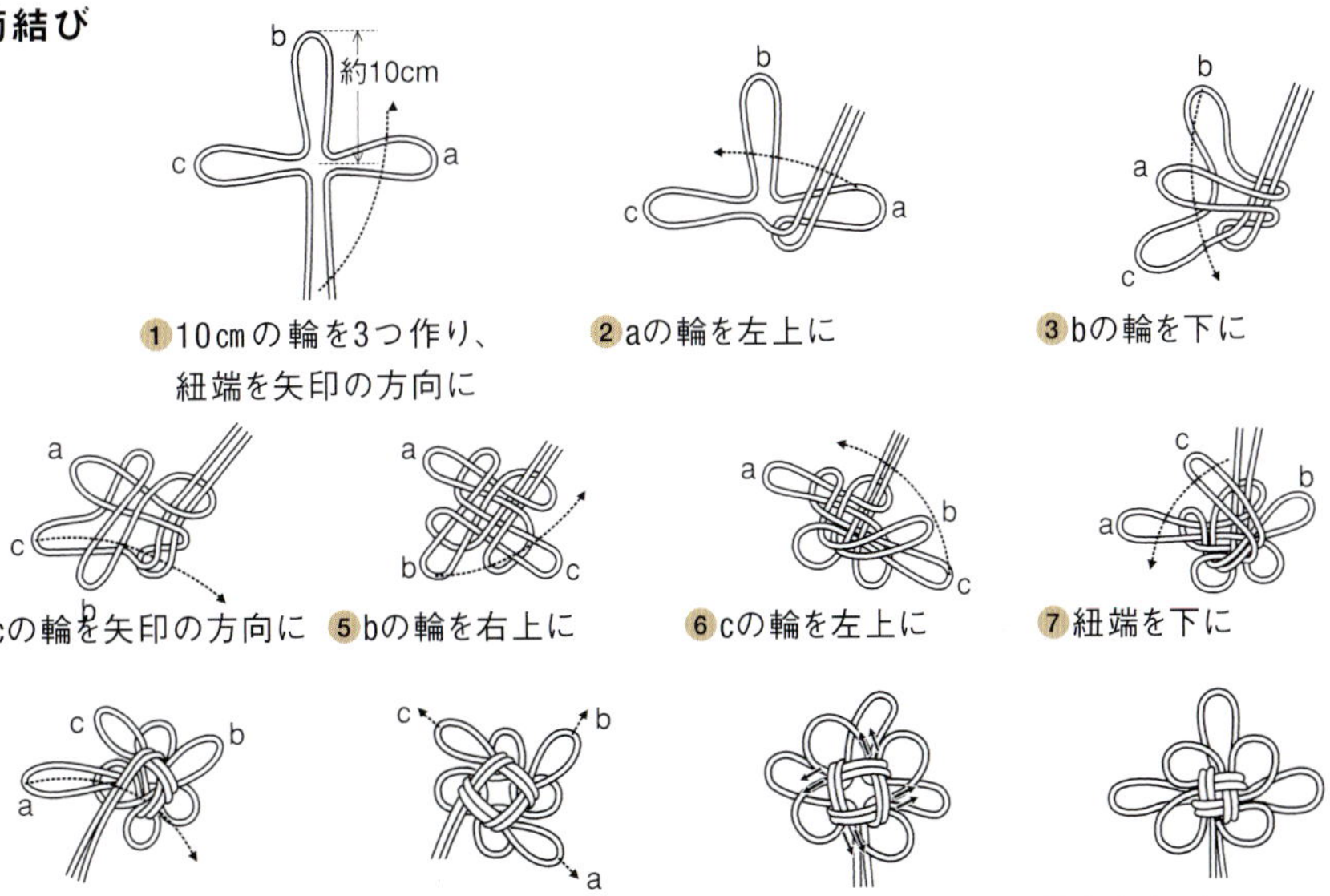

❶10cmの輪を3つ作り、紐端を矢印の方向に

❷aの輪を左上に

❸bの輪を下に

❹cの輪を矢印の方向に

❺bの輪を右上に

❻cの輪を左上に

❼紐端を下に

❽aの輪を矢印の方向に

❾abcの輪と紐端を矢印の方向に

❿表に返し矢印の方向に引き締める

⓫出来上がり

小花くす玉の作り方(1個)

❶キルト芯を重ねた表布を4分の1折り真ん中に糸を通す。

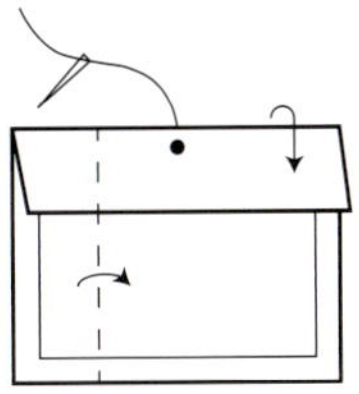

❷❶に重ねるように4分の1を折り、糸を通す。

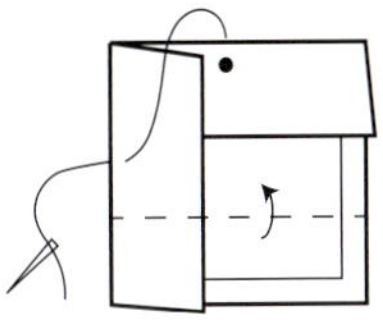

❸同様に重ねて糸を通す。

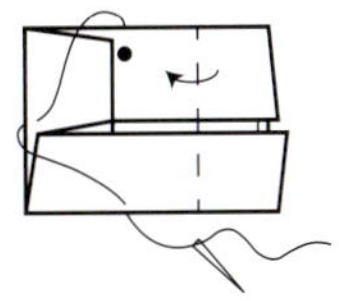

❹図のように菱形に糸を通す。

❺糸を引いて出来上がり。

くす玉(1個)
6個でくす玉を作る
(紐の数だけ作る)

No.2 桜タペストリー

作品
P.7

タペストリーの長さはお好みで桜は写真を見てお好みで付ける

実物大型紙

材料(No2桜タペストリー)

黒の帯…210cm
打ち紐…太さ0.35cm×2mを2色

出来上がりの形

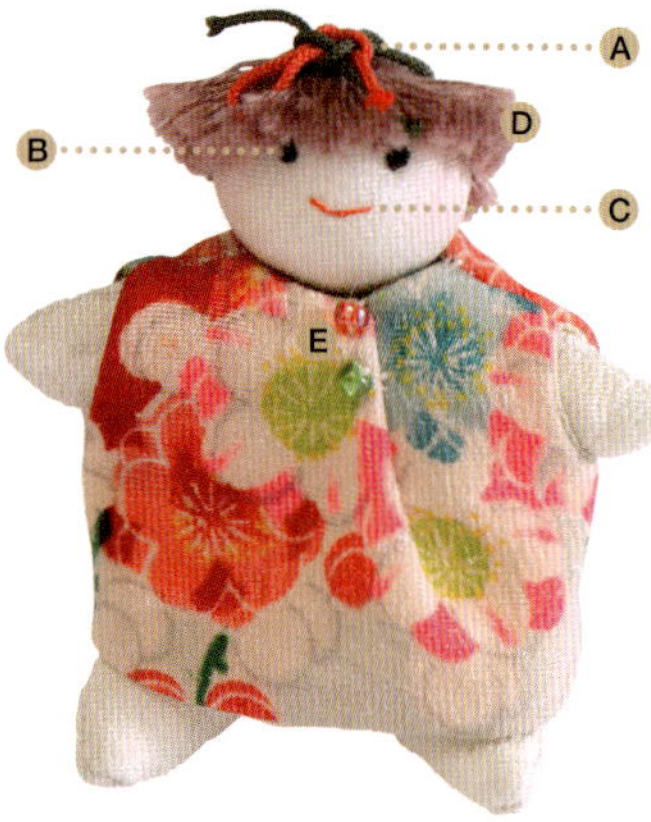

Ⓐリボン極細2色
Ⓑ目…黒、フレンチナッツステッチ
絹2本3回
Ⓒ口…赤絹糸1本、フライステッチ
Ⓓ髪の毛…4cm×32本
刺繍糸をほぐした太さを1本と数える
Ⓔドロップビーズ…0.34cm

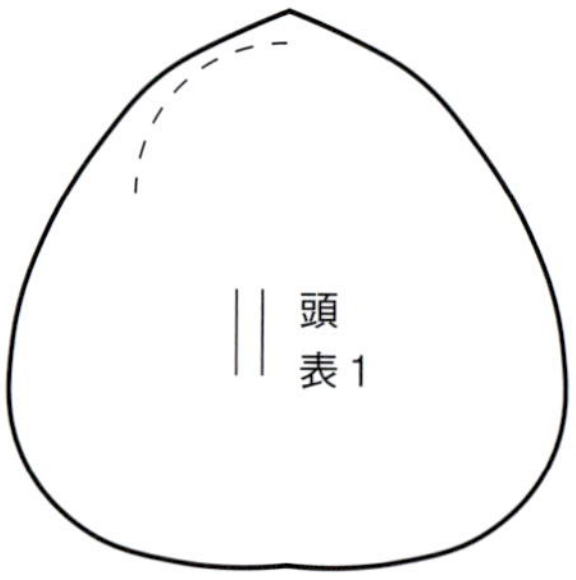

実物大型紙

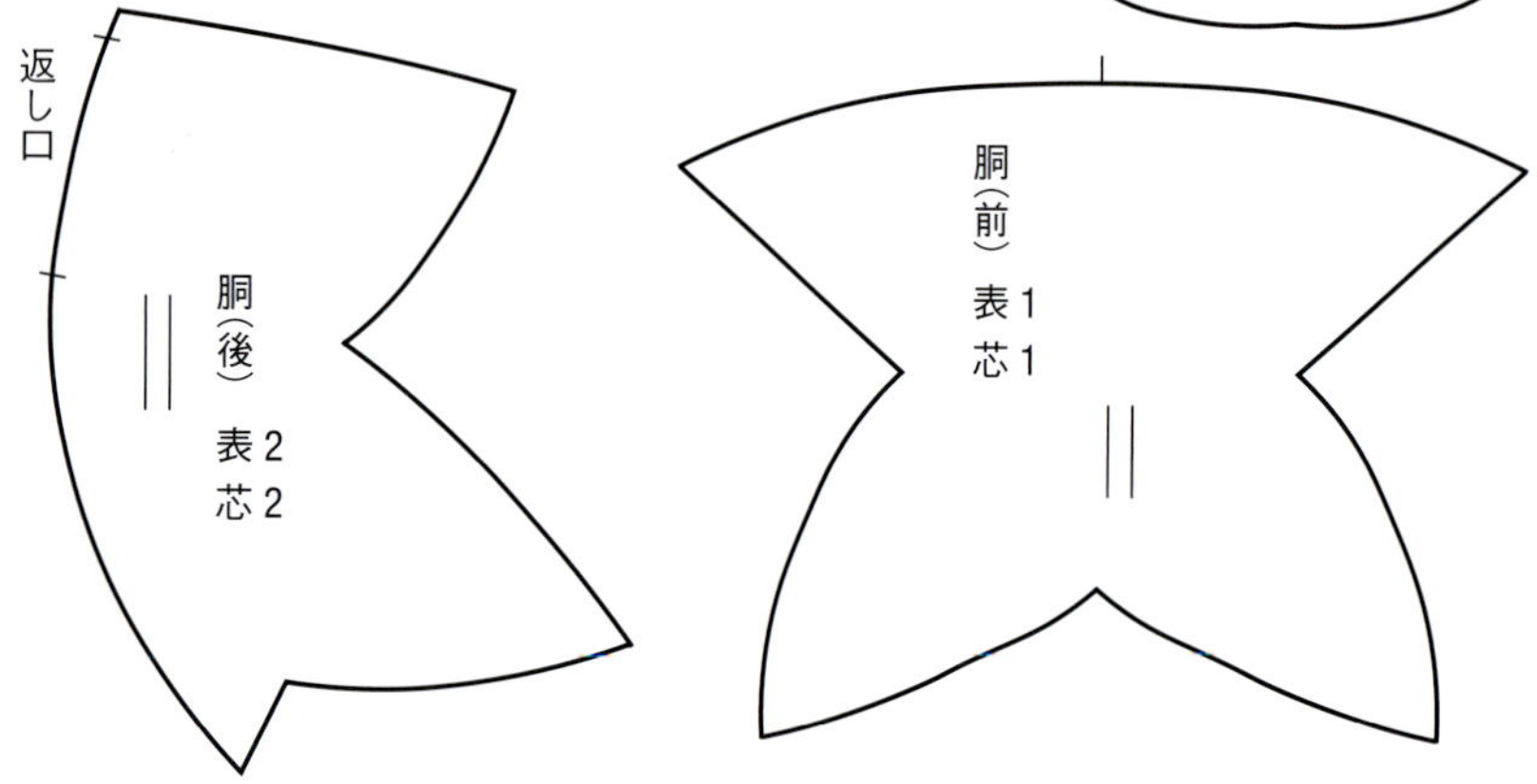

モモちゃん

さとしくん

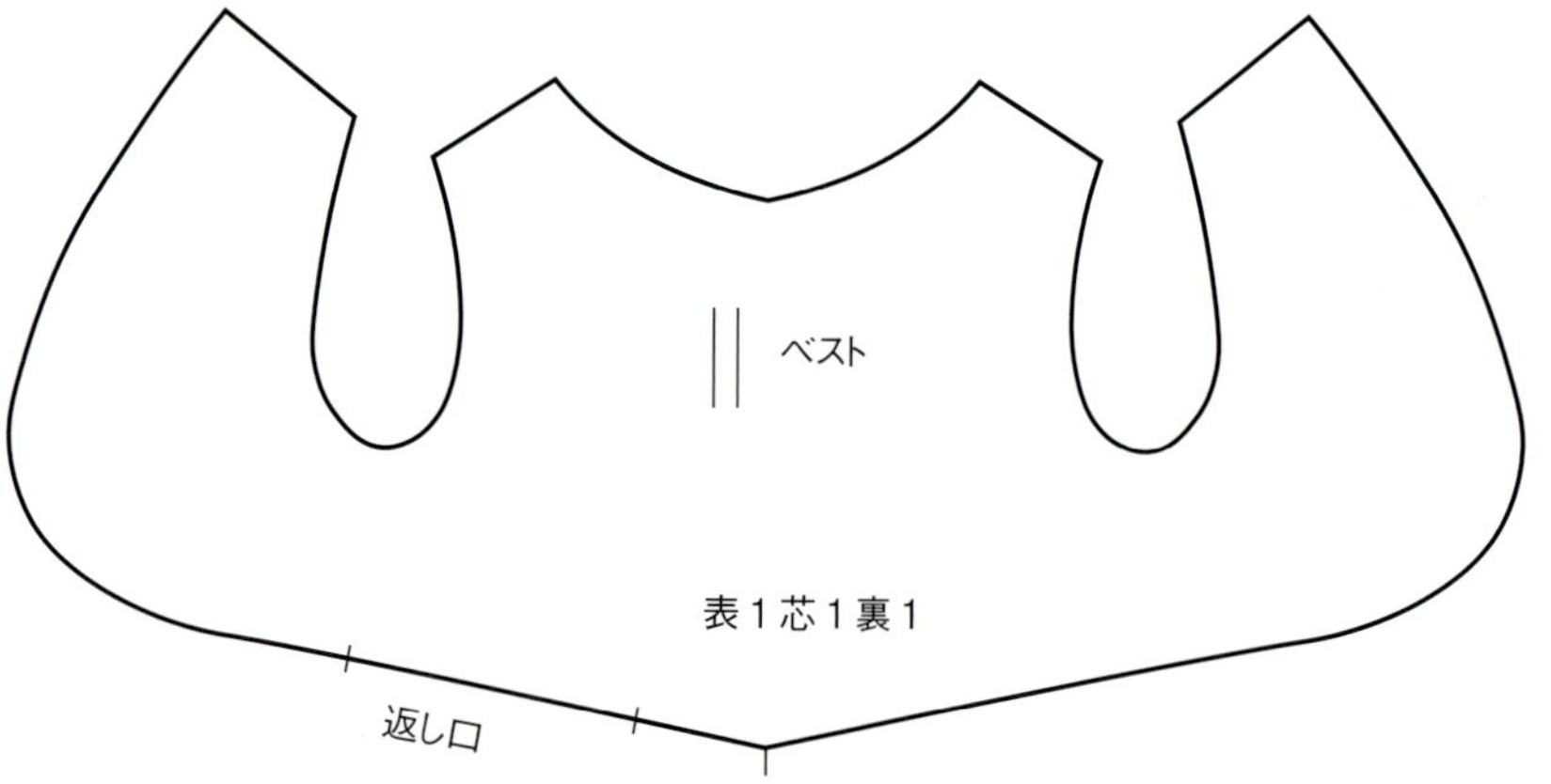

No.3

作品 P.8

菜の花と モモちゃんとさとしくん

材料(モモちゃん)

縮緬無地、柄／その他着物地／接着芯／化繊綿／ドロップビーズ0.34cm／刺繍糸(髪の毛用)／極細紐…2色

作り方(モモちゃん)

❶後胴の背を縫い前胴と合わせて周りを縫う。表に返し化繊綿を詰め返し口を絎《く》ける。
❷ベスト、エプロンは表裏布を中表にして縫い、返し口より表に返して肩は巻きかがりで縫い合わせる。前中央にタックをとりビーズを付ける。
❸顔布の周りを縫い化繊綿を詰めて表情を付ける。
❹髪の毛は刺繍糸を4cmにカットして中央を縛り広げてアイロンをかけ頭にボンドで付ける。
❺2色の紐を総角《あげまき》結びにしてリボンにする。
❻胴に顔を付けエプロン、ベストを着せる。

材料(菜の花袋)

縮緬無地、柄／その他着物地／接着芯／化繊綿／脱脂綿／打ち紐…太さ0.1cm×40cm＝2本／丸小ビーズ

作り方(菜の花袋)

❶つぼみ布にチャコパーで1.1cmの円を描く。周りをぐし縫いして脱脂綿を入れて絞る。
❷つぼみと台布を縫い合わす。
花布の周りをぐし縫いして絞り、図のように糸で4分割して中央にビーズを付ける(A図)。
❸台布に花を付ける。
❹葉布の周りを縫い、表に返す。
❺内袋(横20cm、縦6.5cm)を輪に縫い、底に5つひだをとり台布としつけする。
❻口べりを付ける(外付け)。台布を口べり寸法に合わせて縮める(P95参照)。
❼紐を通し紐先に葉を付ける。

実物大型紙

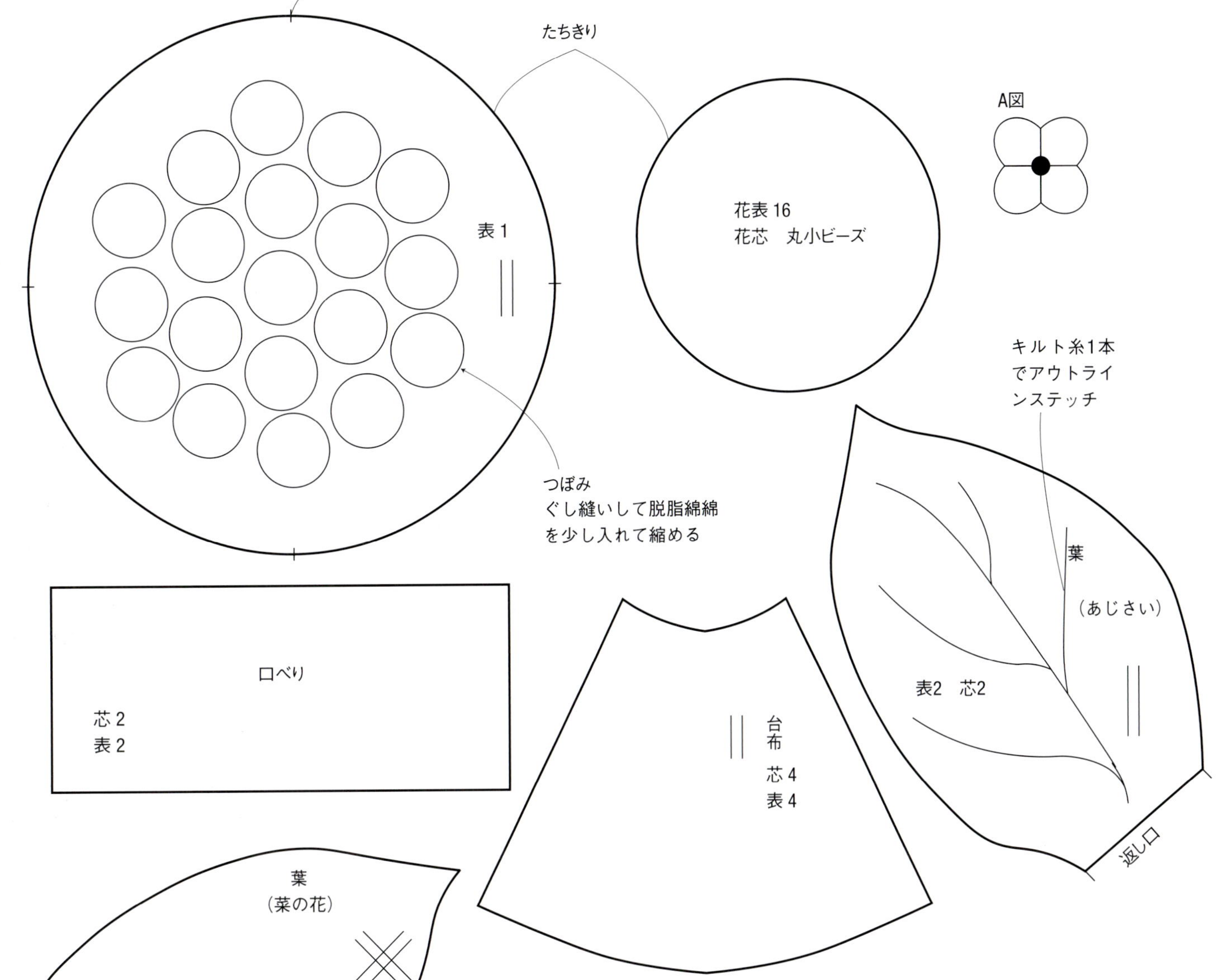

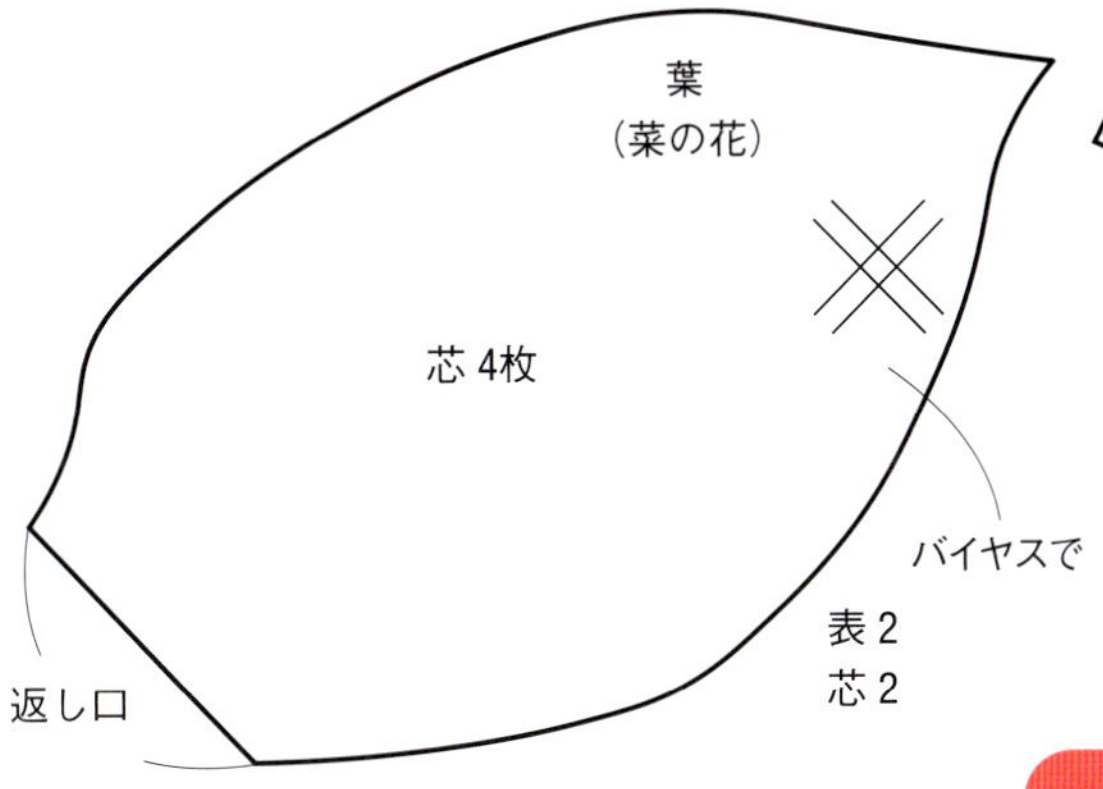

A図

口べりの長さ7cmに縫い縮める
内袋（横20cm　縦6.5cm）

花

材料（菜の花 1個）

表布7cm角（たちきり）=6
キルト綿6cm角=6
ビーズ=6

（P41小花くす玉の作り方と同じ）

❶ キルト芯を重ねた表布を4分の1折り真ん中に糸を通す。

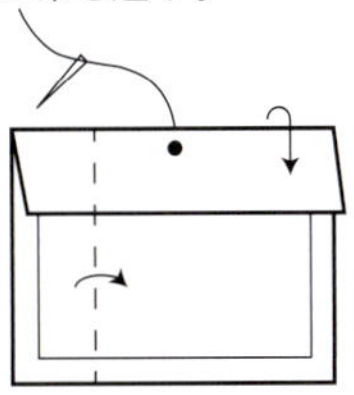

❷ ❶に重ねるように4分の1を折り、糸を通す。

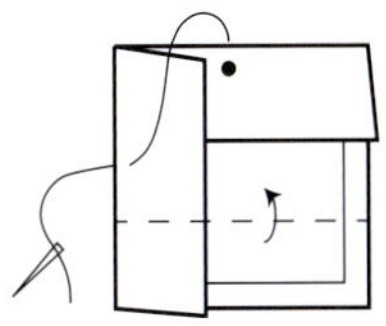

❸ 同様に重ねて糸を通す。

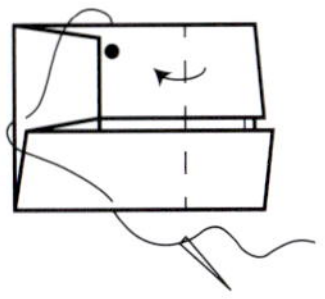

❹ 図のように菱形に糸を通す。

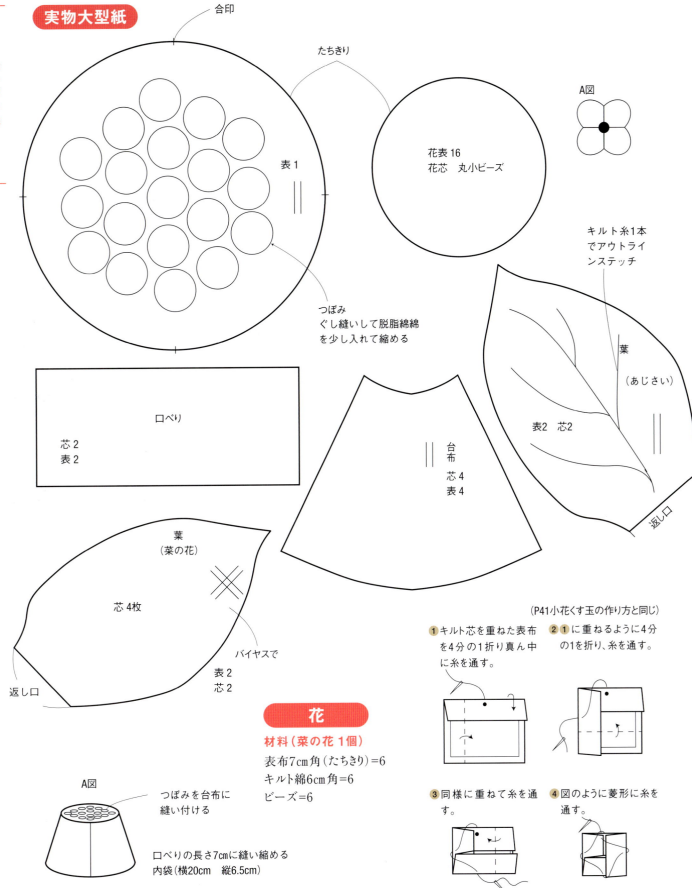

実物大型紙

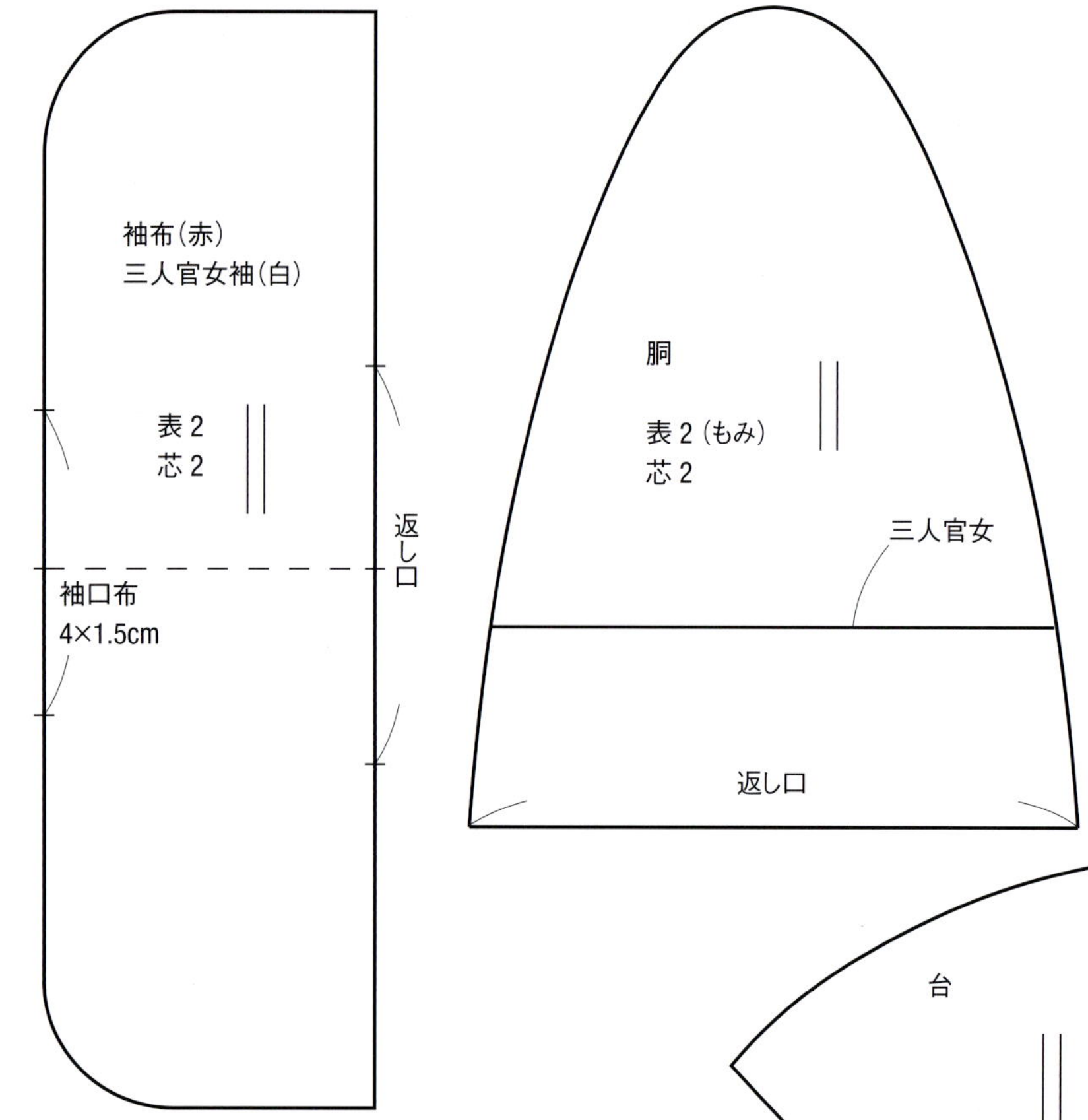

No.4

作品 P.10

おひな様とおすし

材料(おひな様)

縮緬無地、柄
その他着物地
胴裏地
接着芯
化繊綿
打ち紐0.1cm×60cm=1本
刺繍糸25番黒
ワイヤー#20
ペレット
座金(冠)
竹串

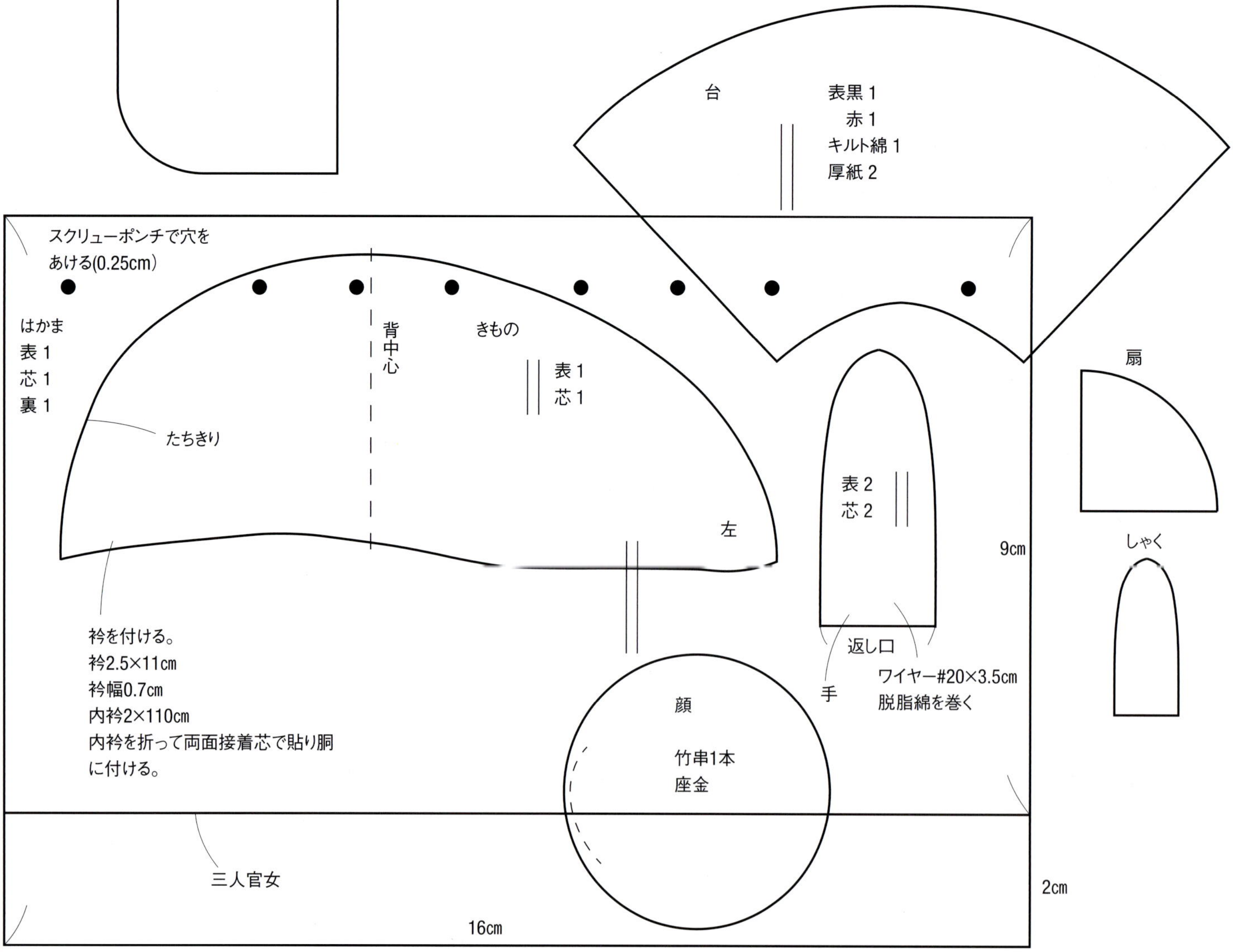

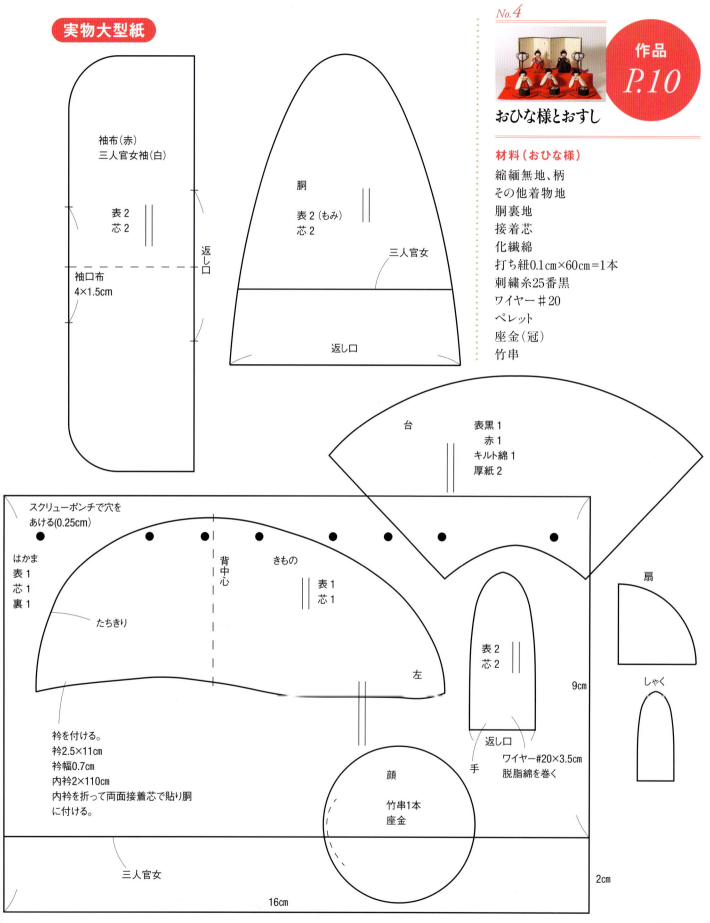

出来上がりの形

すし桶

外底布
4cm円厚紙　表布　黒　1

内底布
厚紙　3.4cm円　表布　赤　1

イクラ
赤もみをテープ状に切ってこよりの様に巻く。(ボンド使用) 小さくカットして付ける。

ハラン
半分に折ってカット

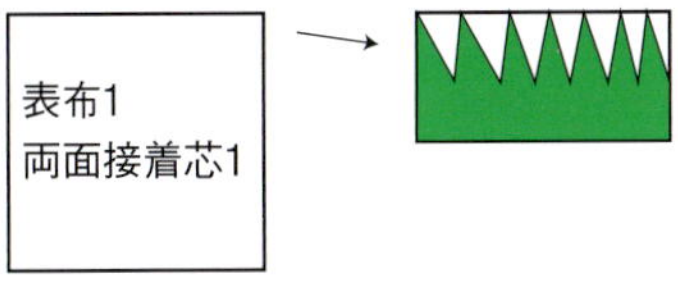

すしネタは布に接着芯を貼って切り、上に乗せる。(ボンド使用)

生姜は小さく布をカットして、6枚ほど重ねておく。

出来上がりの形

作り方(おひな様 仕上げ)

❶胴に首布(2.5cm×5cm)を付けて顔竹串にボンドを付けて差し込む。
❷内衿布を半分に折り着せ、着物を着せる。
❸胴にはかまを着せる。

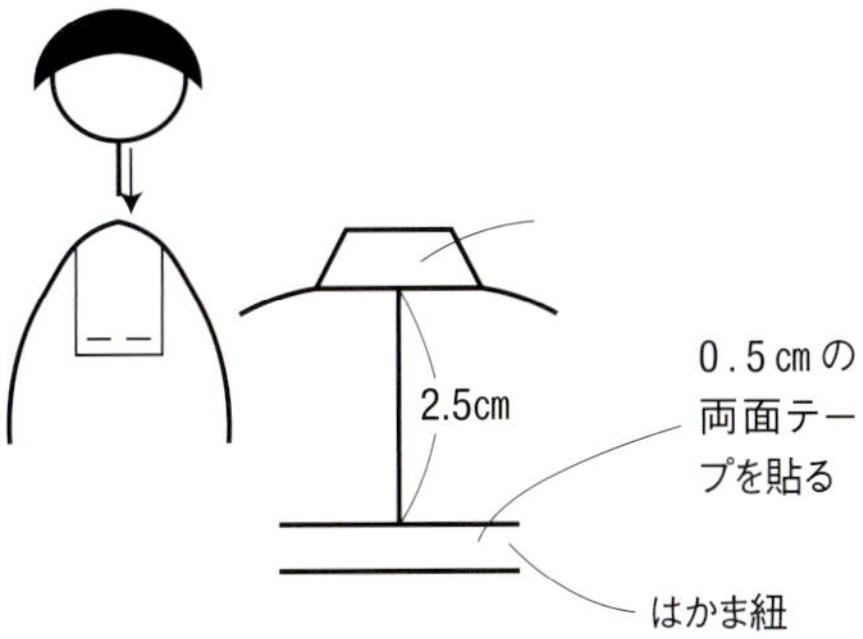

※はかま紐2cm×11cm(両面接着芯使用)を三つ折りする。

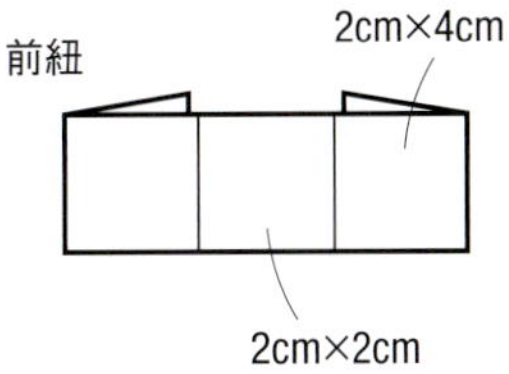

材料(すし桶)

巻芯(ラップなどの芯利用)／縮緬無地、柄／その他着物地／竹串／厚紙／キルト綿

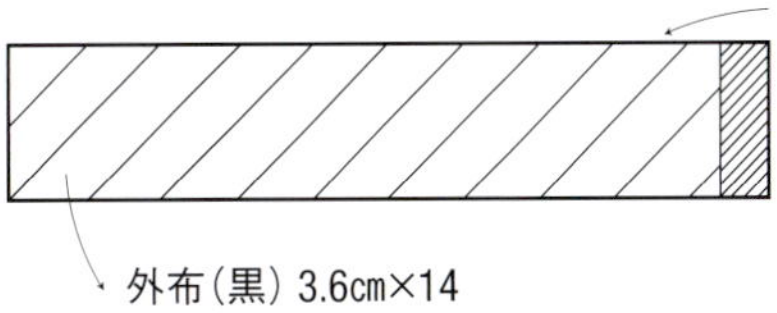

作り方(すし桶)

❶直径4cmの巻芯(ラップなどの芯を利用する)を2cmにカット。
❷内布(赤)　厚紙1.5cm×11cmの上に両面テープで内布2.6cm×12.5cmを貼り、上、下を折ってすし桶の内側に貼る。
❸底布の周りをぐし縫いして厚紙をくるみ、すし桶の底にボンドで貼る。内底も同様にして内側に入れる。

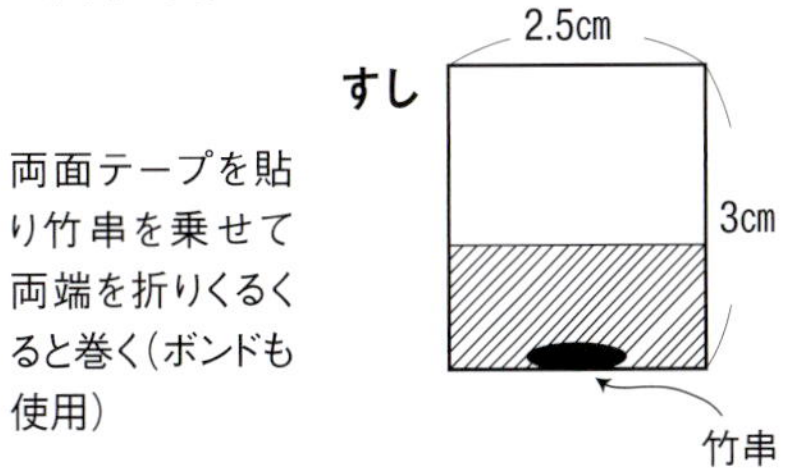

作り方(おひな様 顔)

❶顔布の周りをぐし縫いし化繊綿を詰めて球形にする。竹串の先にボンドを付けて差し込む。

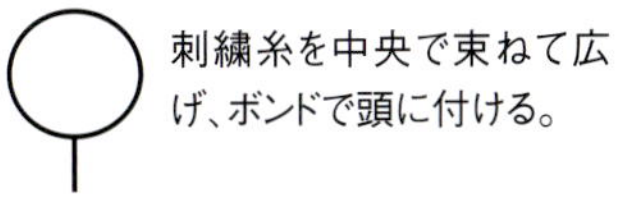

❷髪の毛6cm×48本。(25番刺繍糸をほぐした太さを1本と数える)
刺繍糸を中央で束ねて広げ、ボンドで頭に付ける。
❸目、口をピグマペンで描く。

作り方(おひな様 袖)

❶袖口布を半分に折り袖口に付け、袖下を縫い表に返す。

作り方(おひな様 きもの)

❶着物布に衿布を付ける。(出来上がりの0.7cm幅に絎ける)

作り方(おひな様 胴)

❶胴布を中表に返し口を残して縫う。
❷ペレットを入れて返し口を縫い絞る。

作り方(おひな様 はかま)

❶はかまの表裏布を中表に上下を縫い、表に返す。
❷脇を三つ縫い。
❸紐通し穴を開け、封結びして通す。
❹箱ひだを取り、残りをぐし縫いして胴に履かせる。

作り方(おひな様 手)

❶手布を半分に折って縫い表に返してワイヤ♯20×3.5cmに脱脂綿を巻き手に入れる。
❷袖に手を入れ返し口を絎ける。

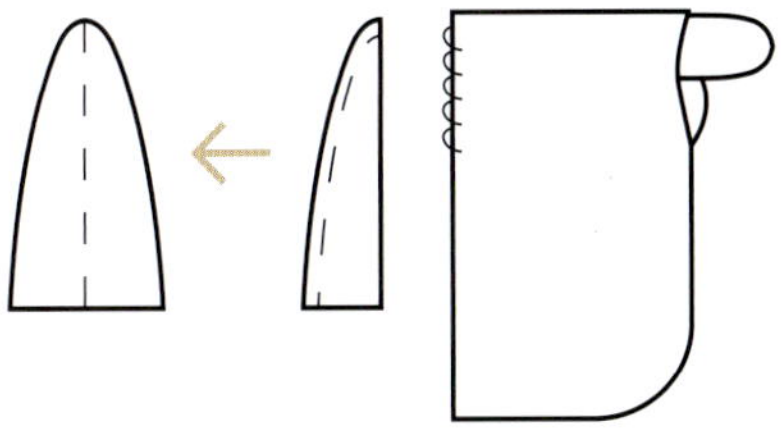

実物大型紙　三番叟、弁慶、牛若丸、桃太郎

No.5

作品 P.12

つわもの七人衆

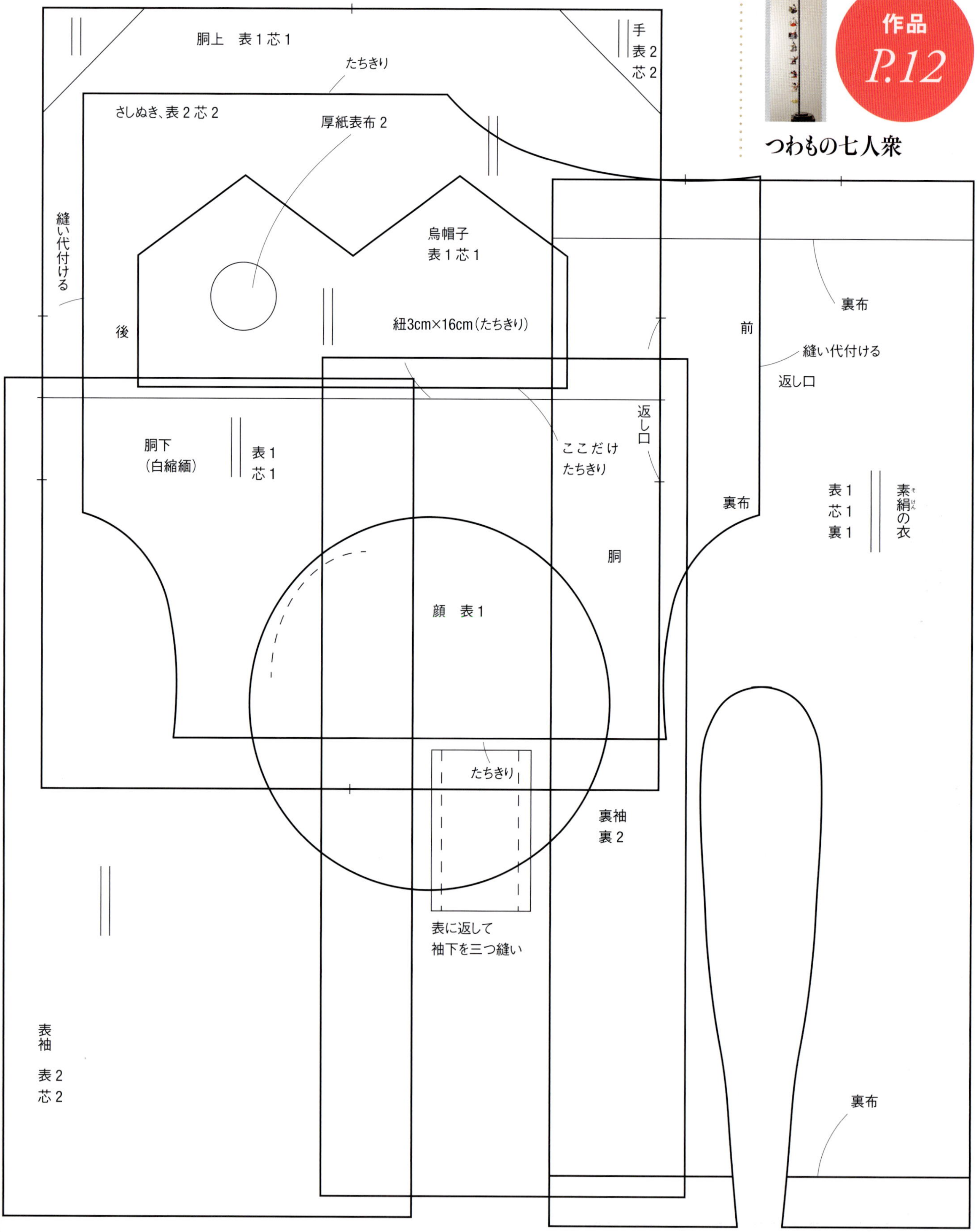

実物大型紙

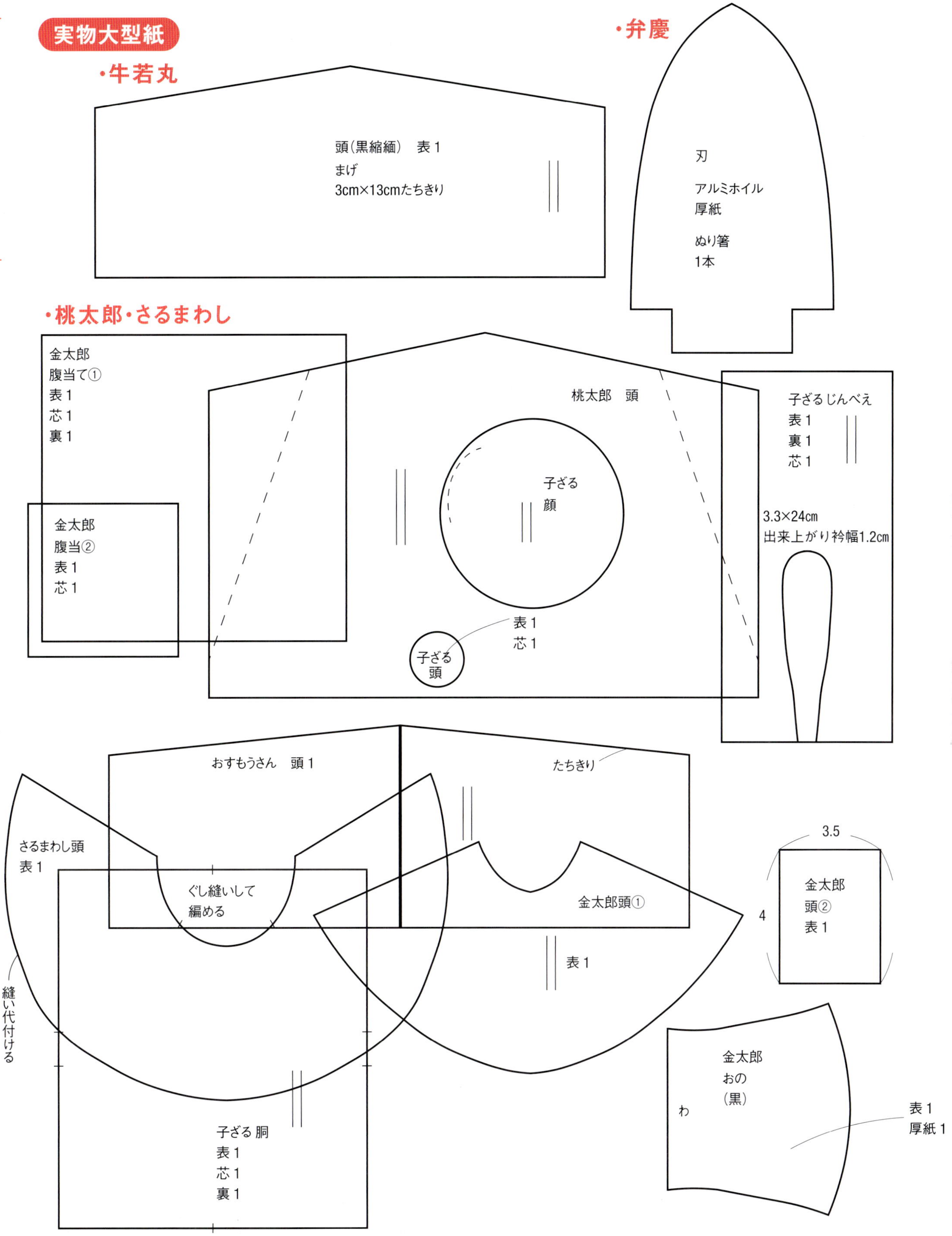

・牛若丸
頭(黒縮緬)　表 1
まげ
3cm×13cmたちきり
・弁慶
刃
アルミホイル
厚紙
ぬり箸
1本
・桃太郎・さるまわし
金太郎
腹当て①
表 1
芯 1
裏 1
金太郎
腹当②
表 1
芯 1
桃太郎　頭
子ざる
顔
表 1
芯 1
子ざる
頭
子ざるじんべえ
表 1
裏 1
芯 1
3.3×24cm
出来上がり衿幅1.2cm
おすもうさん　頭 1
たちきり
さるまわし頭
表 1
ぐし縫いして
編める
金太郎頭①
表 1
縫い代付ける
子ざる 胴
表 1
芯 1
裏 1
3.5
4
金太郎
頭②
表 1
金太郎
おの
(黒)
わ
表 1
厚紙 1

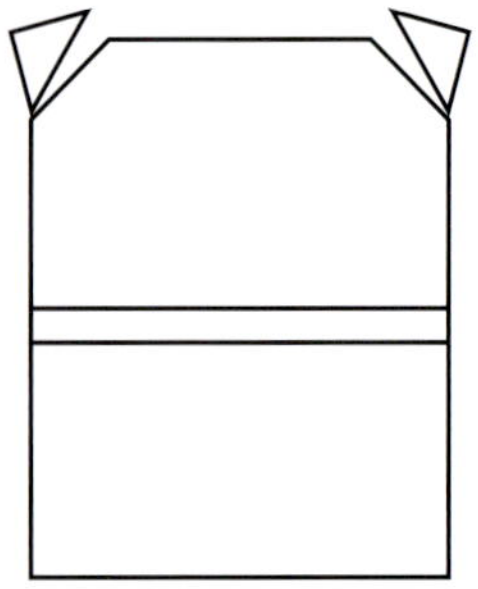

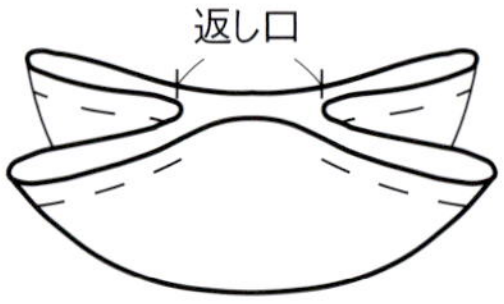

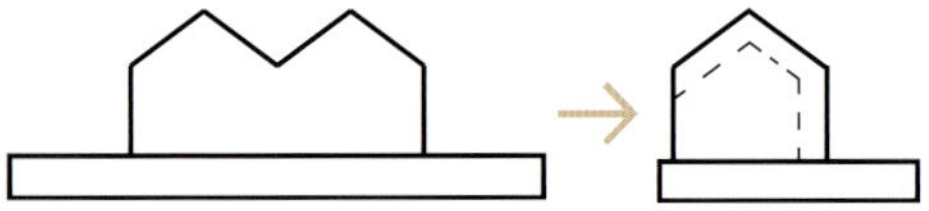

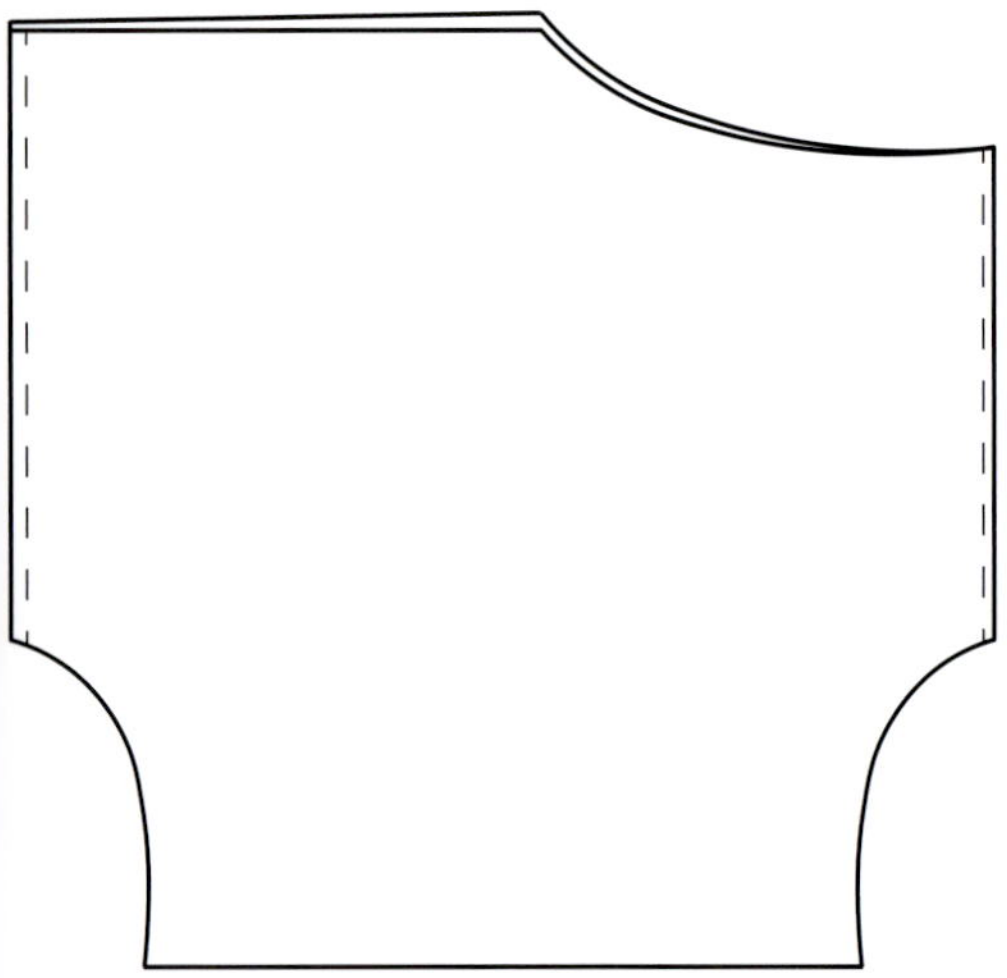

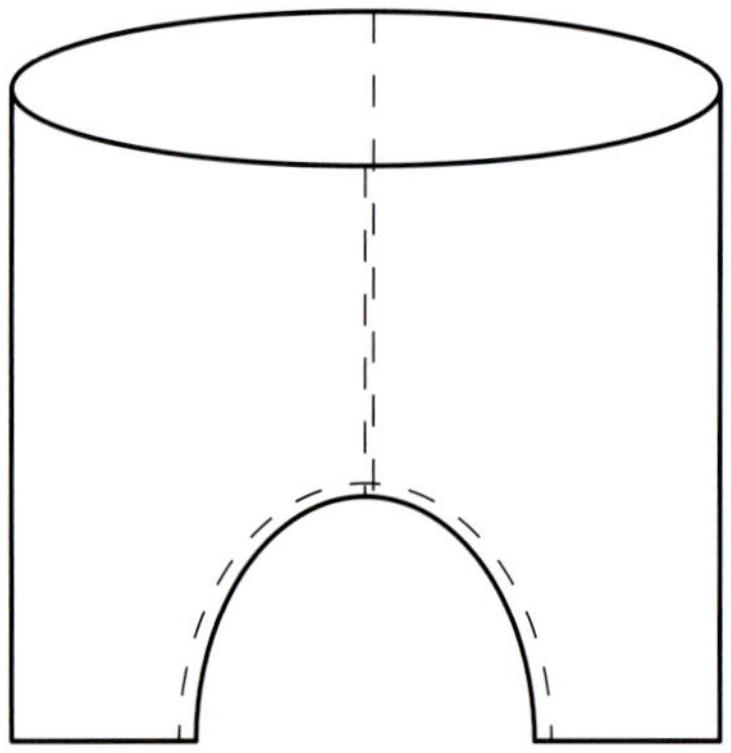

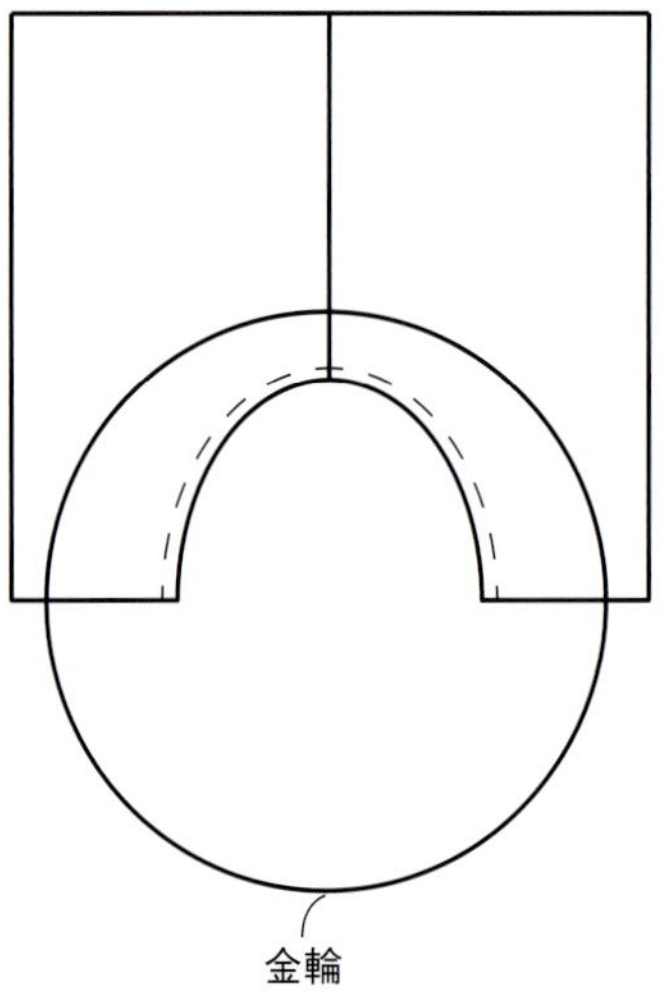

作り方（三番叟 胴）

❶胴上、下、手の布を裁つ。
❷胴上、下、手を縫う。
❸胴の四隅を縫い合わせる（返し口残す）。
❹表に返して化繊綿を詰め返し口を絎ける。

※三番叟、弁慶、牛若丸、桃太郎、胴の縫い方同じ

作り方（烏帽子）

❶烏帽子を作る。
❷ミニつるし飾り三番叟と同じ（P55参照）。

作り方（指貫（はかまの一種））

❶指貫の布を中表に前、後を縫い、指貫の下を図の様に縫って表に返す。金の輪をズボンに入れて胴の足にまつり絎ける。
❷裾、ウエスト部分を0.7cm折ってぐし縫いし、絞る。
❸手の方にも金の輪を付ける。

作り方（紐）

❶3.5×28cmの紐を半分に折り上部を縫う。
❷表に返して紐先をぐし縫いして絞り、糸で房を作る。胴に紐を結ぶ。

出来上がりの形

胴に頭を付け指貫の衣装を着せる

穴糸2本どりで素絹の衣、袖、胴を縫いとめる

※指貫（はかま）を着た三番叟、弁慶、牛若丸、桃太郎の金の輪の付け方は同じ。

No.5 つわもの七人衆

材料

縮緬無地、柄
その他着物地
接着芯
化繊綿
金の輪14個　直径10cm
ぬり箸（金太郎、弁慶）
厚紙（金太郎、弁慶）
アルミホイル（金太郎、弁慶）
刺繍糸
打ち紐…太さ0.35cm
毛糸（並太）
アクリル絵の具
タコ糸…太さ0.1cm
ワイヤ＃22

作り方（三番叟 顔）

❶顔布をぐし縫いして化繊綿を詰めて球形にする。

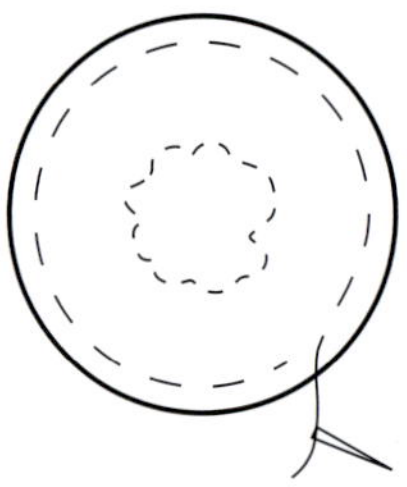

❷烏帽子に脱脂綿を詰めて顔にボンドで付ける。

作り方（素絹 顔）

❶素絹の胴表、裏布を中表に合わせて前、後裾を縫う。（返し口は開けておく）

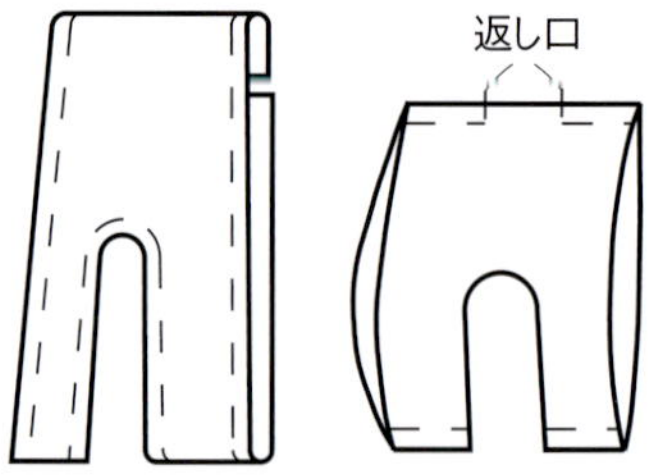

❷脇、襟ぐりを縫って表に返し、返し口を絎ける。
❸袖布の表裏を合わせ袖口、袖付側を縫う。
❹表に返して袖下を三つ縫いして、もう一枚の裏はまつる。

作り方（桃太郎）

※胴、素絹の衣、指貫は三番叟と（P48参照）縫い方同じ

・巾着

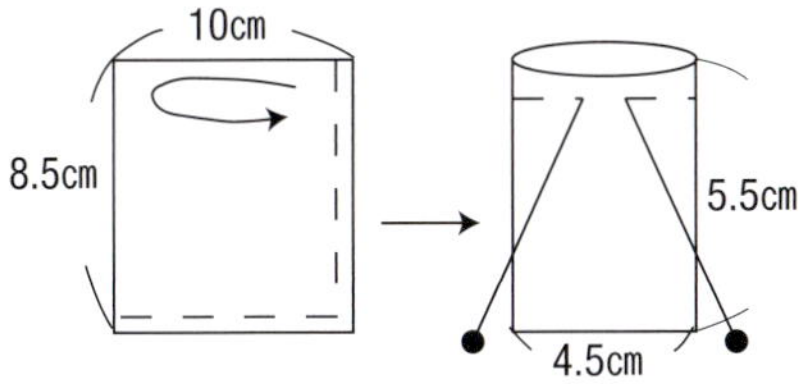

巾着布を縫い表に返して5.5cmになる様に上部を折り刺繍糸でぐし縫いして絞る。

化繊綿を少し入れる。　腰紐に巾着付ける。

・風呂敷

先を少しカットする

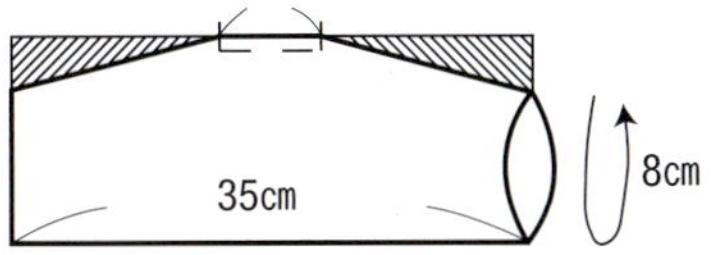

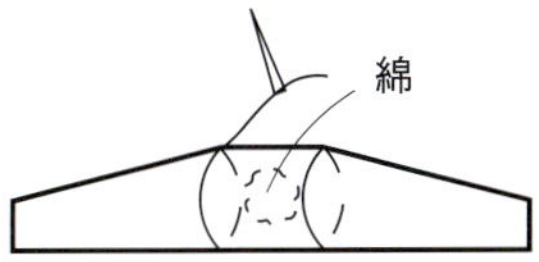

風呂敷布を半分に折って中央15cmをぐし縫いする。化繊綿を少し入れて図の様に両端を絞る。

出来上がりの形

ハチマキを三つ折りにして中央に顔彩で桃を描く。

三番叟、弁慶、牛若丸、桃太郎は、胴の作り方は同じ。指貫（さしぬき）も同じ。指貫とは、はかまの一種で、裾の周りに紐を通し、はいてからその紐をくくり、すぼめたもの。

作り方（弁慶）

白紐（3.8cm×31cm）…三番叟と縫い方同じ。
並太毛糸8本入れる。
タスキ…白紐と同じ（P48参照）。3.5cm×45cm
長刀…厚紙の上にアルミホイルを張り、ぬり箸を挟んで半分に折る（ボンド使用）。

裏頭13cm×4.5cm

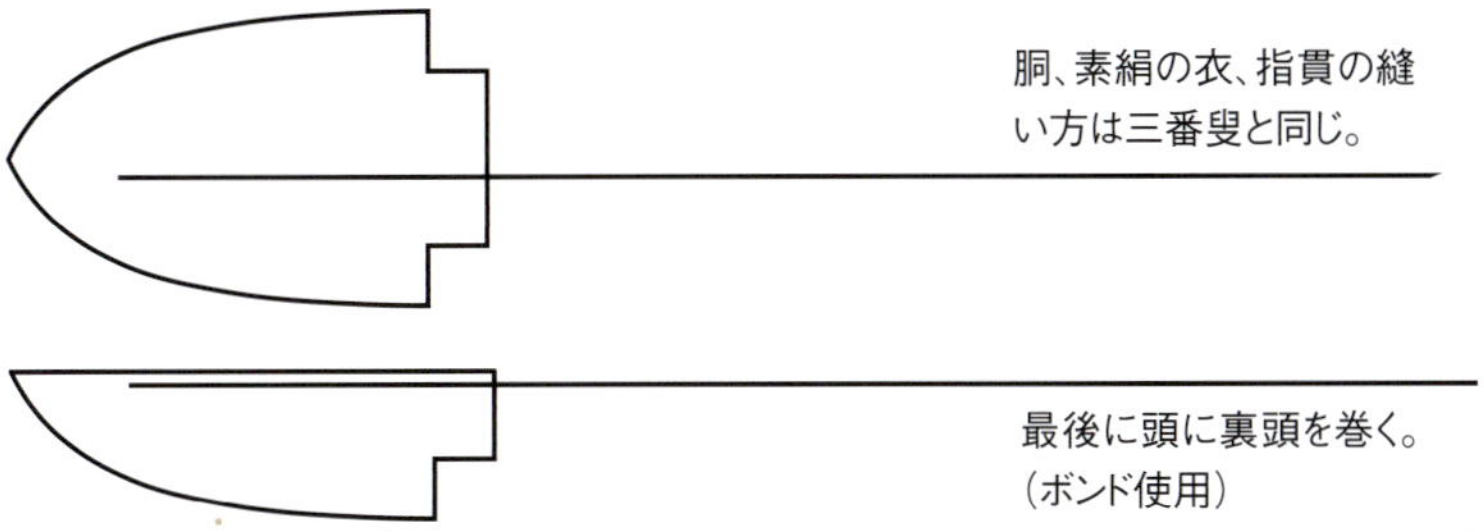

胴、素絹の衣、指貫の縫い方は三番叟と同じ。

最後に頭に裏頭を巻く。（ボンド使用）

作り方（牛若丸）

・頭

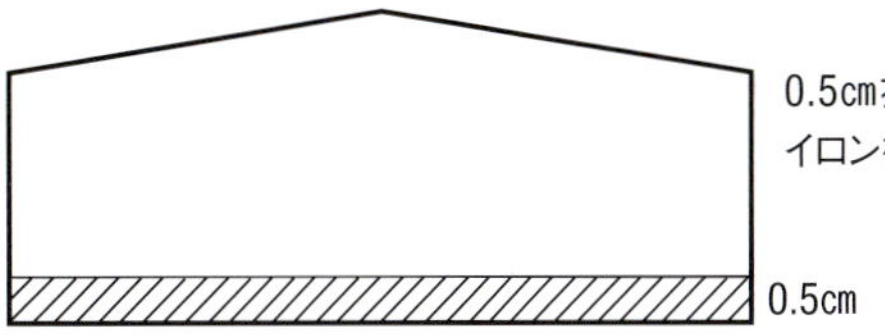

0.5cm折ってアイロンをかける

顔に頭布をまつり絎けし、後頭部に脱脂綿を詰め、上部をぐし縫いして絞る。

・稚児髷

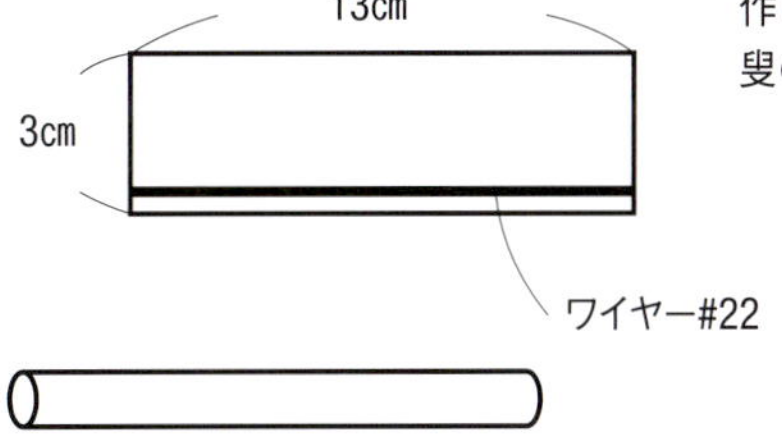

表布の上にワイヤーを置きくるくると巻く。
頭にボンドで付ける。

・腰紐

作り方は三番叟の紐と同じ。

出来上がりの形

髷《まげ》の飾り
1.5cm×3cmの布を三つ折りに巻く。
ボンドで付ける。

※胴に顔、素絹の衣、腰紐を結ぶ。

作り方（金太郎 腹当て）

❶腹当て布を中表に周りを縫い、表に返して返し口を絎ける。
❷腹当て布の両側の縫い代を抑え❶に付けて絎ける。
❸紐を縫い❷に付ける。

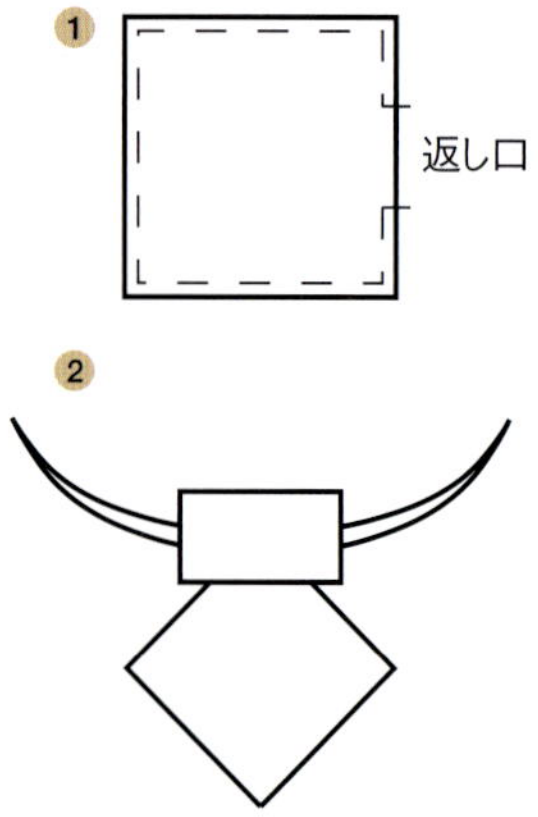

作り方（金太郎 頭）

❶1cm程横糸を抜いた頭布に両面接着芯を貼る。
❷顔に頭を貼る。

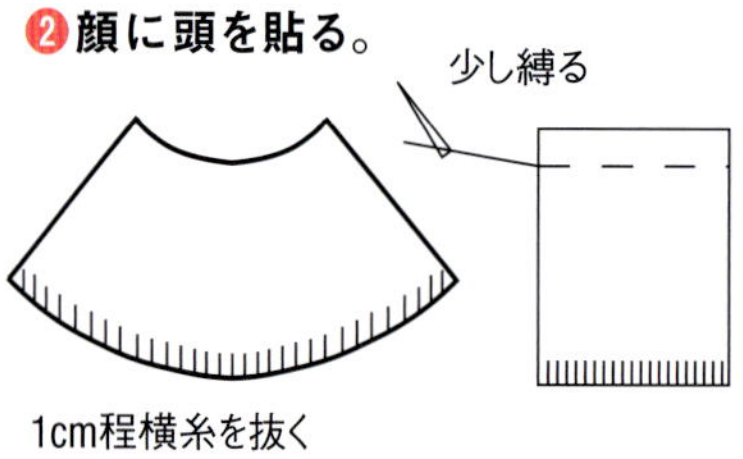

作り方（金太郎 斧）

❶押し絵の様に厚紙を布でくるみ、箸を入れてボンドで付ける。
❷アクリル絵の具（シルバー）で彩色

胴に顔を付け、腹当てを付ける。

※胴はさるまわしと同じ。

No.5 つわもの七人衆

作り方（さるまわし 胴、甚平）

❶胴（横12cm、縦15cm）の縫い方は三番叟と同じ（P48参照）。
❷甚平は素絹の衣と縫い方同じで、キルト綿を入れる。
❸顔を縫い頭を付ける。ぐし縫いして袖の中身の様に厚紙で形を整える。後頭部に綿を少し入れる。頭布❷上に両面接着芯を貼り髷は黒布をクルクルと寿司の様に巻き折って、糸で縛って頭にボンドで付ける。

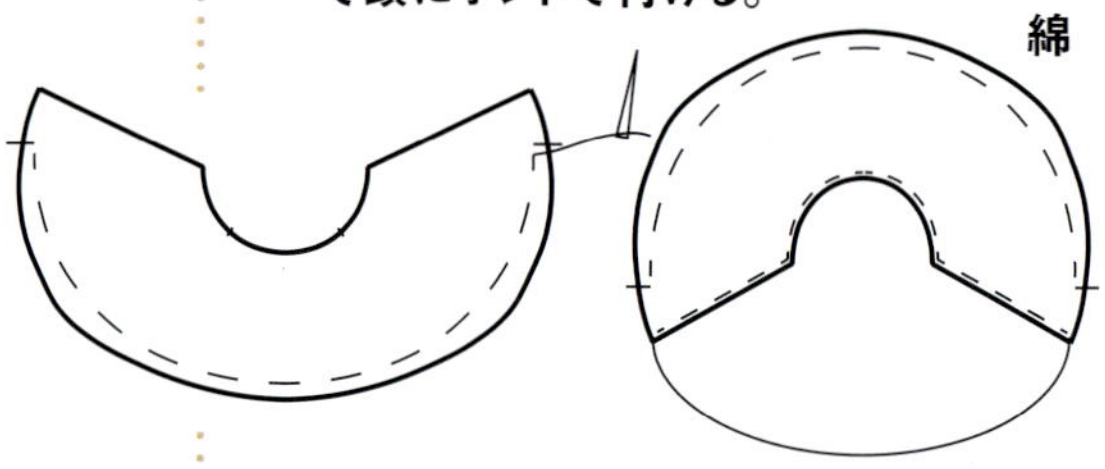

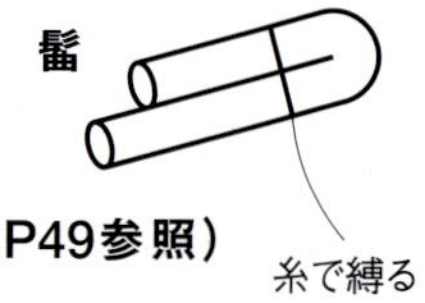

・巾着

桃太郎と同じ。（P49参照）

・ふんどし

紐の縫い方と同じ。

さるまわし…4cm×37cm（たちきり）。
出来上がり幅1.7cm
子ざる…3.3cm×24cm（たちきり）。
出来上がり幅1.2cm

●紐には毛糸を入れる。
●胴にふんどしを巻き、頭を付けて甚平を着せ腰紐、巾着を付ける。肩に子ざるを縫いつける。

材料（七人衆仕上げ）

タコ糸… 太さ0.1cm×3m=1本
太さ0.1cm×15cm=6本
太さ0.1cm×25cm=1本
直径10cmの金の輪=14本

作り方（七人衆仕上げ）

❶それぞれの作品に金の輪を巻きかがりで付けておく。
❷タコ糸15cmの両端をひと結びして、体の背中、おしりをつなげる。
❸3mのタコ糸1mの所を三番叟に結んでワイヤーに紐を順次結んで付ける。
❹一番下にトラを付ける。

金輪 直径10cm

出来上がりの形

材料（トラ）

表布…縮緬無地／胴裏地／その他着物地
接着芯／化繊綿／ワイヤー＃22／動眼直径0.5cm
スガ糸（ひげ用／白）／絹糸（口用／赤）
アクリル絵の具／手芸用ボンド／脱脂綿

作り方（トラ 胴）

①胴布（B）のaを縫い、胴布（A）と（B）の外足と内足を合わせて周りを縫い続けて、胴の周りを縫い合わす。
②2.5cm×12.5cm（縫い代を含む）のバイアス布を裁つ。裏布を輪に縫い、胴（A）のbを外表に合わせ、首の周りをバイアス布でくるむ。
③胴に化繊綿を詰め、裏布は5つひだを取る。

作り方（トラ 耳）

耳用の布2センチ角を半分に折り、半月にぐし縫いして縮め、余分な布をカットする。

作り方（トラ 頭）

①頭布（A）のcを縫い、頭布（B）と合わせる、表に返して綿をつめ返し口はぐし縫いして絞る。
②顔の表情を付ける。

作り方（トラ 尾）

①尾布（8.5cm×2.5cm たちきり）を横二つ折りして、先を縫い、脱脂綿を巻いた針金を入れる。残りはまつりぐけ。胴の後に付ける。
②アクリル絵の具、筆ペンなどで顔を彩色し、張り子のトラに頭を付ける。

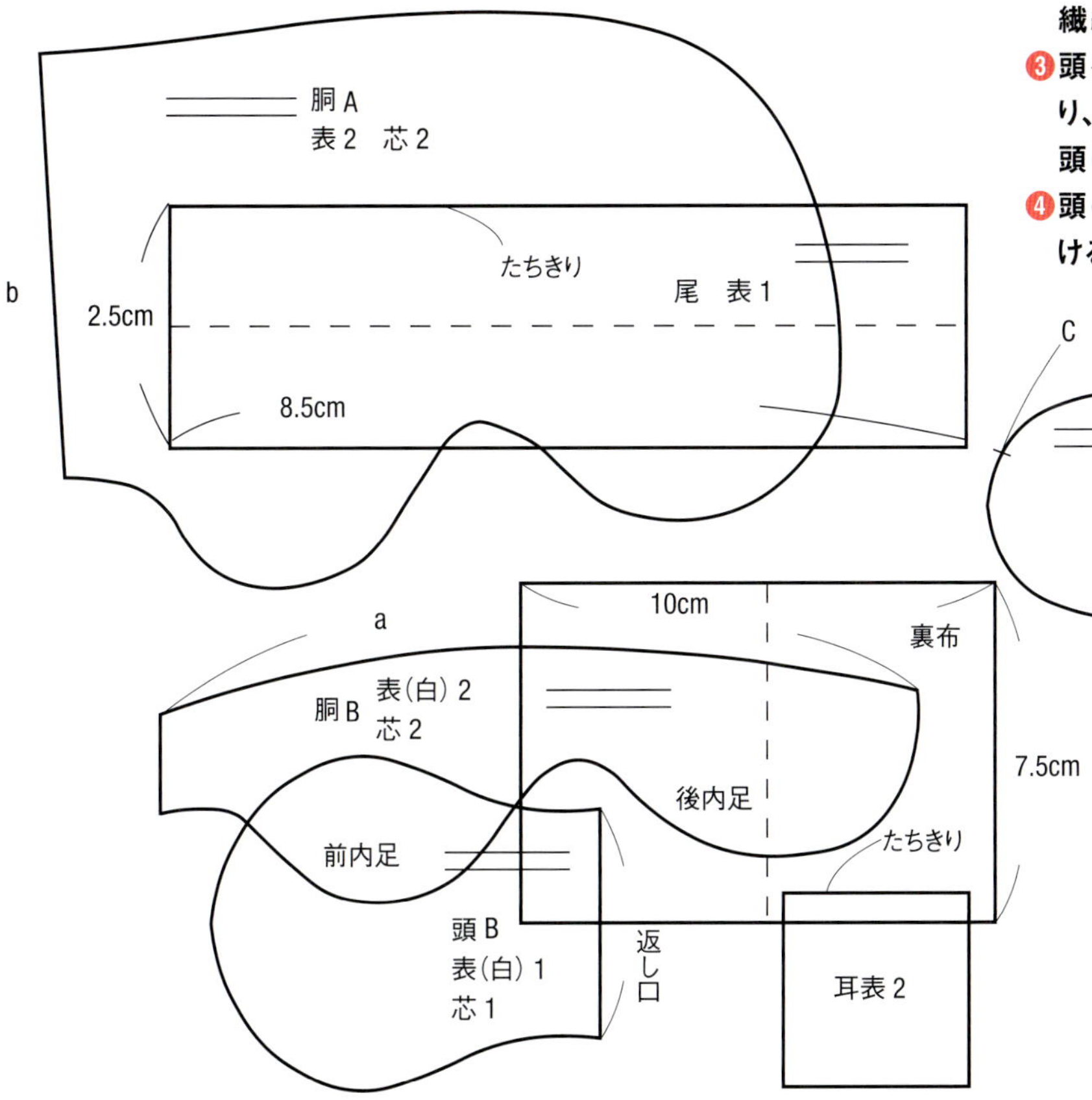

作り方（おすもうさん 胴）

さるまわしと同じ。

作り方（おすもうさん ふんどし）

さるまわしと同じ。

作り方（おすもうさん 化粧まわし）

※ふんどし（4cm×37cm）1本

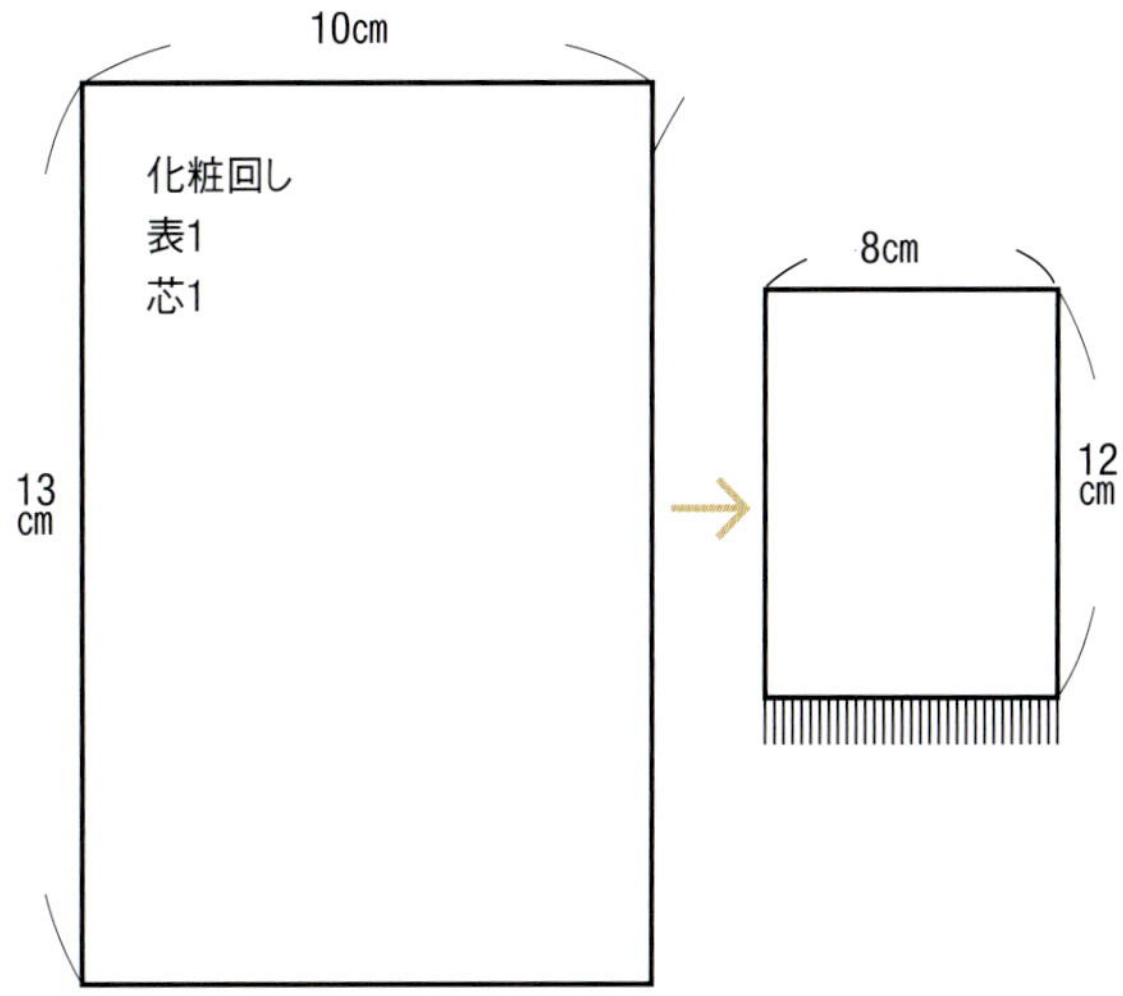

作り方（おすもうさん 顔）

顔布の回りをぐし縫いして化繊綿を詰め球形にする。

①頭布❶ 0.5cm折って上部ぐし縫いして絞る
②頭布❷12×8.5cmの布を半分に折ってぐし縫い化繊綿を入れる。ぐし縫いしたところを縮める。
③頭布（4cm×6cm、たちきり）の上に両面接着芯を貼り、黒布をくるくると寿司の様に巻き糸で絞った髷を頭に付ける。
④頭の回りをぐし縫いして化繊綿を詰めて前頭に付ける。

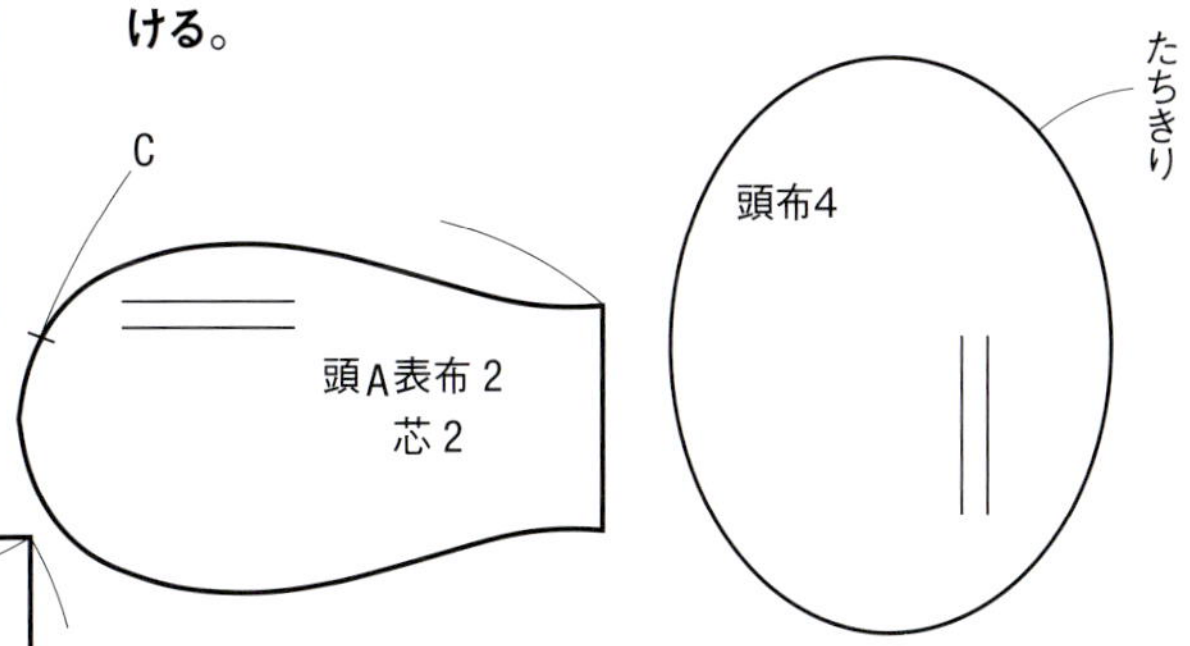

作り方（おすもうさん 紅白紐）

①ワイヤ＃22、65cmに胴裏布を1.5cm幅に切ってボンドを付けて巻く。
②紐布を縫い、表に返してワイヤー、毛糸を入れてる。2本をねじって両端を糸で絞る。

紅白の紐
5cm×62cmたちきり
並太毛糸8本、ワイヤーを入れて

実物大型紙

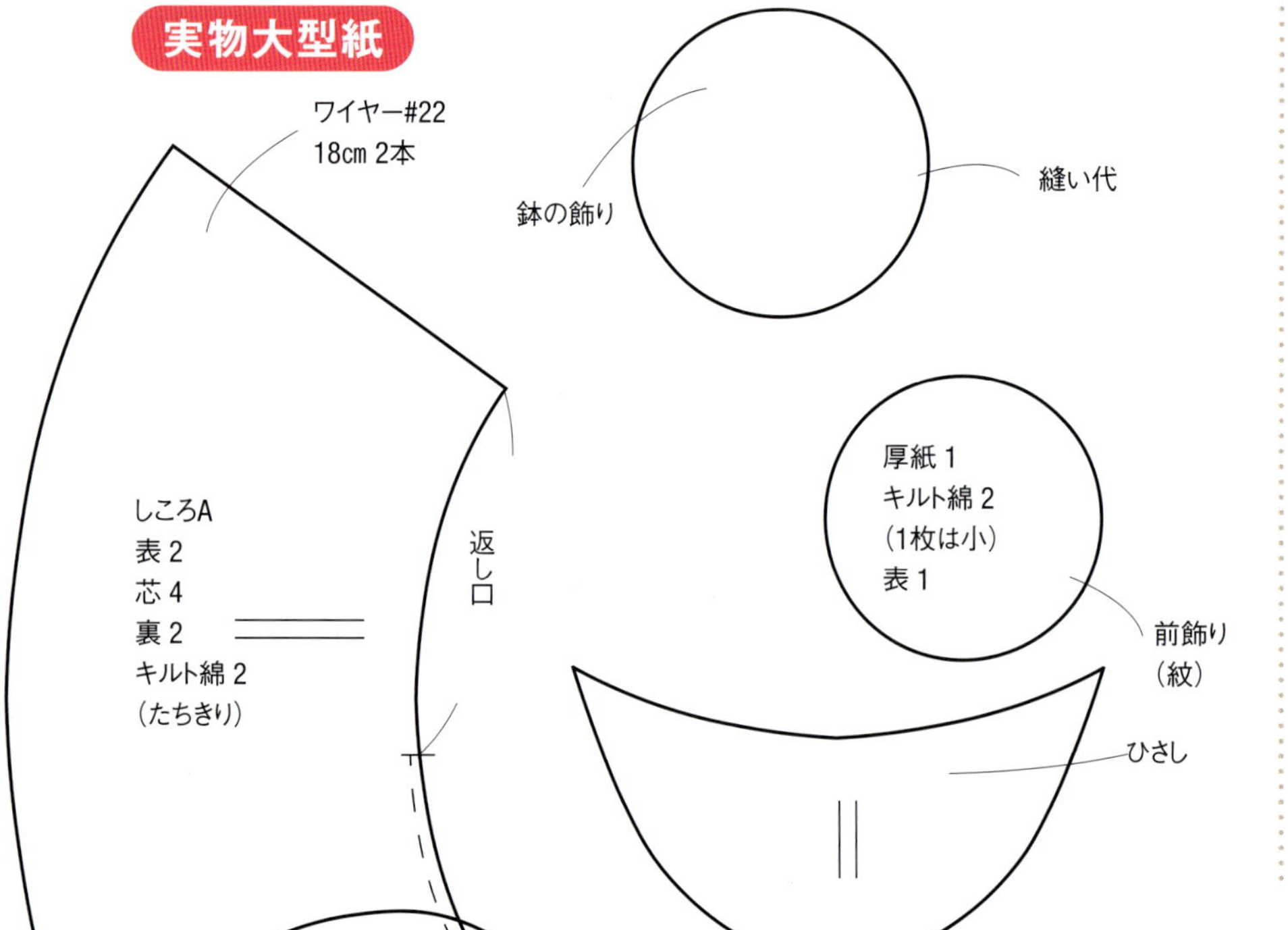

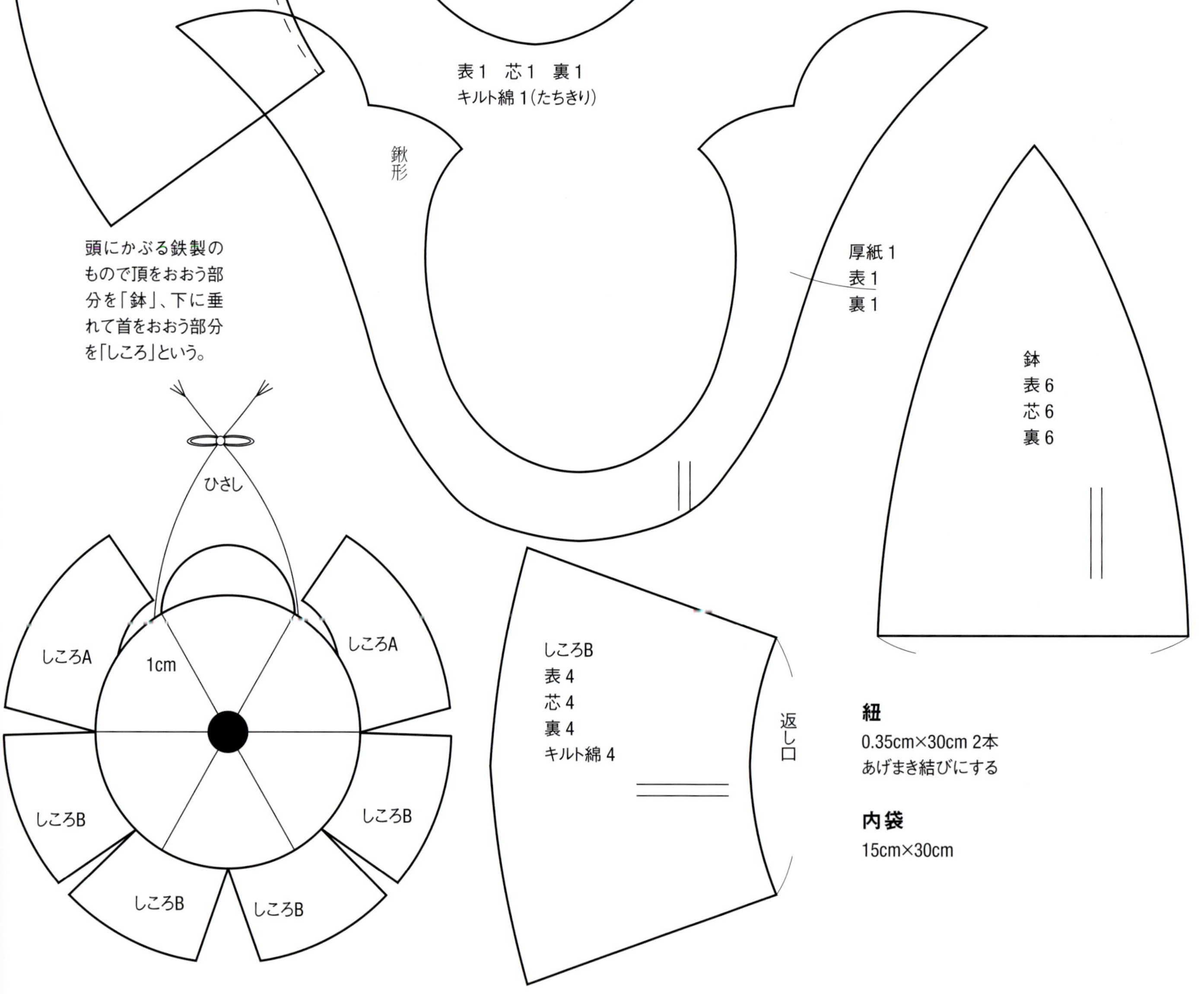

頭にかぶる鉄製のもので頂をおおう部分を「鉢」、下に垂れて首をおおう部分を「しころ」という。

No.6

作品
P.14

兜

材料（兜）

縮緬無地、柄
その他着物地
接着芯
化繊綿
ワイヤー#22
キルト綿（片面のりつき）
胴裏地
打ち紐　0.35cm×30cm　2本
刺繍糸
厚紙（鍬型）

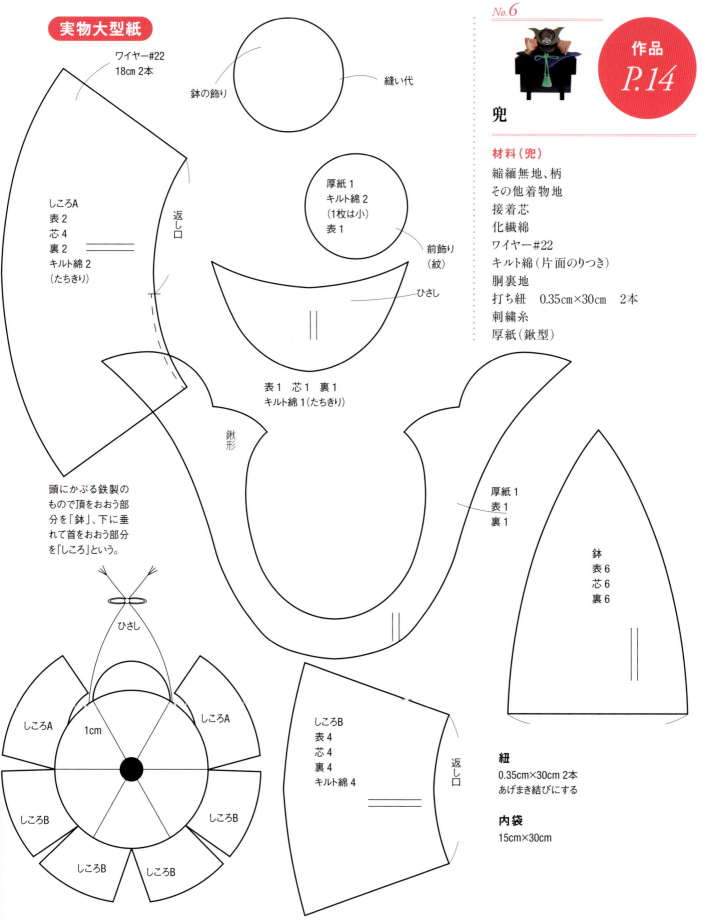

作り方（兜 鍬型）

厚紙に布を貼る（押し絵の作り方P58参照）

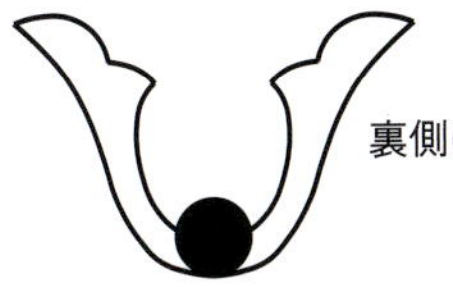
裏側に布を貼る
中央に前飾りの紋を付ける

作り方（兜 仕上げ）

鉢にひさしとしころA,Bを仮しつけして裏の鉢布をまつりぐけする。

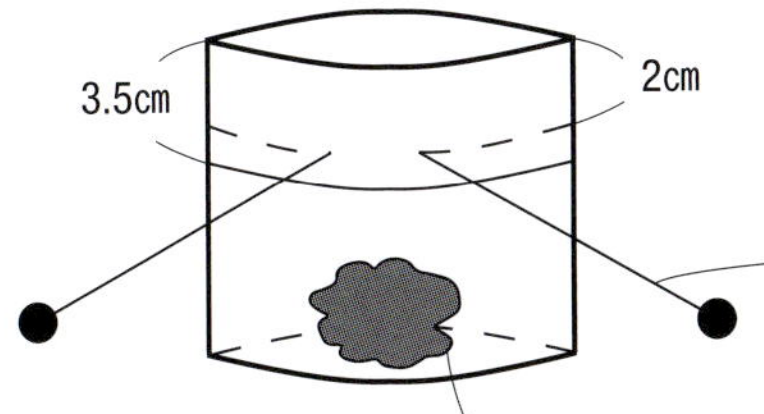
打ち紐（太さ0.35cm）をつけ総角結びをする
内袋を輪に縫い底に6つひだをとる。
化繊綿

厚紙7cm円を内側に入れて綿を入れ上部3.5cm折って、刺繍糸を紐代わりにする

・総角結び

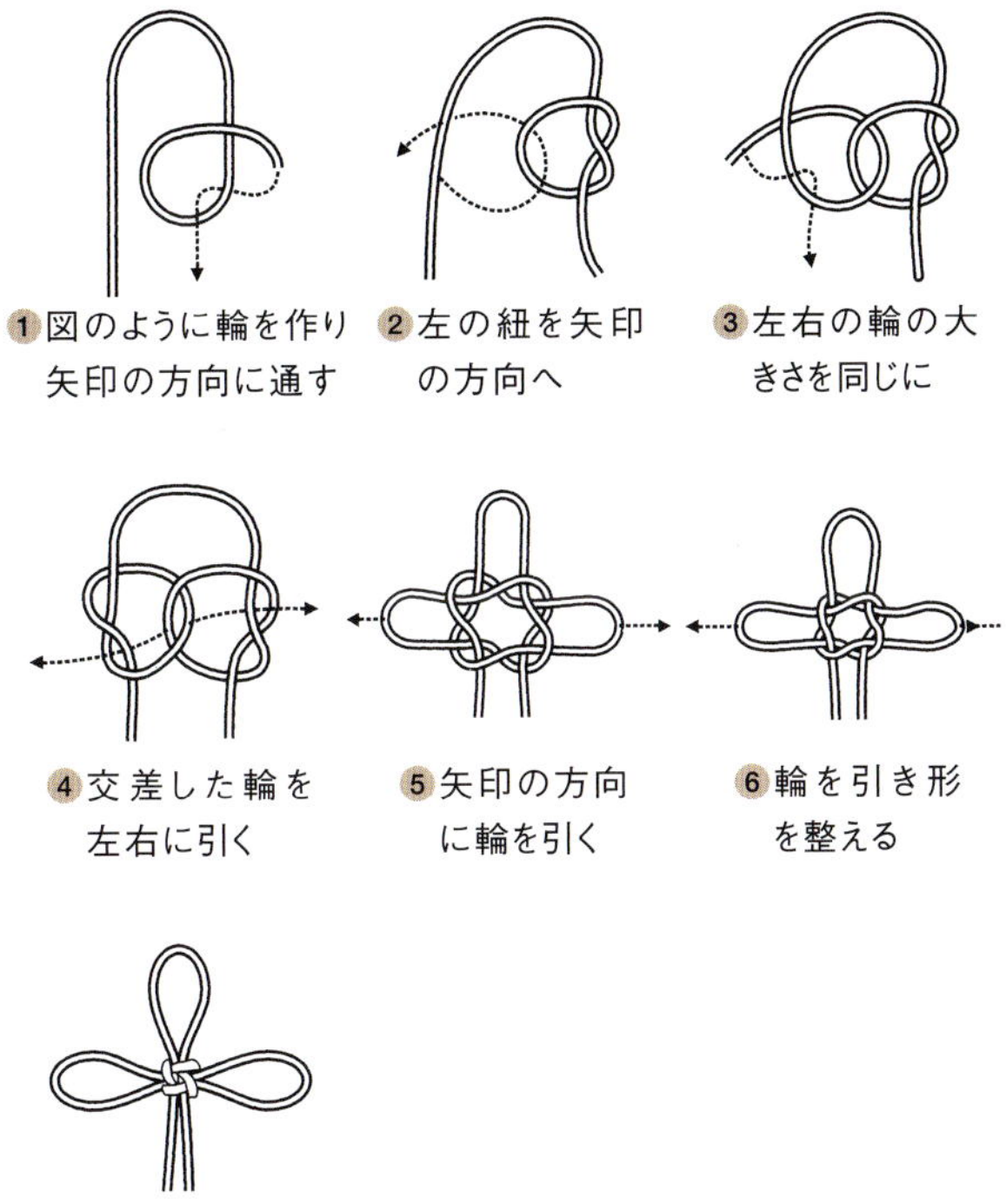

1 図のように輪を作り矢印の方向に通す

2 左の紐を矢印の方向へ

3 左右の輪の大きさを同じに

4 交差した輪を左右に引く

5 矢印の方向に輪を引く

6 輪を引き形を整える

7 出来上がり

作り方（兜 鉢）

鉢布6枚を縫い合わせる。裏布も同じ。

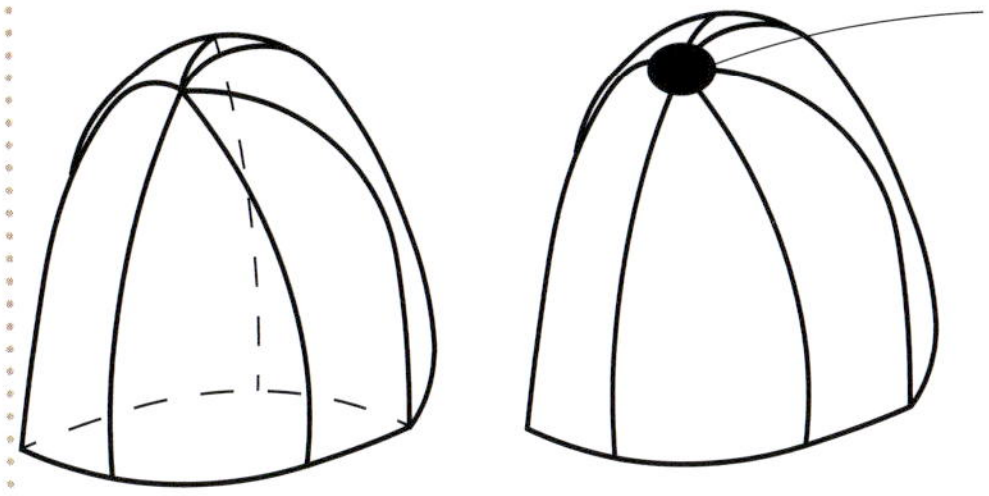
鉢の飾り布をぐし縫いし、化繊綿を詰め、付ける。

作り方（兜 しころ）

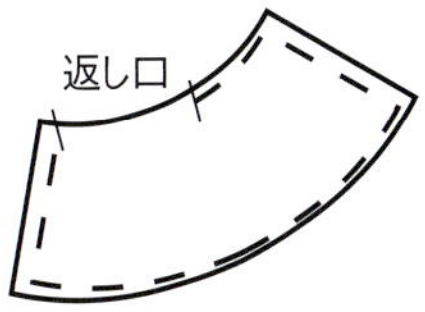

1 しころA,Bを図のように縫い、キルト綿を貼る（しころB表布側　しころA裏布側）。表に返して出来上がり線をしつけする。

2 しころAにワイヤー#22、18cmを入れる

作り方（兜 ひさし）

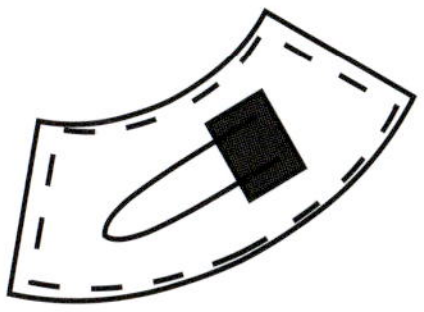

ひさし布を中表に縫い表に返す。ひさしは裏布を少し出してフキのようにしてしつけをかける

材料（座布団）

17cm角
キルト綿あるいは化繊綿を入れる

出来上がりの形

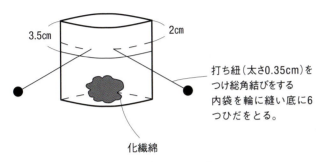

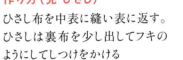

実物大型紙

No.7

作品 P.16

ミニつるし飾り

材料（三番叟、梅）

縮緬無地、柄／その他着物地／胴裏地／化繊綿／接着芯

材料（飾り玉、わらべ）

縮緬柄、無地／その他着物地／接着芯／化繊綿／スチボール（2cm）／極細紐（金）

材料（亀、椿）

縮緬無地、柄／その他着物地／ビーズ大小（赤）／接着芯／化繊綿／金糸

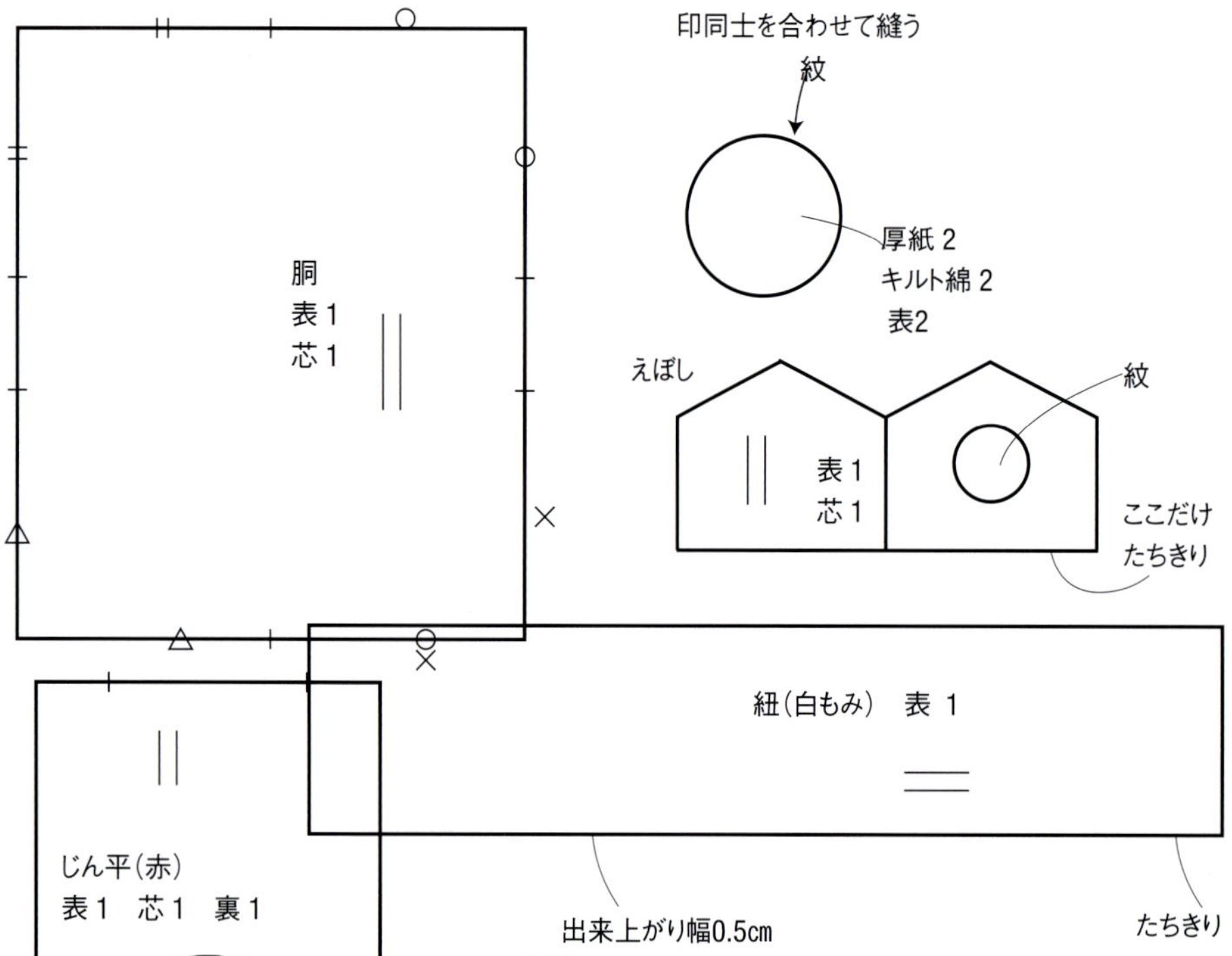

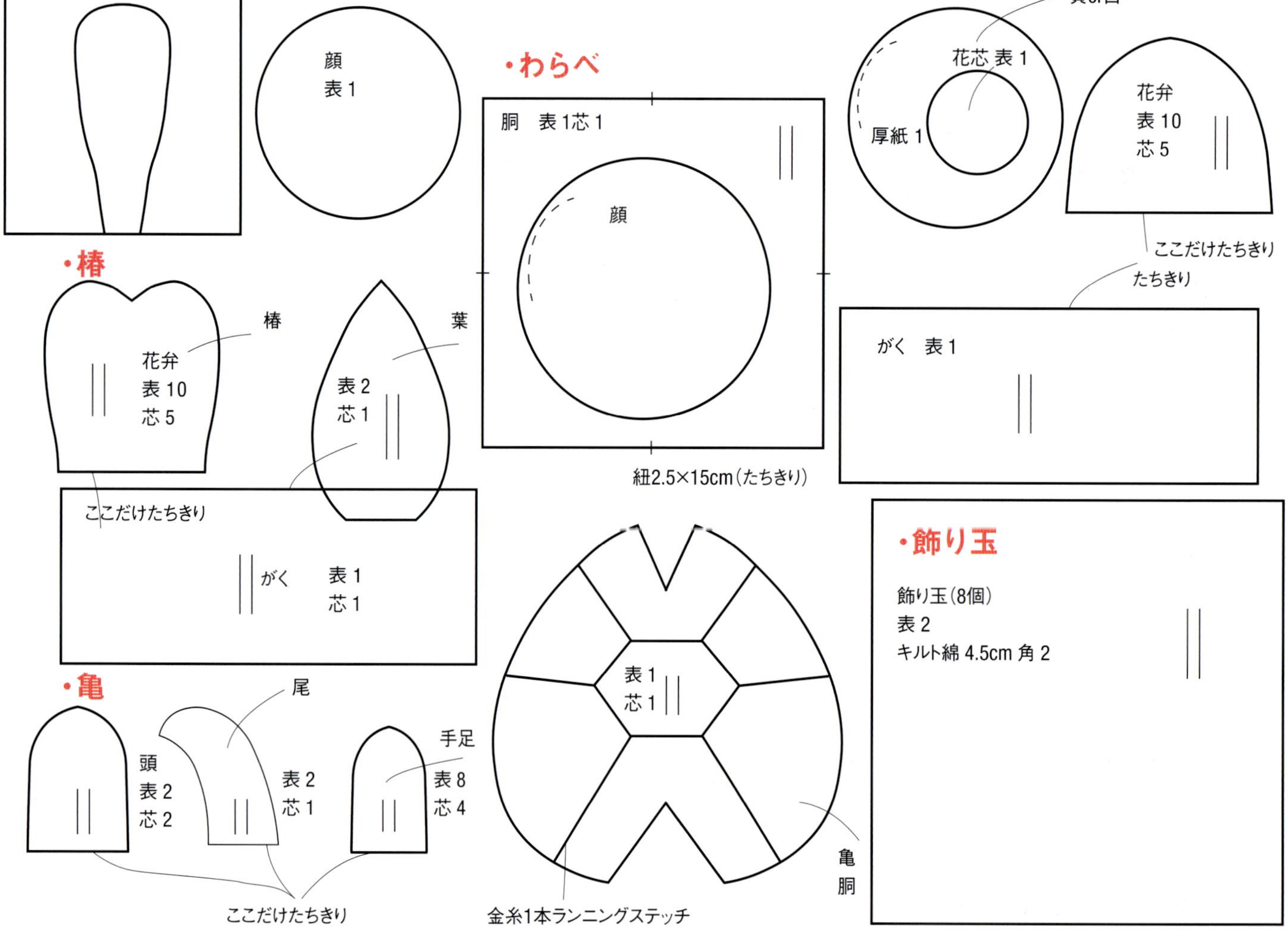

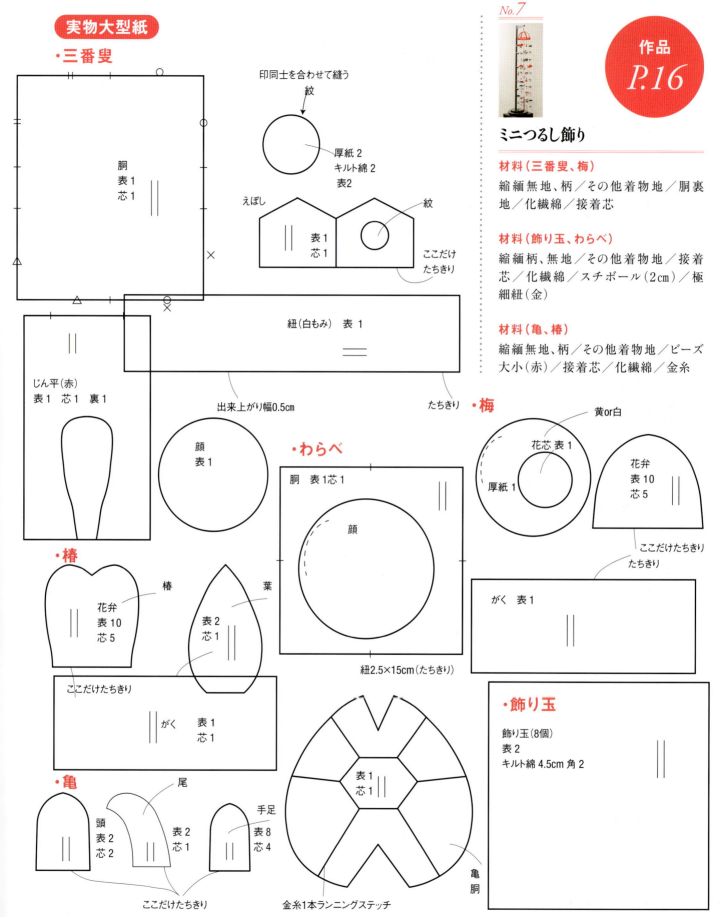

作り方（亀4個）

❶胴に亀甲のランニングステッチをし、底も刺繍をして（金糸1本）ダーツを縫う。
❷手、足、尾、頭を縫い、綿を詰めてしつける。
❸胴をぐし縫いして化繊綿を詰める（厚紙には胴の化繊綿が不足した場合に足すための穴を開けておく）。
❹手足、尾、頭を付ける。
❺底布でまつり絎ける

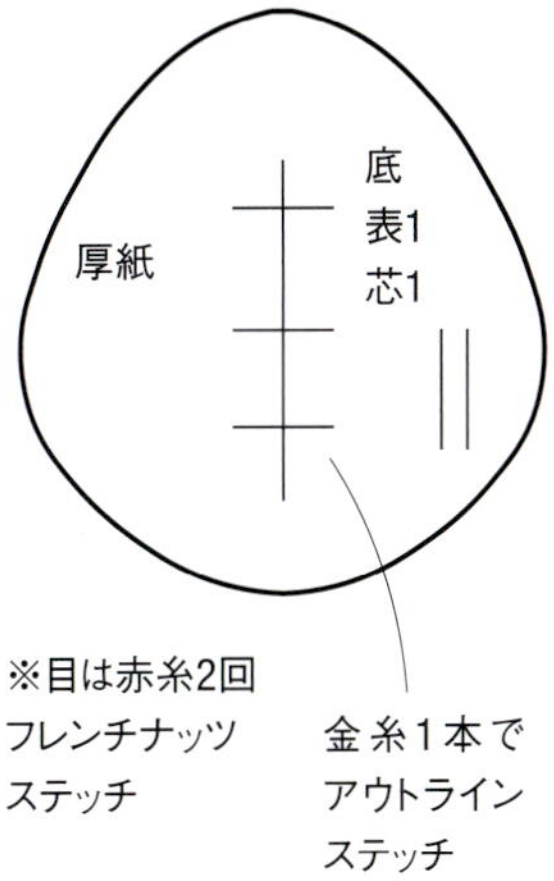

作り方（わらべ 8個）

❶胴を縫う（三番叟と同じ）。
❷頭布の周りをぐし縫いして化繊綿を詰め、顔の表情をつける。
❸紐を縫い、表に返して返し口を絎ける。
❹胴に頭を付け紐を結ぶ。

頭…キルト1本 ストレートステッチで
8分割
目…キルト1本 ストレートステッチ
口…赤絹糸1本 ストレートステッチ

出来上がりの形

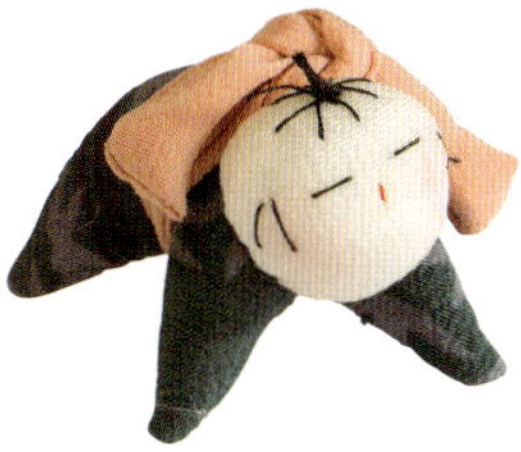

作り方（椿 5個 花、葉）

❶花弁、葉を縫う。
❷表に返し、葉のみ中央に葉脈を刺繍する。

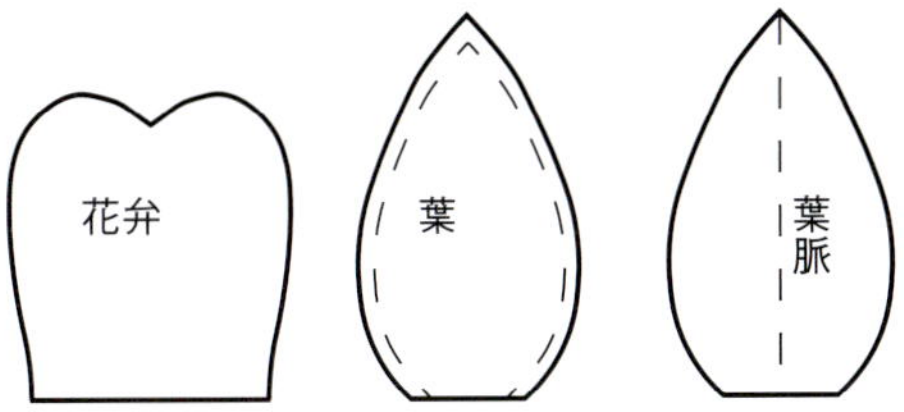

作り方（椿 5個 花芯）

❶縦3.5cm×横5cmの花芯を外表に半分に折る。
❷5分割して絞る
❸花芯に花、葉を付けてしつける。

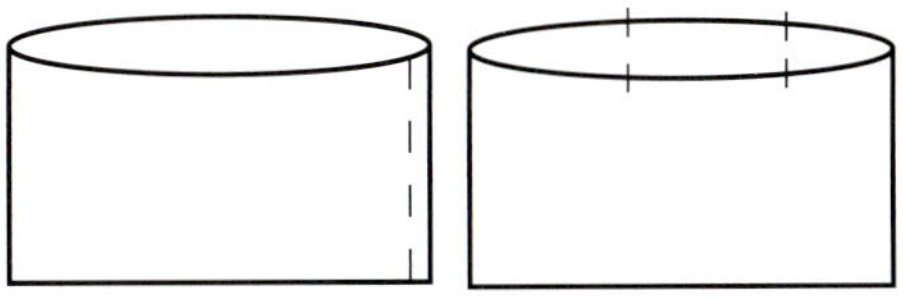

作り方（椿 5個 がく）

❶外表に折り、布端の方をぐし縫いして絞る。
❷輪の山をぐし縫いして花に付ける（縫い縮めた糸で大きさを調節する）。

作り方（三番叟）（P48参照）

出来上がりの形

❶胴の四隅を縫い合わせる（返し口は残す）。表に返し化繊綿を詰めて返し口をまつる。
❷顔布の周りをぐし縫いし化繊綿を詰めて絞り球形にする。
❸烏帽子を作る。
❹頭に烏帽子をかぶせる。
❺甚平を作る。表布と裏布を合わせ、返し口を残して周りを縫い、表に返し絎ける。
❻胴に顔を付け、甚平を着せる（甚平の作り方P85参照）。

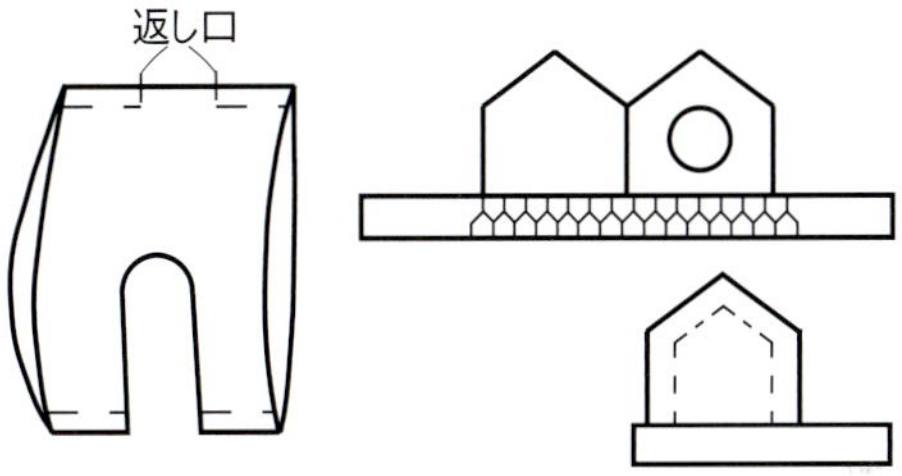

作り方（梅 5個）

❶花弁を縫い表に返す。5弁の花弁を図の様に縫い、輪にして絞る。

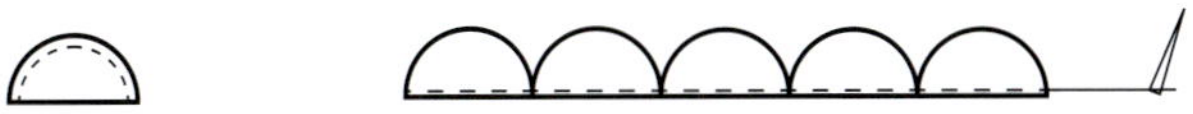

❷がくを輪に縫い、外表に半分に折りぐし縫いして絞る。輪の山をぐし縫いして化繊綿を少し詰めて花のがくにする。
❸花芯をぐし縫いし化繊綿を詰め、厚紙を入れて絞り、金糸1本でストレートステッチにして花弁中央にまつり絎ける。

作り方（飾り玉A 8個）

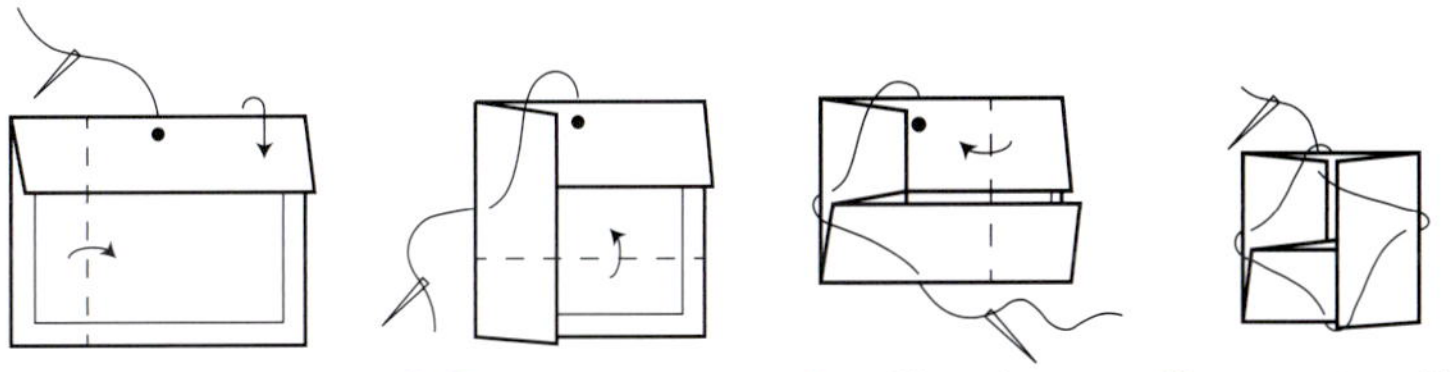

❶キルト芯を重ねた表布を4分の1折り真ん中に糸を通す。
❷❶に重ねるように4分の1を折り、糸を通す。
❸同様に重ねて糸を通す。
❹図のように菱形に糸を通す。
❺2色を合わせて球体にする（写真参照）。

作り方（飾り玉B 24個）

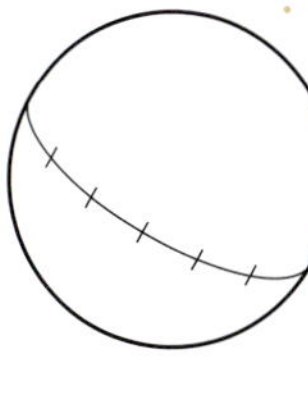

❶スチボール2cmをカッターで半分に切る。
❷布3.8cmの円、たちきりをぐし縫いしてスチボールを包む。
❸球体にして、極細紐（金）をボンドで付ける。

出来上がりの形

実物大型紙

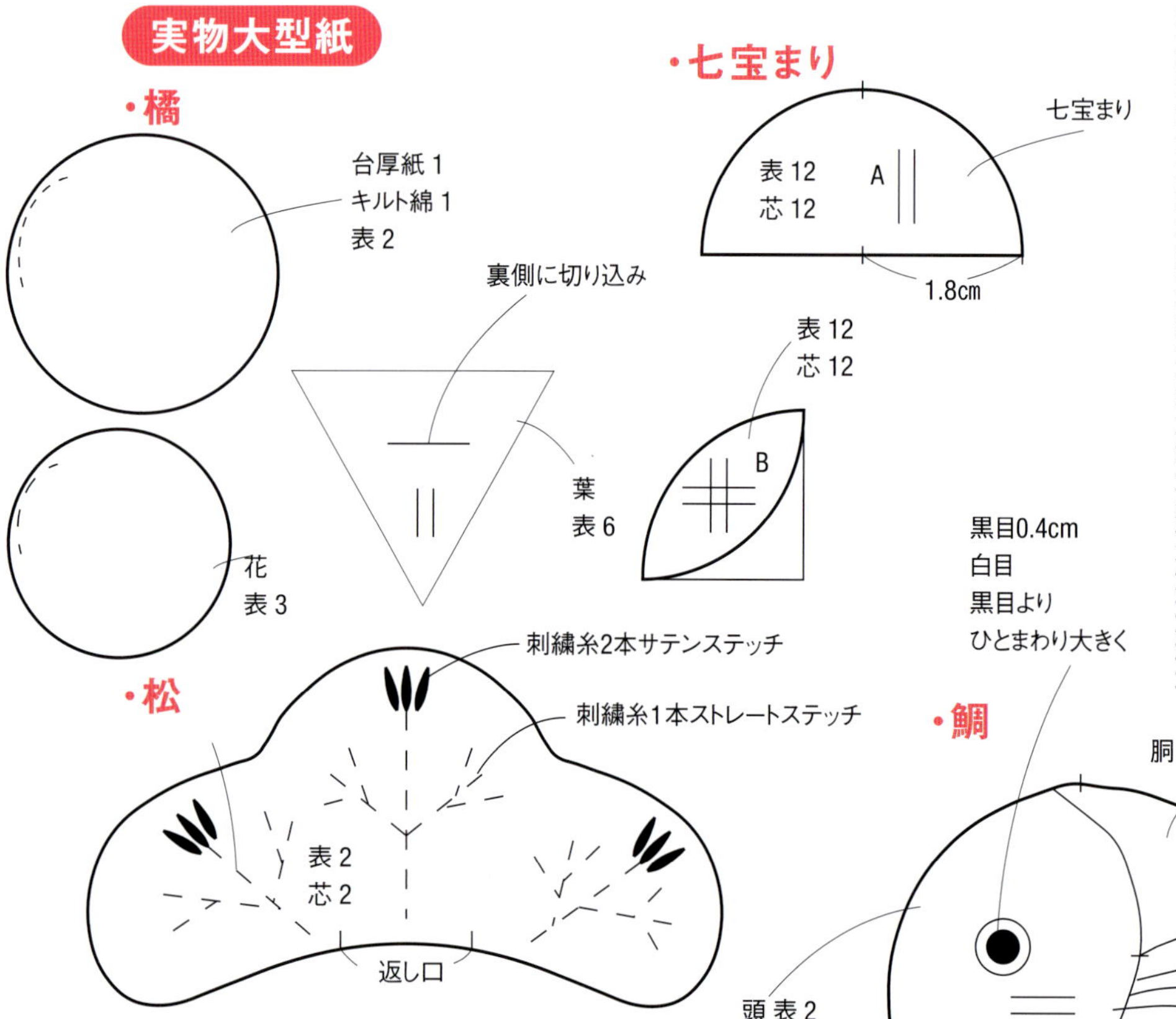

No.7 ミニつるし飾り

材料（鯛、鶴）

縮緬無地、柄／その他着物地／ワイヤー＃24／接着芯／化繊綿／極細紐／脱脂綿

材料（橘）

縮緬無地／その他着物地／キルト綿／厚紙

材料（七宝まり、松、桃、うさぎ）

縮緬無地、柄／その他着物地／接着芯／化繊綿／刺繍糸／極細紐（桃、16cm1本）

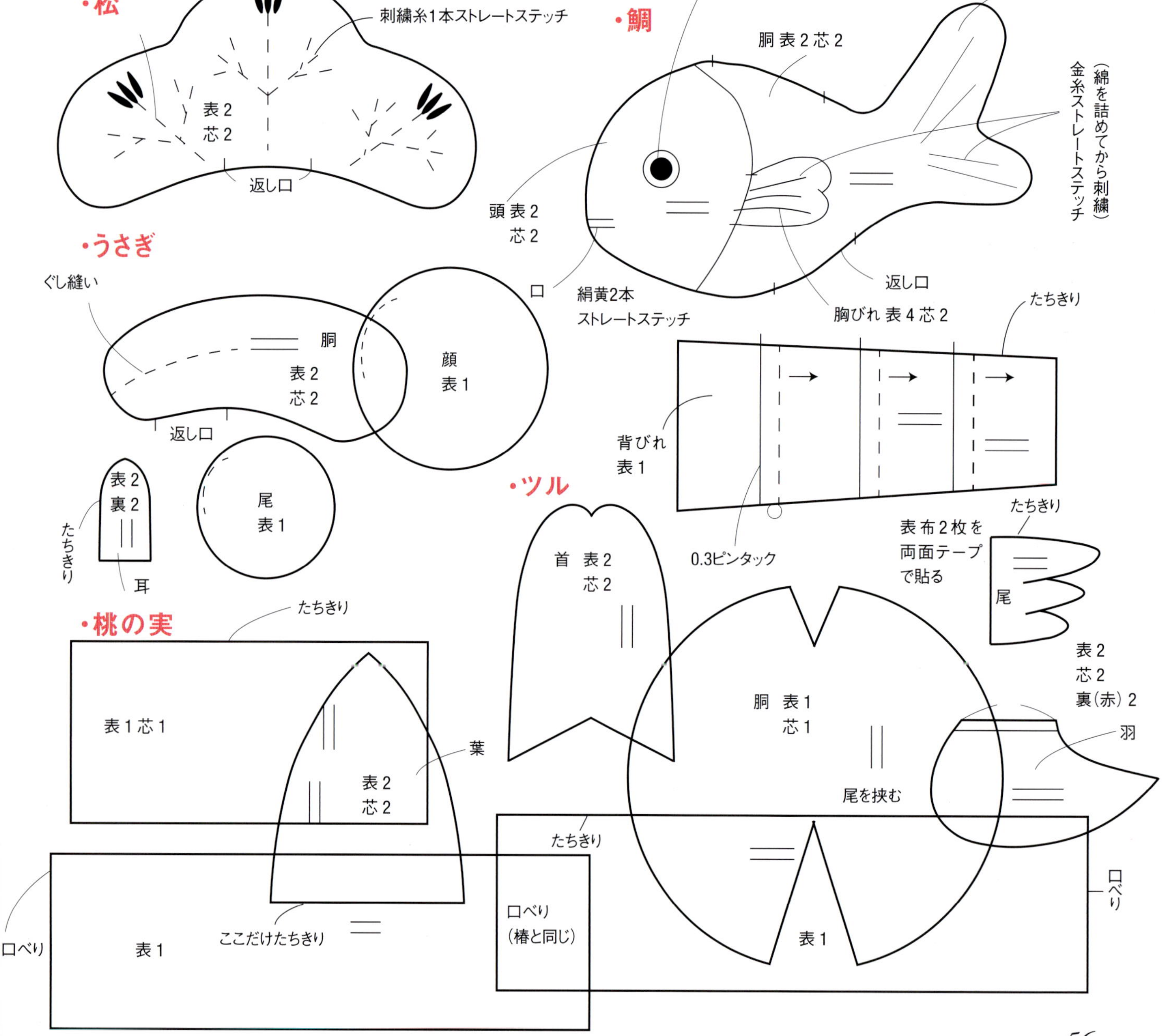

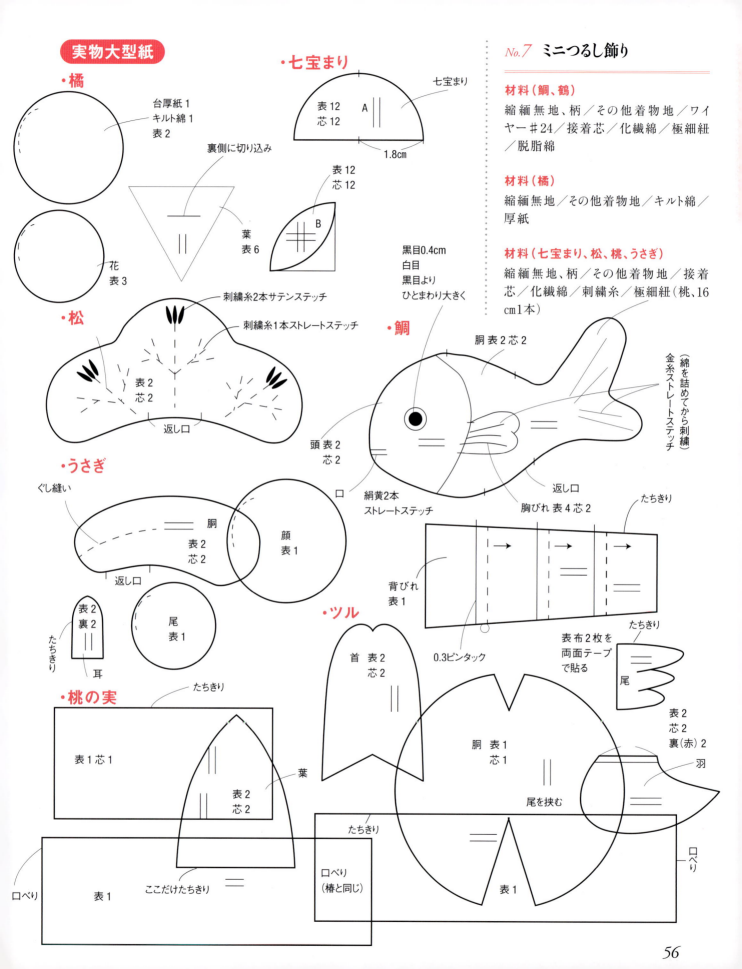

作り方（うさぎ）

❶胴を縫い、表に返して化繊綿を詰めて返し口を絎ける。ぐし縫いし糸を引き前足の形にする。
❷顔布の周りを縫い、化繊綿を入れて球形にして、刺繍糸で目、口の表情を付ける。
❸耳は両面テープで表裏を貼り、カットして顔に付ける。
❹尾を縫って化繊綿を詰めて胴に付け、顔も付ける。

作り方（桃 5個）

❶桃の実を半分に折って縫う。表に返してぐし縫いし、化繊綿を詰め絞る。
❷葉
❸口べり。椿と同じ縫い方。

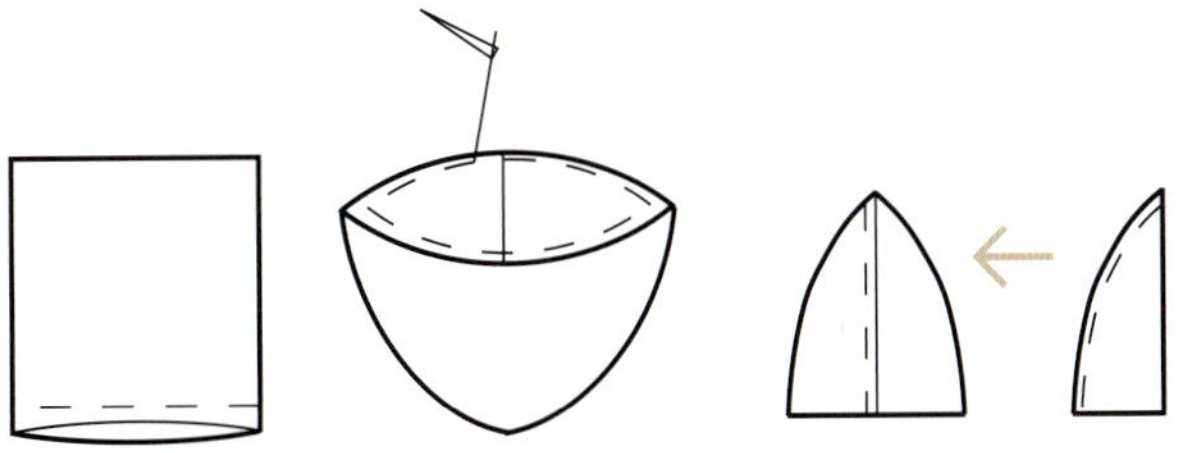

作り方（仕上げ）

❶竹の輪に両面テープを使ってあて布Aを貼る。
❷赤ナイス（3.5cm幅）を片方を0.6cm折り竹に巻く。
❸打ち紐220cmに菊結びをして七宝のまりをつけ、つり下げる紐を作り竹中央に下げる。
❹とじ糸130cmに作品を10個下げて竹に付ける（全部で8本）。

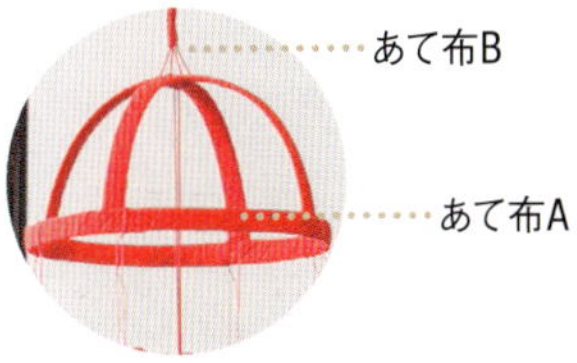

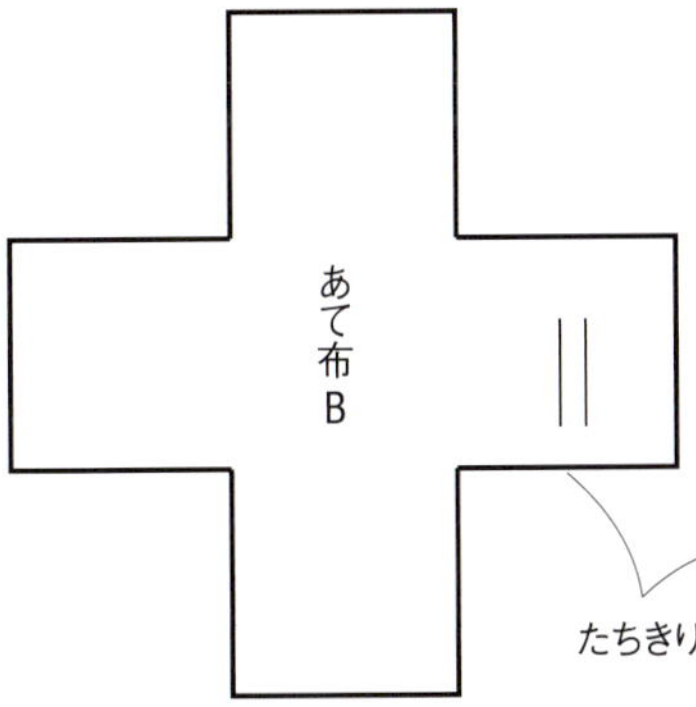

表2

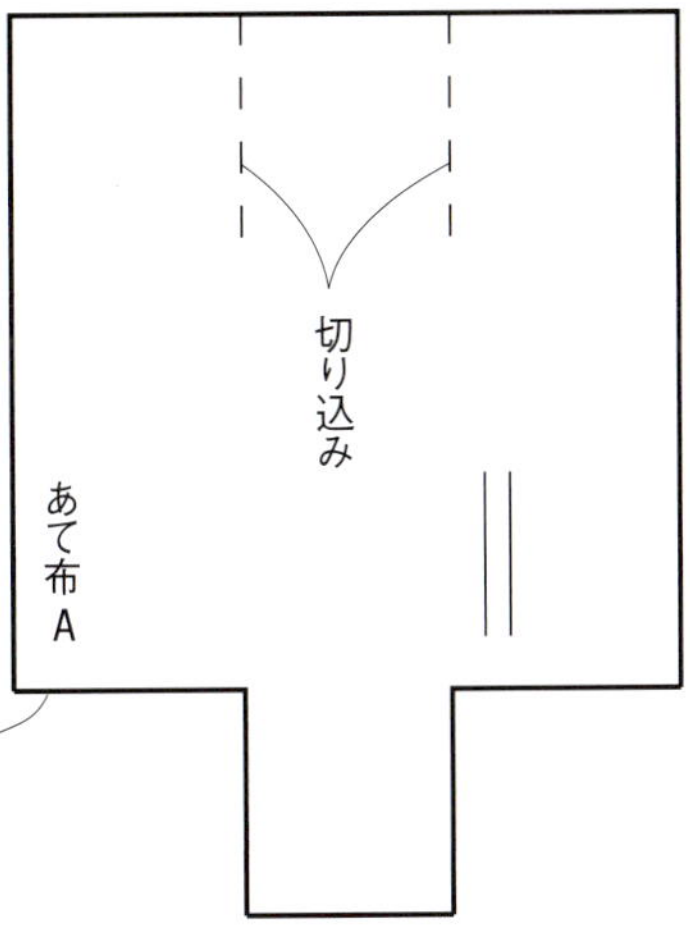

表4

つるし方（P41桜のつるし飾り参照）

紐0.1cm×15cm…3本　0.1cm×35cm…3本　0.1cm×220cm…3本
ふとんとじ糸…120cm8本
布ナイス赤3.5cm幅×150cm

作り方（鯛 4個）

❶胸びれを縫い胴にしつけして頭と付ける。
❷背びれにピンタックを取り頭側を中表に縫って表に返す。ぐし縫いして縮めて背びれを仮しつけして胴を縫い合わせ、表に返して化繊綿を詰める。返し口を絎ける。尾（金糸でストレートステッチ）
❸目を作る。スクリューポンチで黒目0.4cm、白目は一回り大きくカットして貼る。

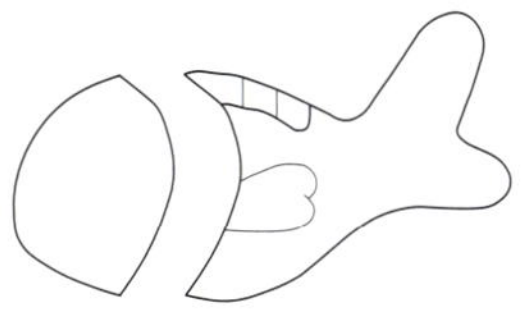

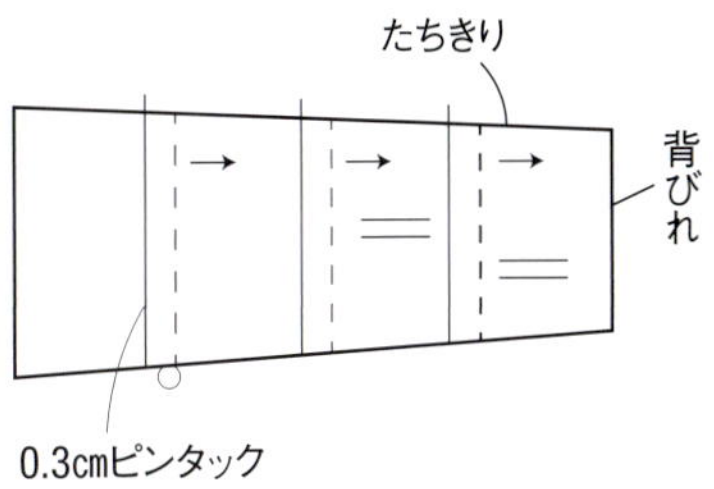

作り方（ツル 4個）

❶羽の表、裏を中表に縫い表に返す。
❷クチバシ。ワイヤー＃24、4.5cmに脱脂綿を巻き黒に彩色。

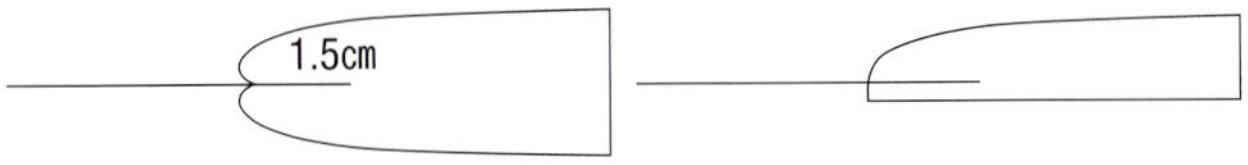

❸胴。ダーツを縫い周囲をぐし縫いして化繊綿を詰める（尾を挟んでおく）。
❹胴に羽根を付けて口べりを付け紐をボンドで付ける。
頭の赤い飾りを付ける（押し絵）。

作り方（橘 1個）

❶台厚紙にキルト綿をボンドで貼り、表布でくるむ。2枚の台布を合わせる。
❷花布の周りをぐし縫いし化繊綿を詰め球形にする。中央をフレンチノットステッチで凹ませる。
❸葉布の周りを縫い裏側に切り込みを入れて表に返す。

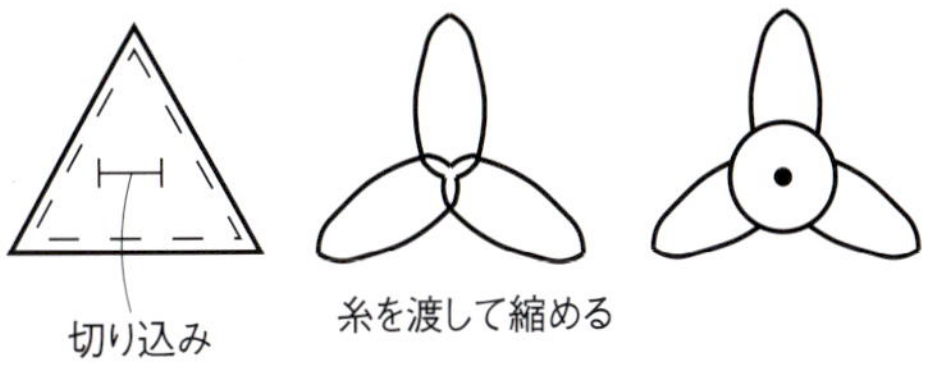

❹葉の中央に花を付ける。台にボンドで付ける。

作り方（七宝まり 5個）

❶AとBを縫い合わせ化繊綿を詰める（12個作る）。
❷12個を糸で通して輪にし結ぶ。
❸七宝の様にボール状にする。

作り方（松 5個）

松に刺繍をして周りを縫い、表に返して化繊綿を詰め返し口を絎ける。

実物大型紙

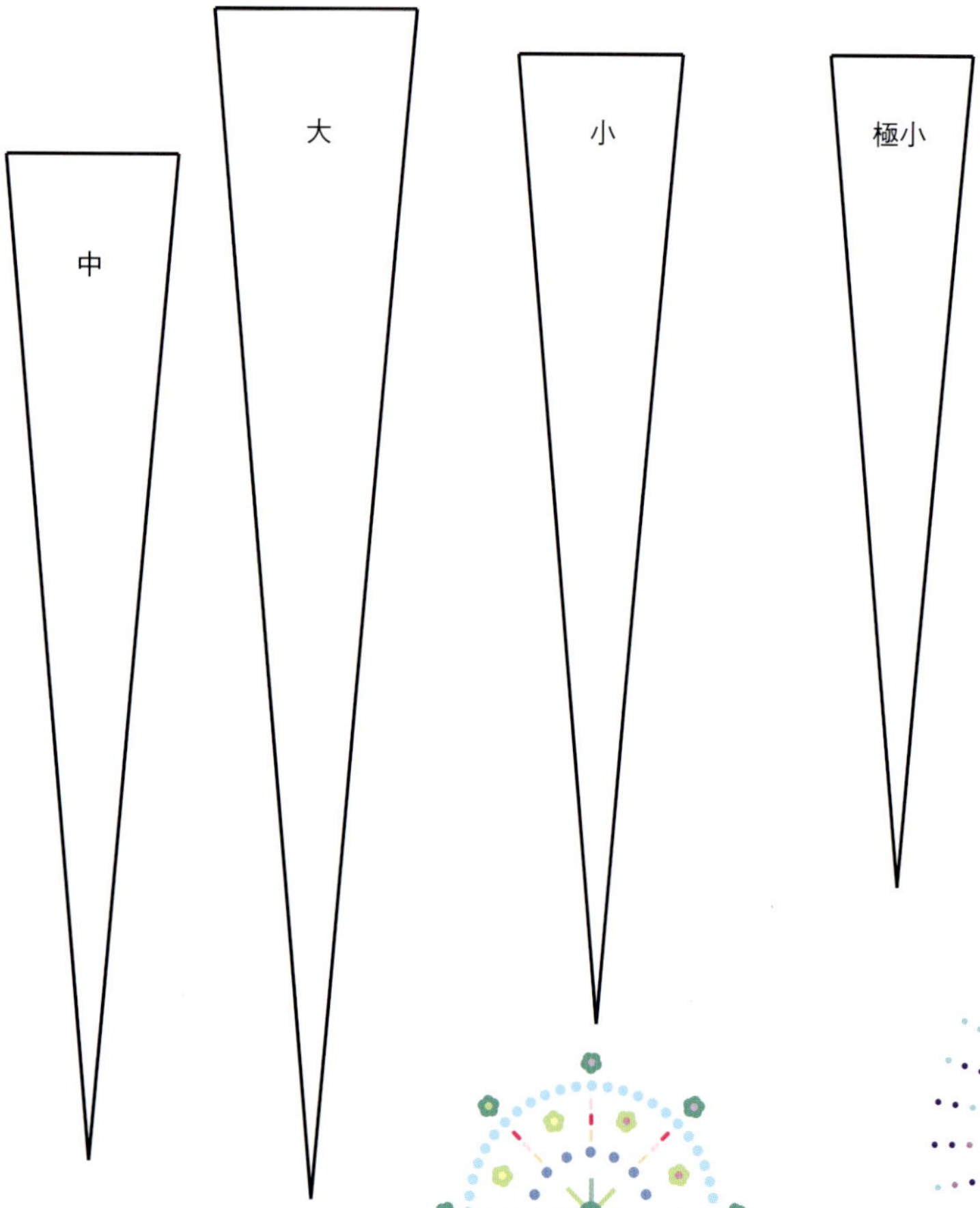

No.8

作品 P.18

花火

材料（花火）

縮緬無地、柄／その他着物地／接着芯／厚紙／脱脂綿or薄手のキルト綿／和紙／ビーズ、スパンコール／棒／紐…太さ0.35㎝×150㎝

作り方（花火 土台）

❶型紙を作り、表布に接着芯を貼り縫い合わせる。
❷トップが出来たら裏布と合わせて周りを縫い、上に棒通しを作る。
❸各パーツの押し絵が出来たら土台布にボンドで貼り、ビーズを付ける。

※土台布の大きさは好みの寸法に。

・台布

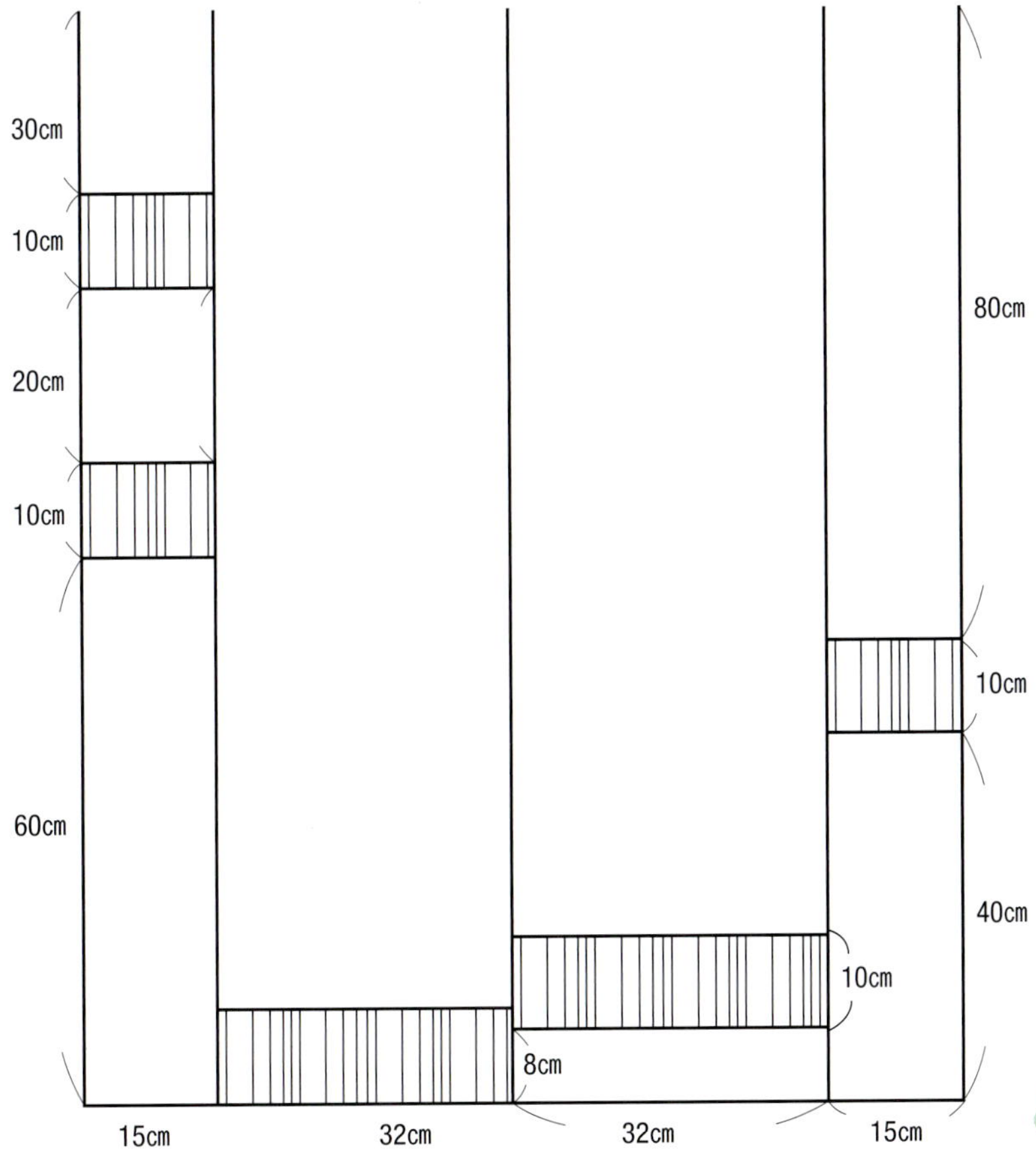

作り方（花火 押し絵）

❶トレーシングペーパーを使って厚紙に型紙を写し取る。

❷図案で重なっているもの、立体感を出したいときは重ねる。

❸のり代をなるべく少なめにとって布を裁つ。のり代は綿を入れるところ、カーブのあるものは0.5cm程、小さなパーツは0.3cm程を目安とする。

❹厚紙の型紙にうすくボンドを付け、脱脂綿またはキルト綿を貼り型紙どおりに綿をカットする。

❺❸で裁った布の裏側に綿を貼った厚紙❹を乗せ、糊付けする（形の入り組んだものや、のり代がきれいに収まらない時はのり代に切り込みを入れて糊付けするときれいに仕上がる）。

❻各パーツを作るとき、押し絵をしていく順番を記入しておく。図案の上で組み立てると狂いが少なく作業がしやすい。

❼各パーツののり付けが出来たら裏側に一回り小さい和紙を貼る。

※いろんな布地を使うと面白い。

実物大型紙

・胴

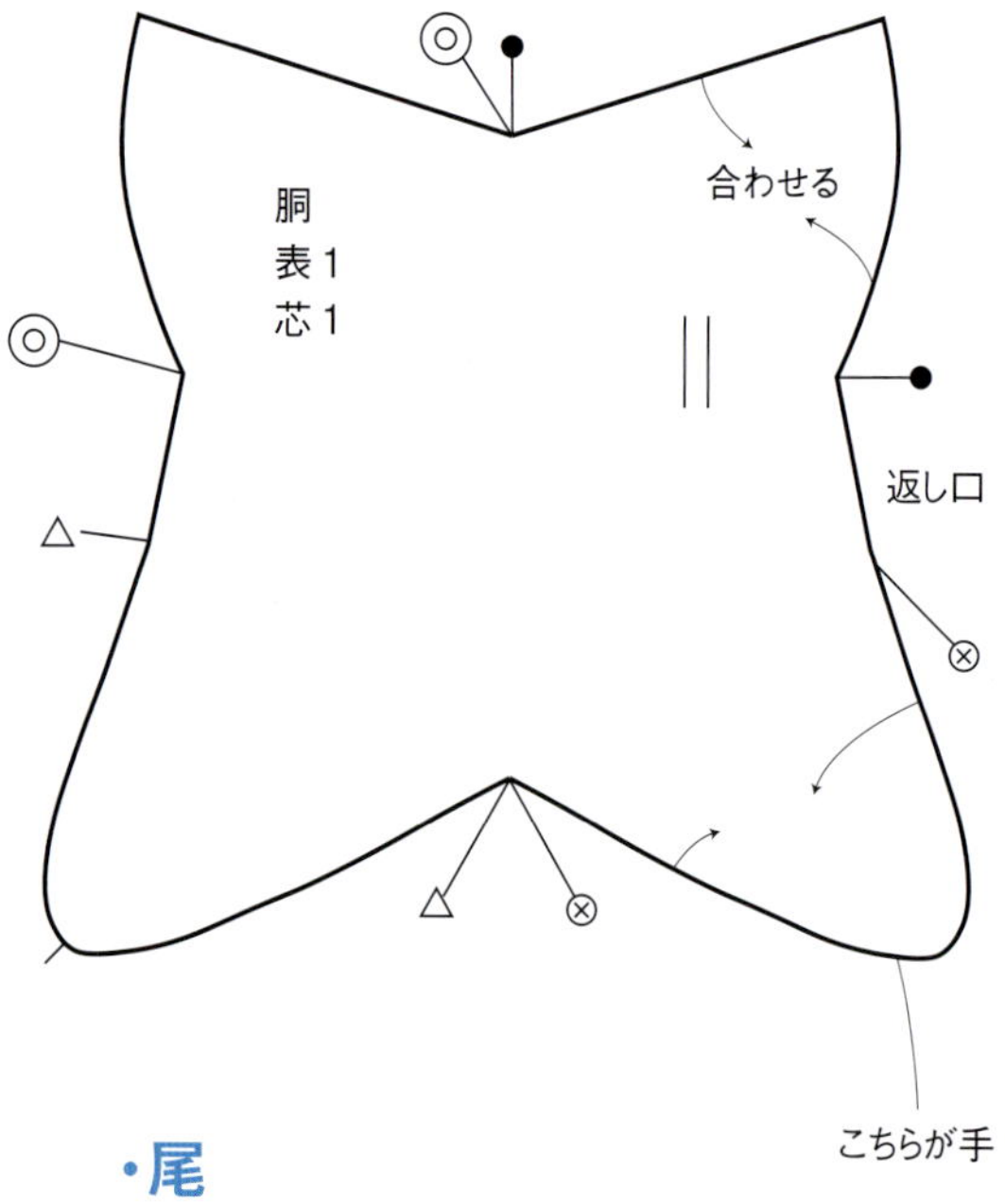

・甚平

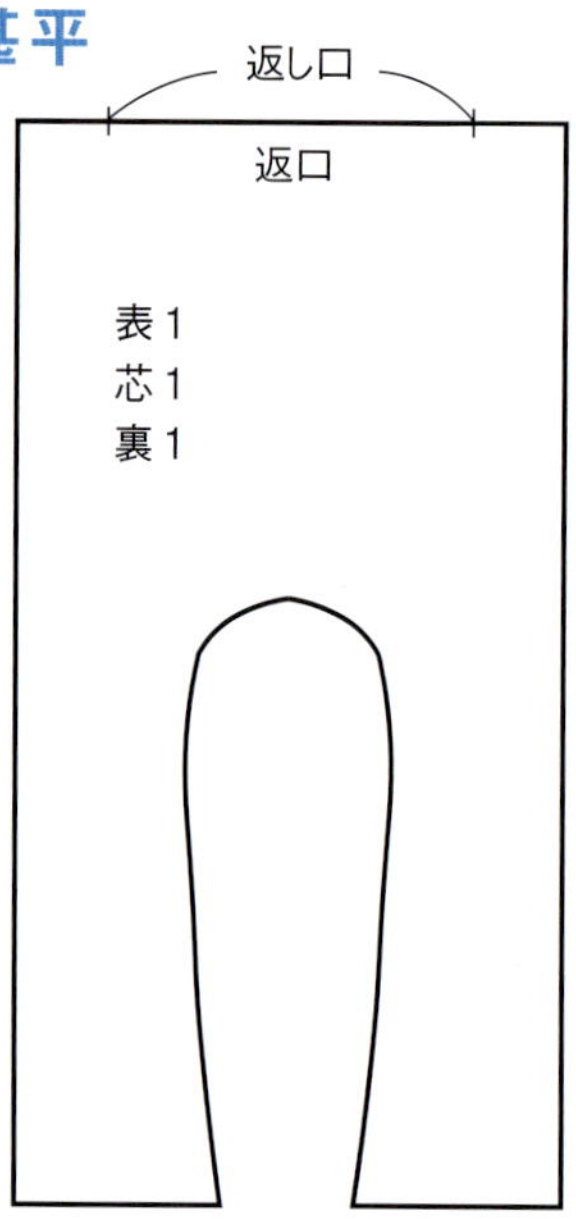

・尾

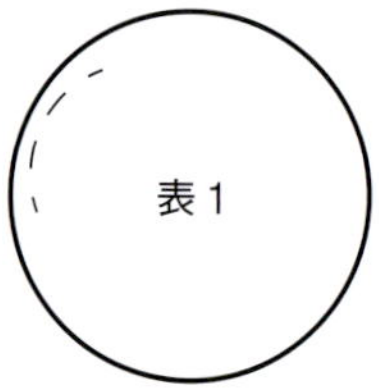

・顔

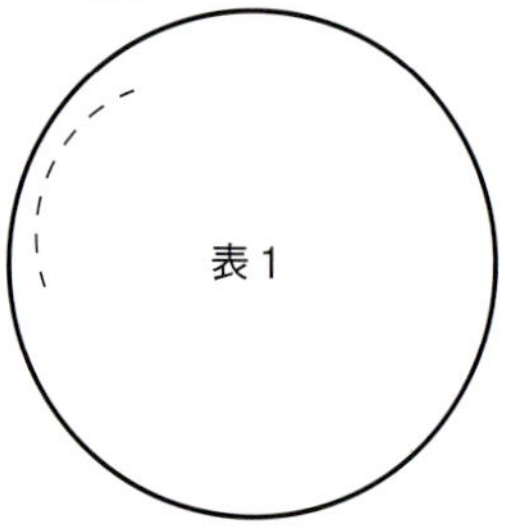

・耳

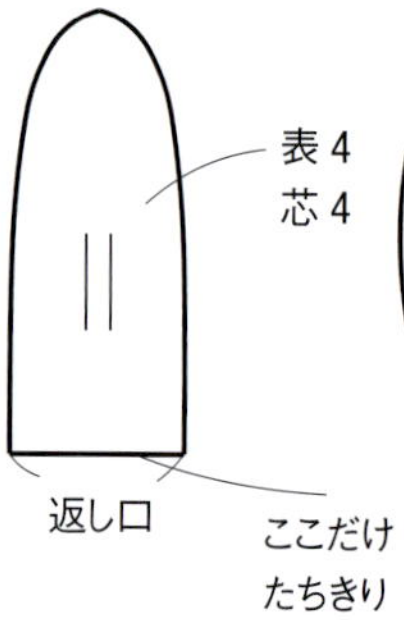

・提灯

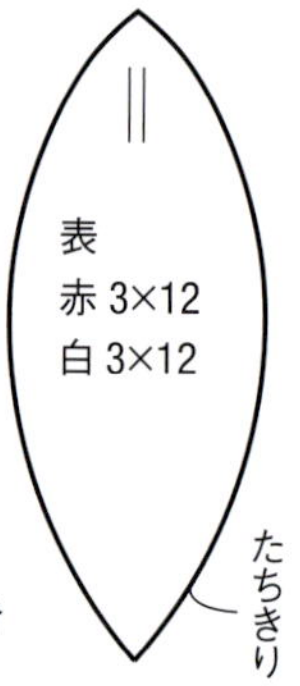

No.9
作品 *P.20*

うさぎの盆飾り

材料（うさぎ）

縮緬無地、柄
その他着物地
接着芯
化繊綿
丸小ビーズ赤（目）
スチボール2.5cm
ワイヤー＃24
やぐら
タイコ（市販）

作り方（うさぎ胴）

❶胴布の合印を合わせて縫い、化繊綿を詰めて返し口を絎ける。
❷顔布の回りをぐし縫いして化繊綿を詰め球形にする。顔の表情を付ける。
目　ビーズを左右に引っ張って付けると立体感が出る。
耳布を中表に回りを縫って顔に付ける。
❸甚平も回りを縫い、表に返して返し口を絎ける。
❹尾布も回りをぐし縫いして球形にする。
❺胴に顔、尾を付け甚平を着せる。

・提灯

作り方（提灯）

❶スチボール（2.5cm）を6分割して印をつけ、カッターで少し切り込みを入れておく（マチ針に糸を付けスチボールに差し分割する）。
❷布をたち赤、白と6枚ボンドを付けて貼る（ボンドを付けすぎない様に）（木目込みの要領で）。
❸布に両面テープを貼り厚紙を乗せて上、下を貼って輪にし、スチボールの上、下にボンドで付ける。

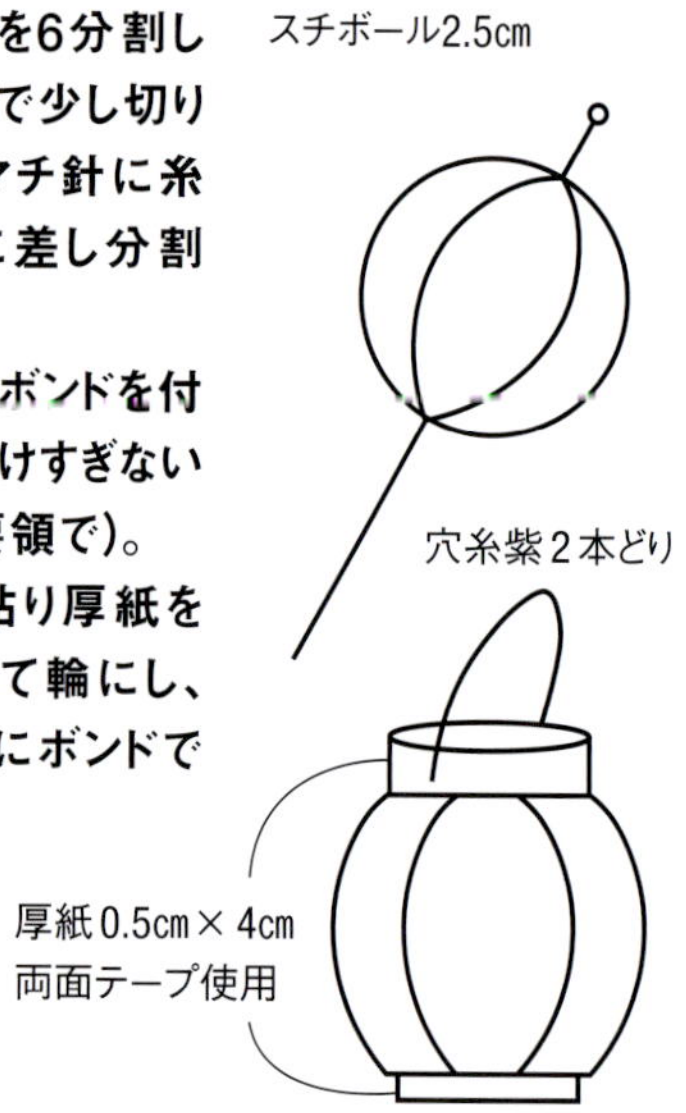

出来上がりの形

目…丸小ビーズ、赤
口…絹1本

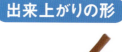

・やぐらの組み立て図

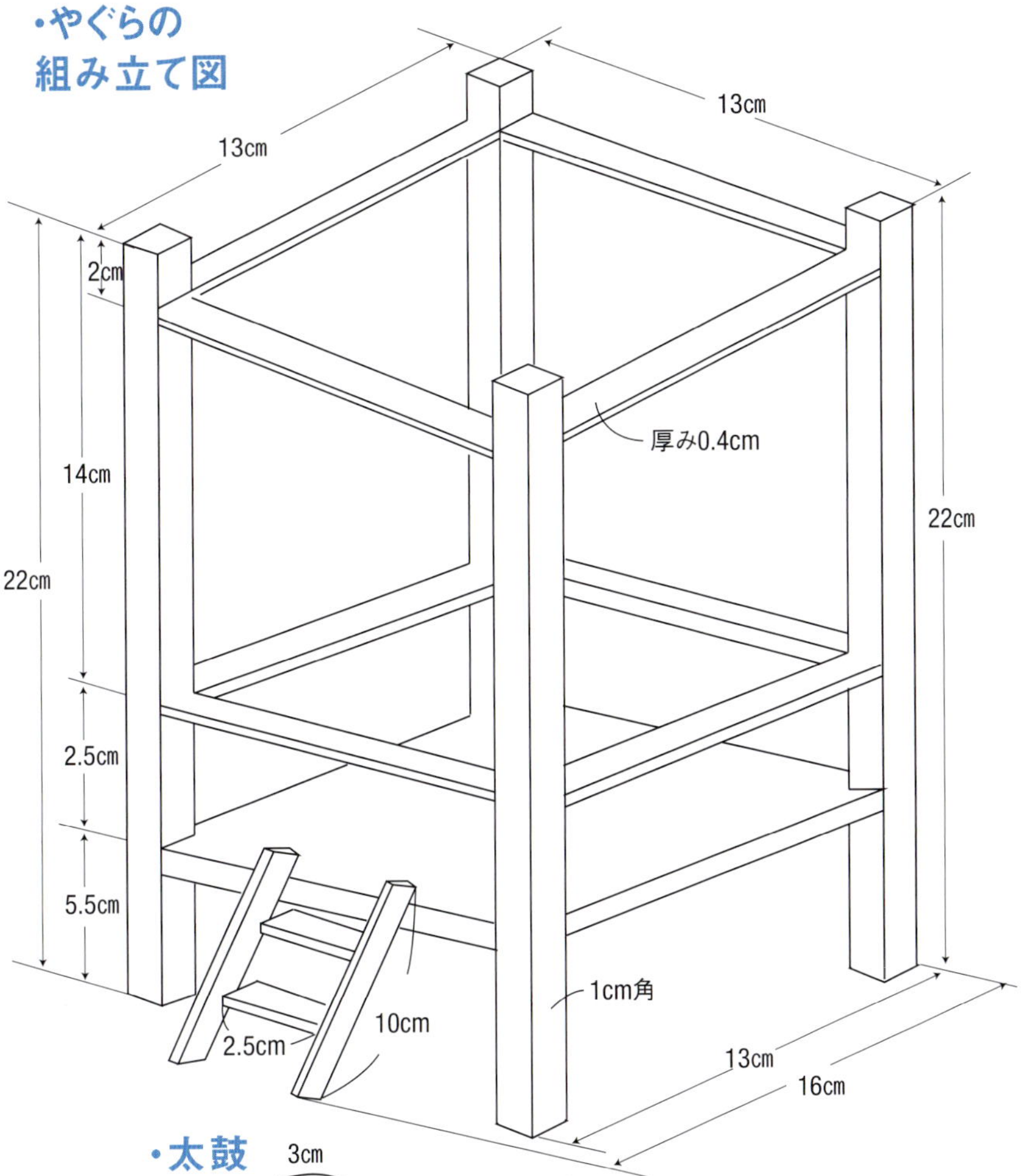

・太鼓

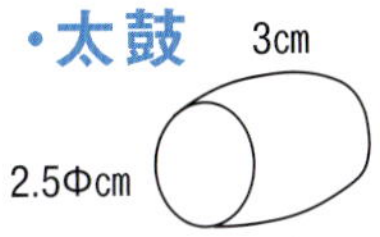

出来上がりの形

●やぐらの上で太鼓を叩くうさぎには手にバチ、タスキとハチマキをする。
●踊るうさぎに腰紐を付けうちわを持たせる。
●たくさんのうさぎを作ると楽しい。

作り方（はちまき）

❶ワイヤー♯22×8cmに1cm幅の布を巻く。

作り方（タスキ）

❶2cm×28cm（たちきり）
布の上に両面接着芯を貼り三つ折り。

作り方（タイコの台）

❶巻き芯2.5cm×1.2cmに黒の布を貼る。

作り方（ばち）

❶竹串4cmにアクリル絵の具で彩色。

作り方（腰ひも）

❶1.5cm×18cm（たちきり）表布に両面接着芯を貼って三つ折りにする。

作り方（うちわ）

❶ワイヤー♯24を3本、持ち手3本束ねて表布2枚の間にボンドを付けて貼る。持ち手は2cm

作り方（紅白の幕）

❶下図の様に赤白布を各12枚ピースワークする。
❷裏布と縫い合わせ上部を赤い布でくるむ（4.5cm×51cm）。出来上がったらやぐらの回りに両面テープを貼って付ける。
❸提灯は穴糸で吊す。

紅白の幕とやぐらの周りの寸法を確認すること。

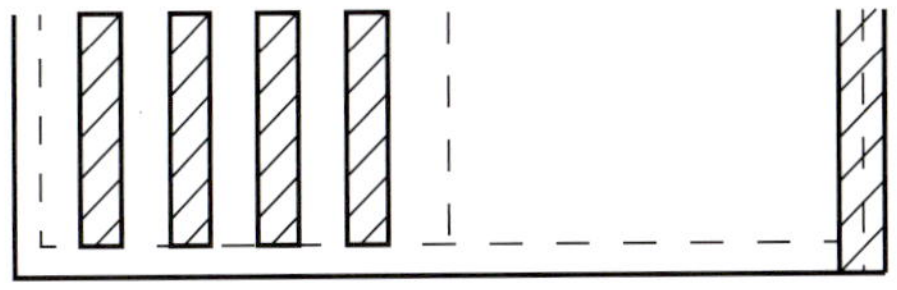

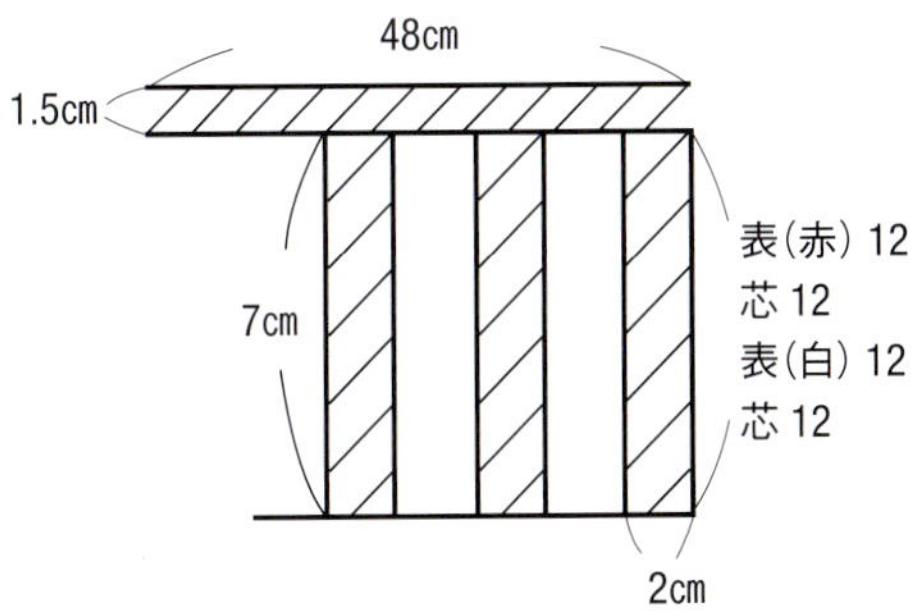

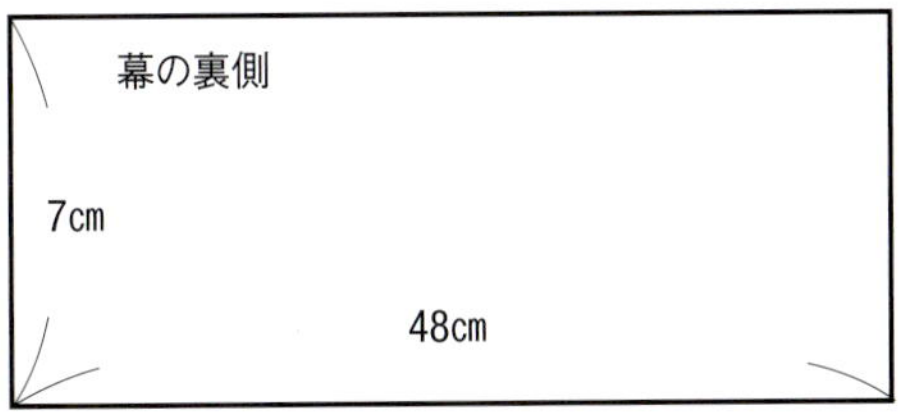

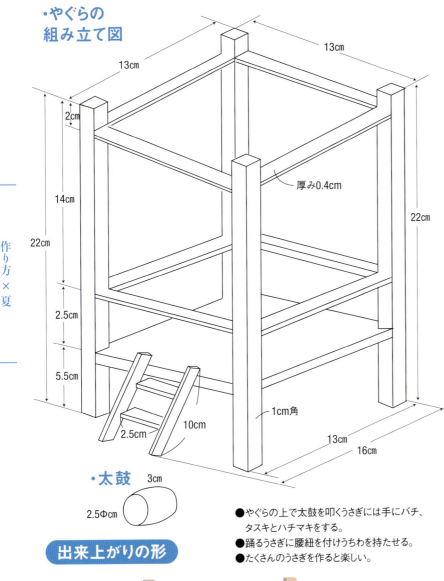

No.10

作品 P.22

夏の風物詩

材料（夏の風物詩）

帯
縮緬無地、柄
その他着物地
キルト綿
厚紙
刺繍糸
極細紐
動眼カエル（0.4㎝）、金魚（0.3㎝）
竹
ビーズ
ワイヤー＃24
ワイヤー＃26

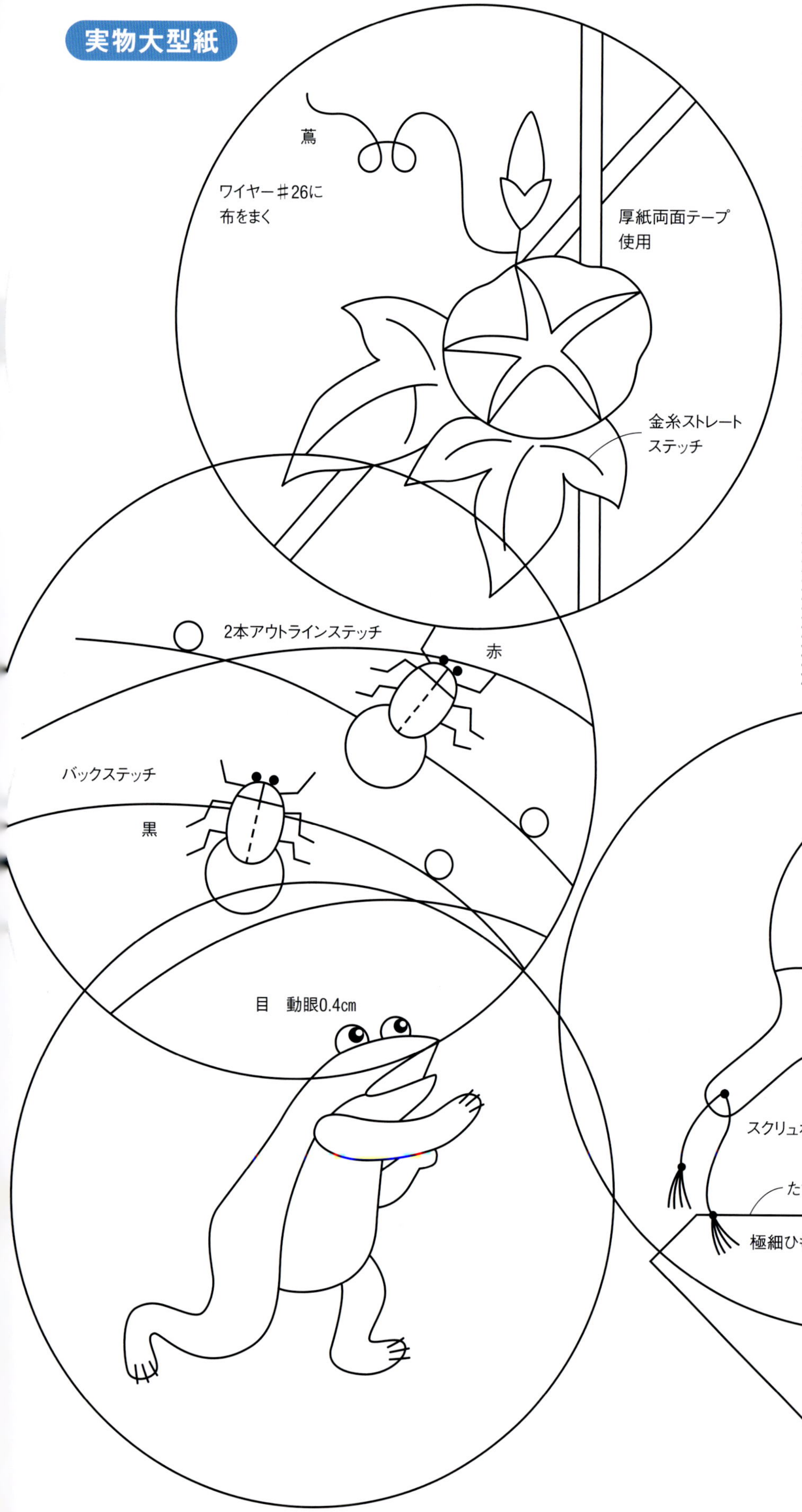

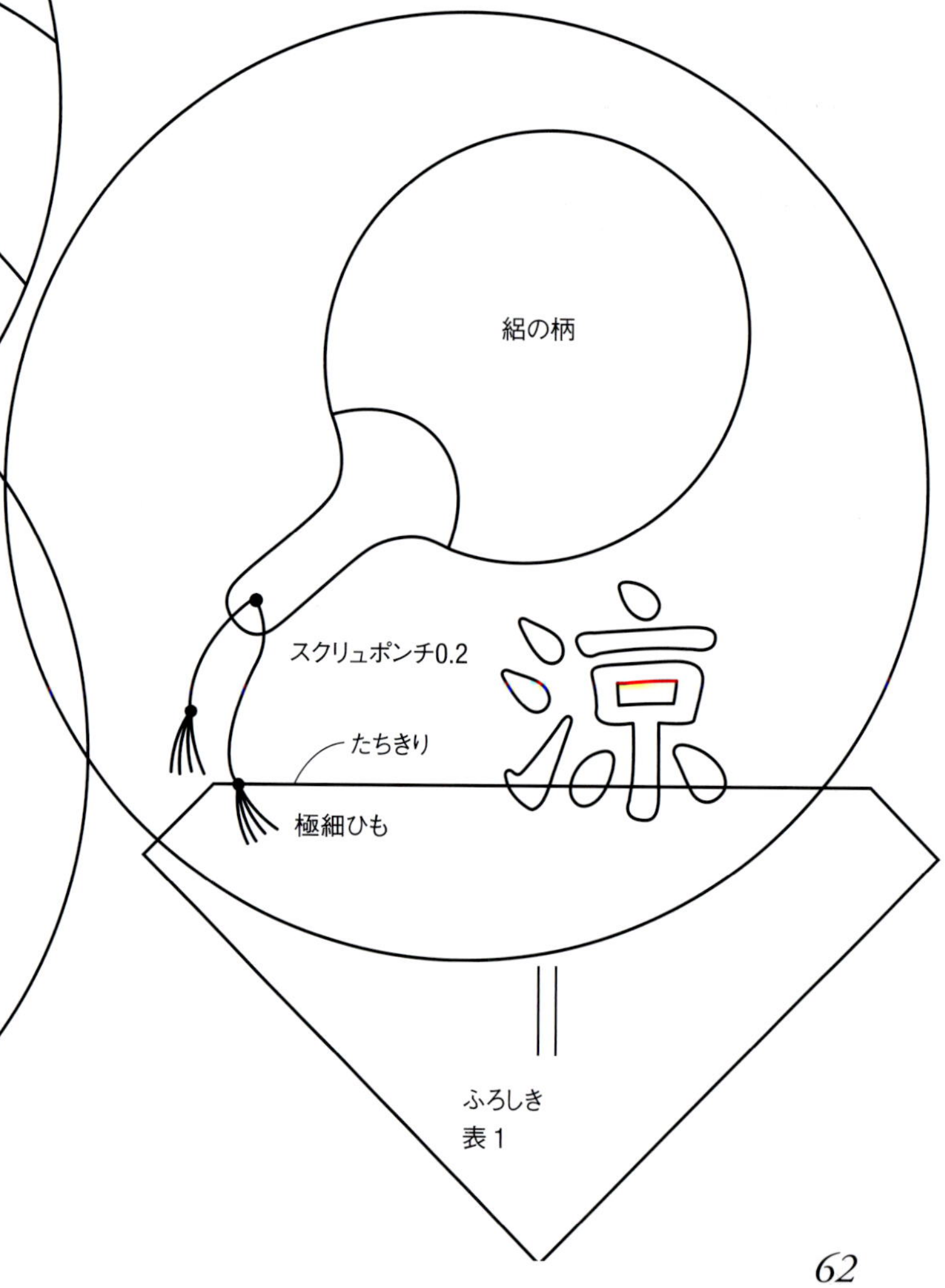

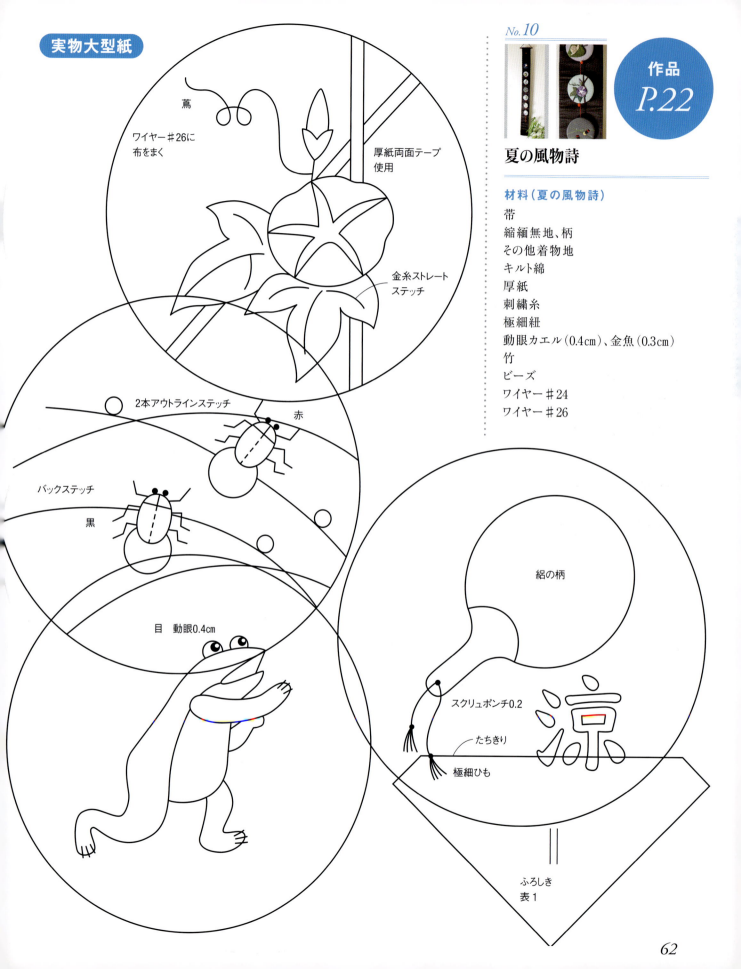

作り方（夏の風物詩 土台）

❶直径10cmの厚紙の上にキルト綿をボンドで貼る。
❷直径12cmの表布で❶の厚紙をくるむ。

作り方（夏の風物詩 押し絵）

❶花火タペストリー参照。出来上がった押し絵を土台に貼る。

作り方（おさるっこ）

A 表布6cm角
キルト綿5cm角
1個

B 表布3.5cm角
キルト綿2cm角
16個

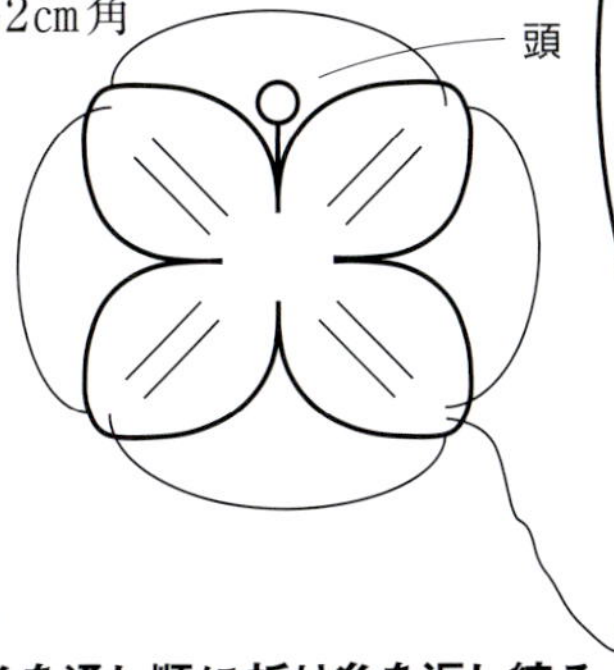

❷表布の上にキルト綿を重ねる
❸4分の1を折り綿の真ん中に糸を通し順に折り糸を返し絞る。
❹頭を付け四辺を絞る
❺頭2cm角の布で脱脂綿を包み糸で絞る。
（てるてる坊主の様に）

作り方（おさるっこ仕上げ）

❶極細紐15cmを図の様に紐結びして、土台の上部に糸でとめる。
❷土台布2枚をボンドで貼る。
❸同様に好みの数を作ってつなぐ。

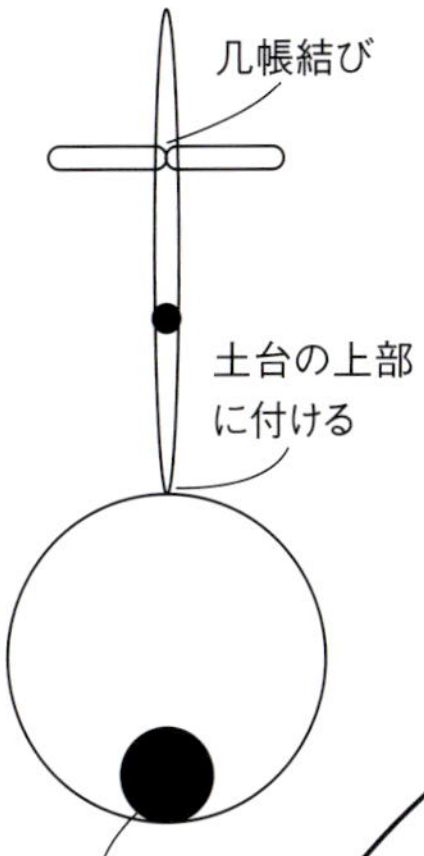

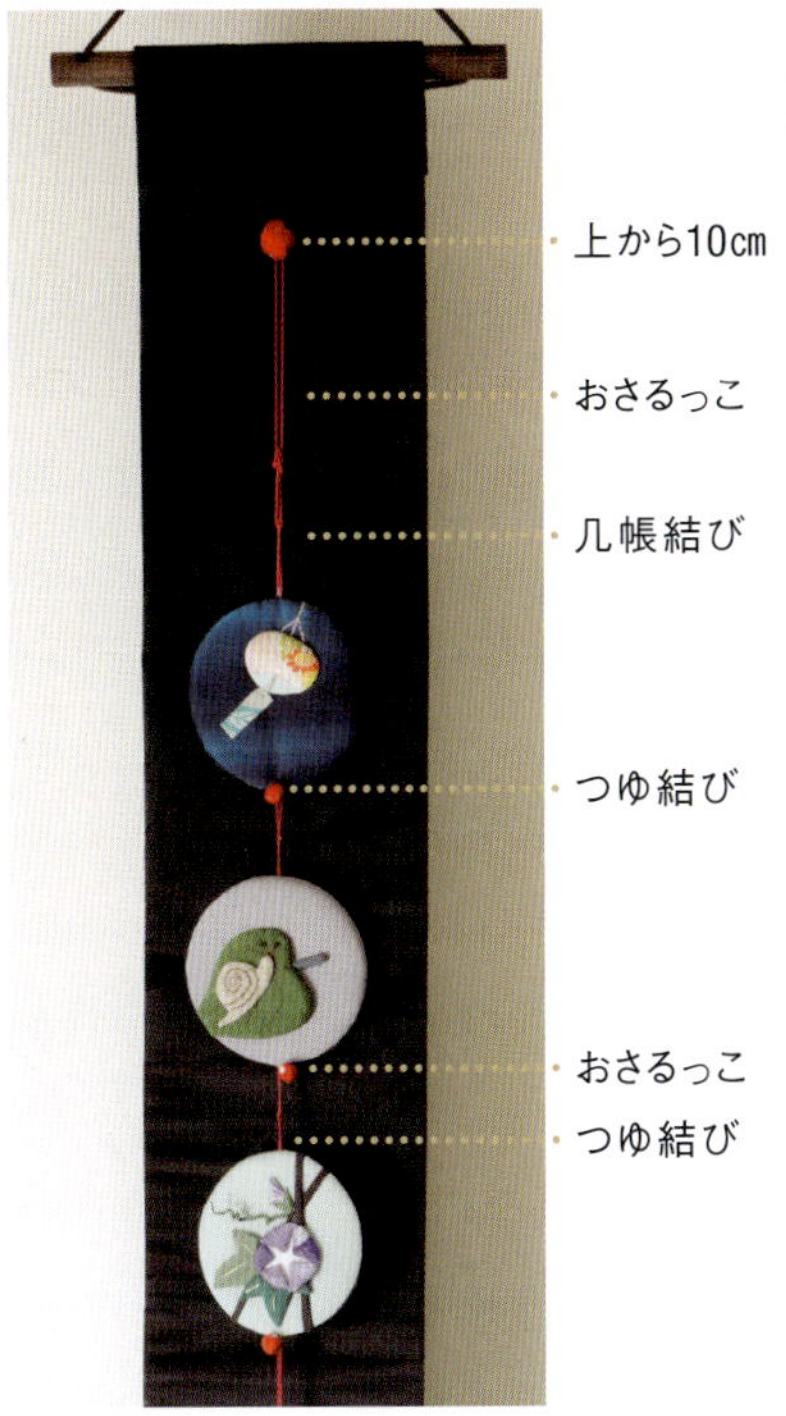

実物大型紙

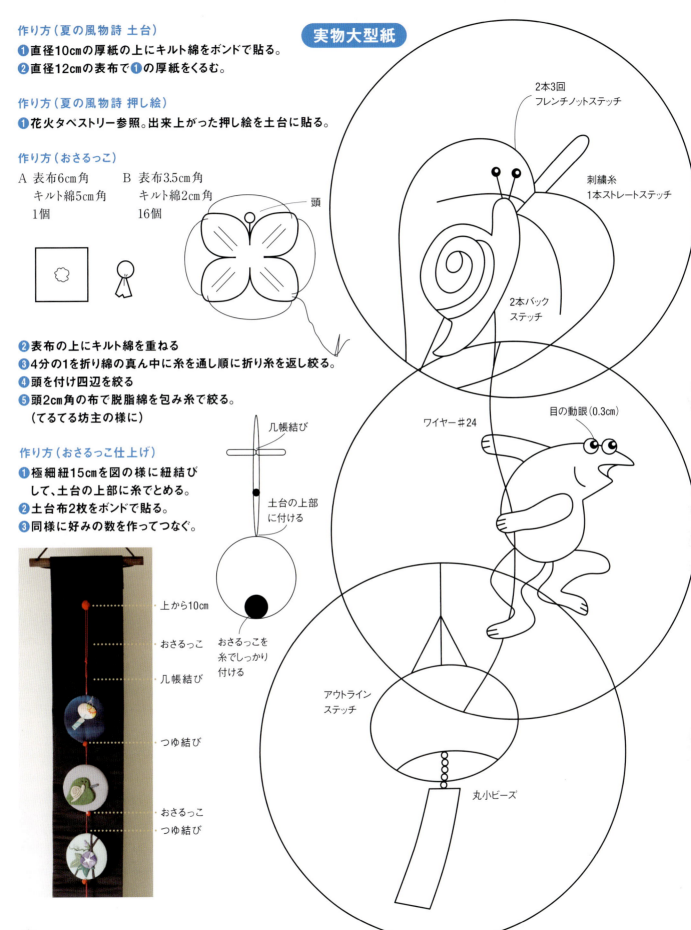

No.11

作品 P.23

蓮の花

材料（蓮のつぼみ袋）

縮緬無地、柄
その他着物地
化繊綿
接着芯
打ち紐…太さ0.1cm×40cm=1本
胴裏地

材料（蓮の花）

縮緬無地、柄
その他着物地
両面接着芯
刺繍糸
キルト綿
化繊綿

作り方（花弁）

1. 花弁布2枚を中表に周りを縫って表に返し、返し口をぐし縫いして少し縮める。（12枚作る）

作り方（花 花芯）

1. 花芯Aは周りをぐし縫いして厚紙にキルト綿をボンドで貼りくるむ。
2. 刺繍糸6本取りで12ヶ所フレンチノットステッチをする（写真参照）。
3. 花芯Bは輪に縫う。
4. ぐし縫いし厚紙を入れ縮める。花芯AをBにまつり絎け。
5. 花芯におしべAをしつけ、その上におしべBも形よく縫い付ける。
6. ❶に花弁を付ける
7. がく布は周りをぐし縫いし形を整え付ける（花芯に化繊綿を入れておく）。

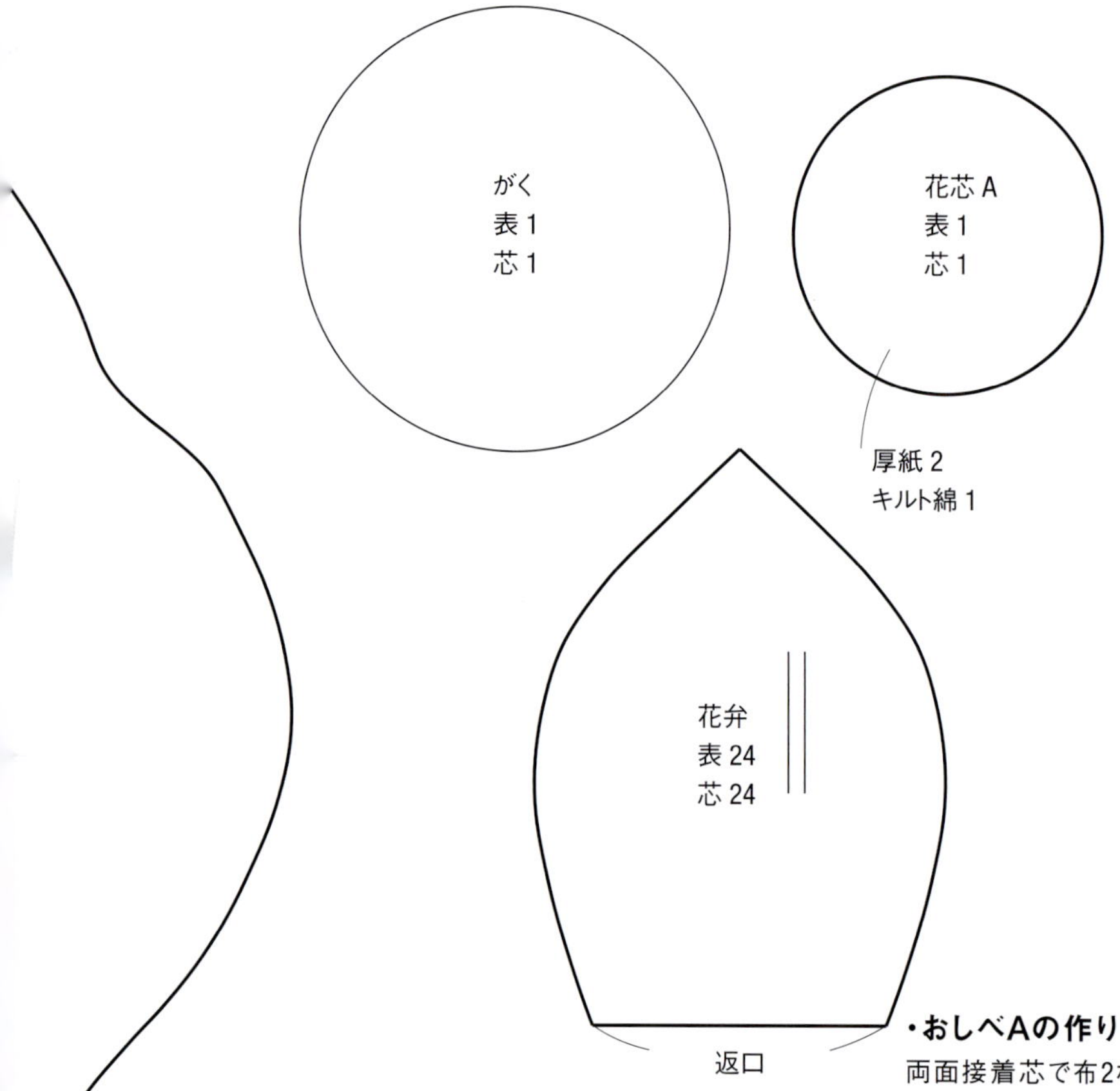

・おしべAの作り方
両面接着芯で布2枚を貼り、おしべを0.4cm幅カット。下から0.5cmは切らない。

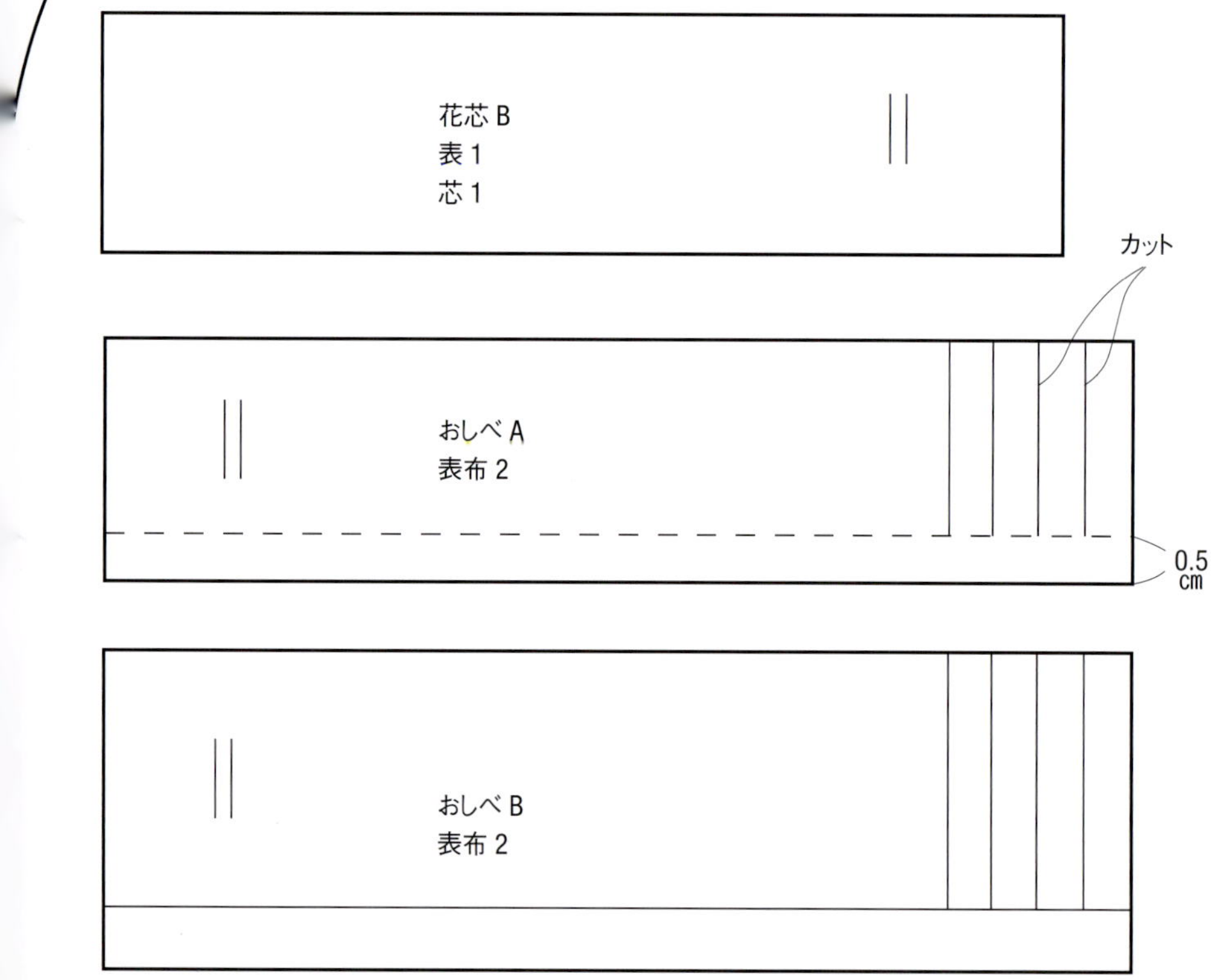

実物大型紙

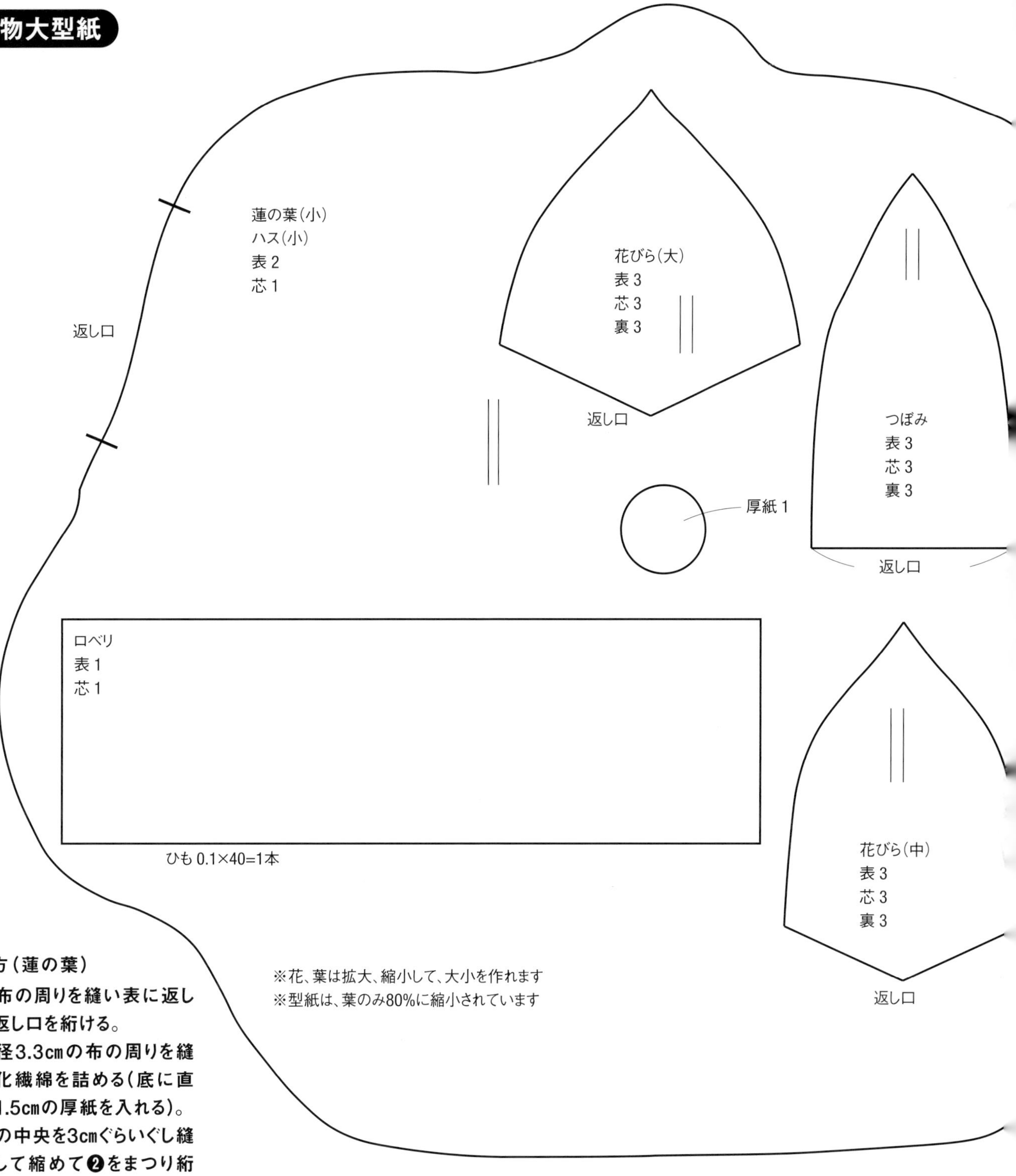

※花、葉は拡大、縮小して、大小を作れます
※型紙は、葉のみ80%に縮小されています

作り方（蓮の葉）

❶葉布の周りを縫い表に返して返し口を絎ける。

❷直径3.3cmの布の周りを縫い化繊綿を詰める（底に直径1.5cmの厚紙を入れる）。

❸葉の中央を3cmぐらいぐし縫いして縮めて❷をまつり絎けする。

作り方（つぼみ袋）

❶蓮の花弁と同じ。

❷表つぼみ布3枚を縫う。同じ様に裏布も縫い外表になる様に返し口をしつけ。

❸つぼみに花弁を付けて口べりを付ける（外付け）。（P95参照）

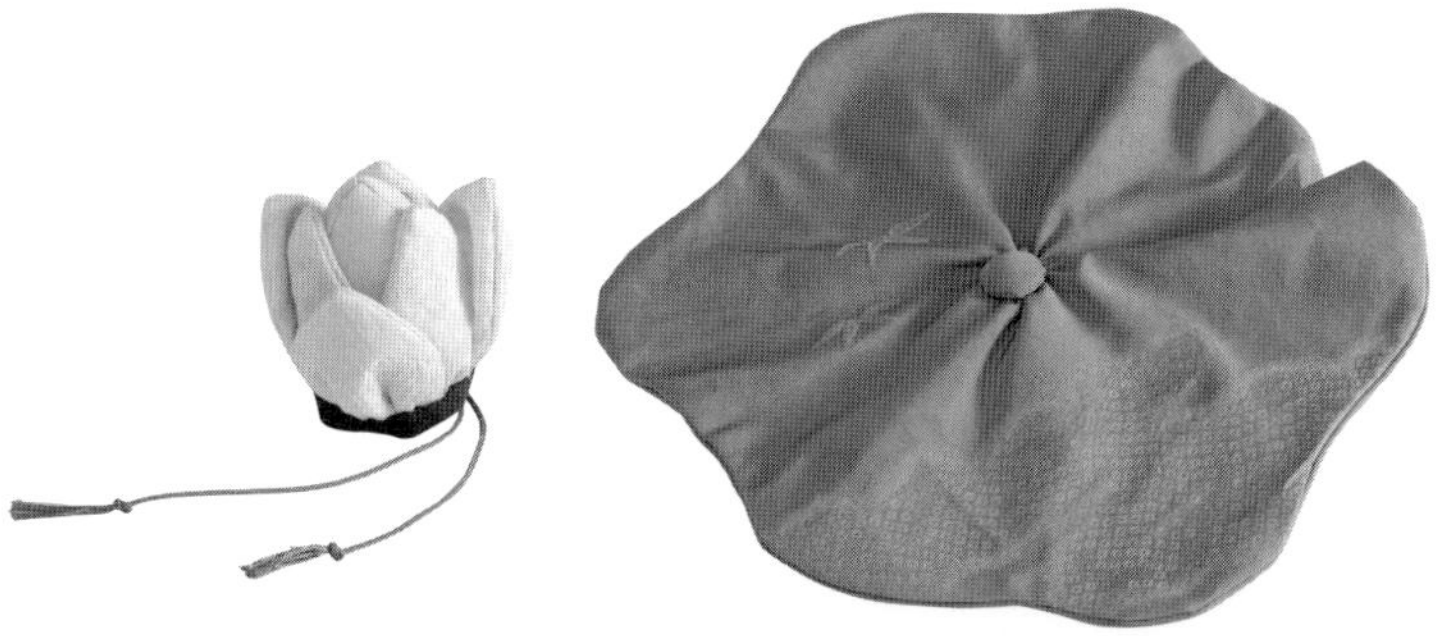

実物大型紙

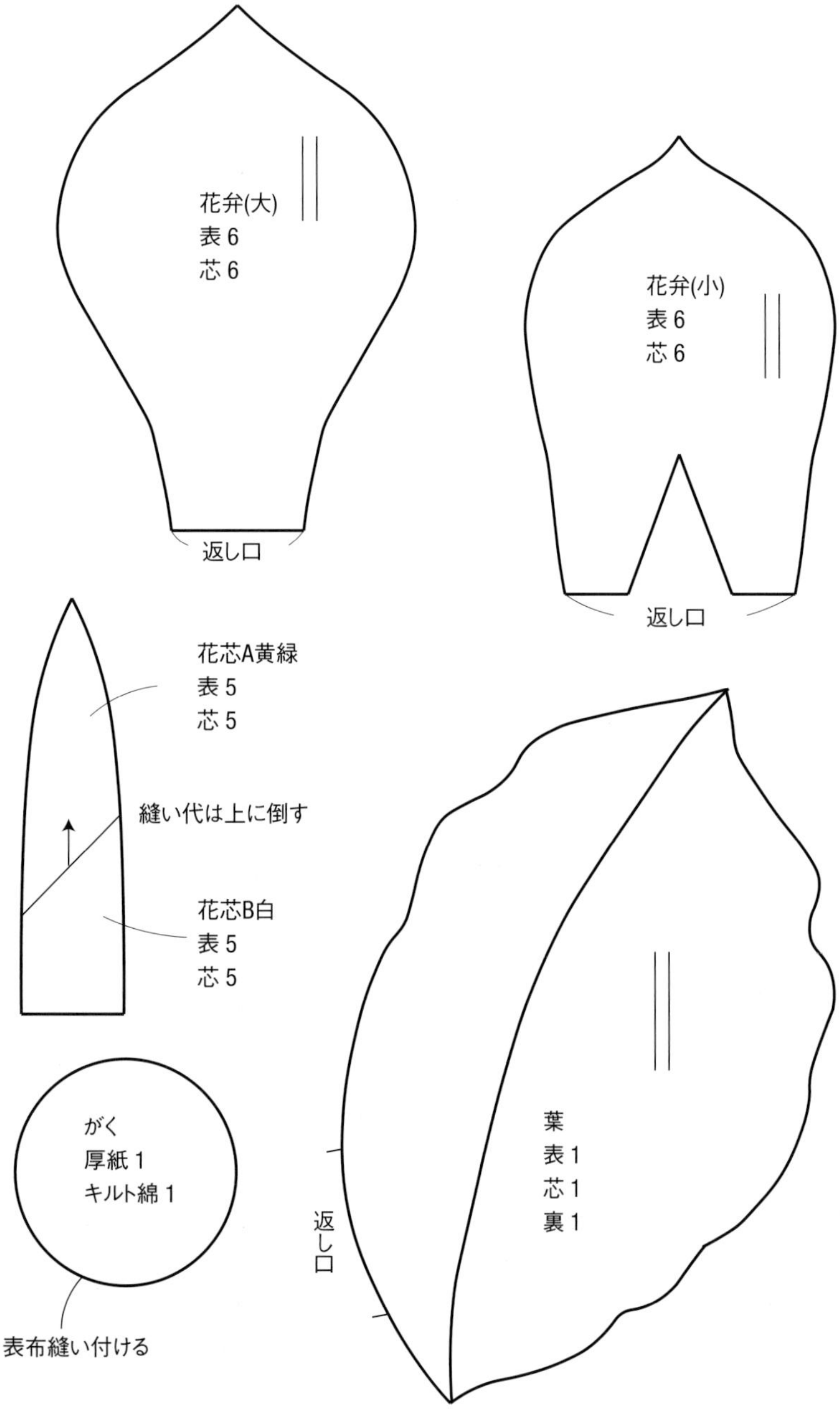

大山蓮華《れんげ》について

蓮華《れんげ》という名前だが池や沼に咲く。蓮華とは違い、関東以南の深山に咲くモクレン科の植物。5〜6月頃に香りの良い白い花を咲かせる。大群落のある奈良大峰山に由来するといわれる。千利休が愛したといわれ、今日でも茶花として用いられる。

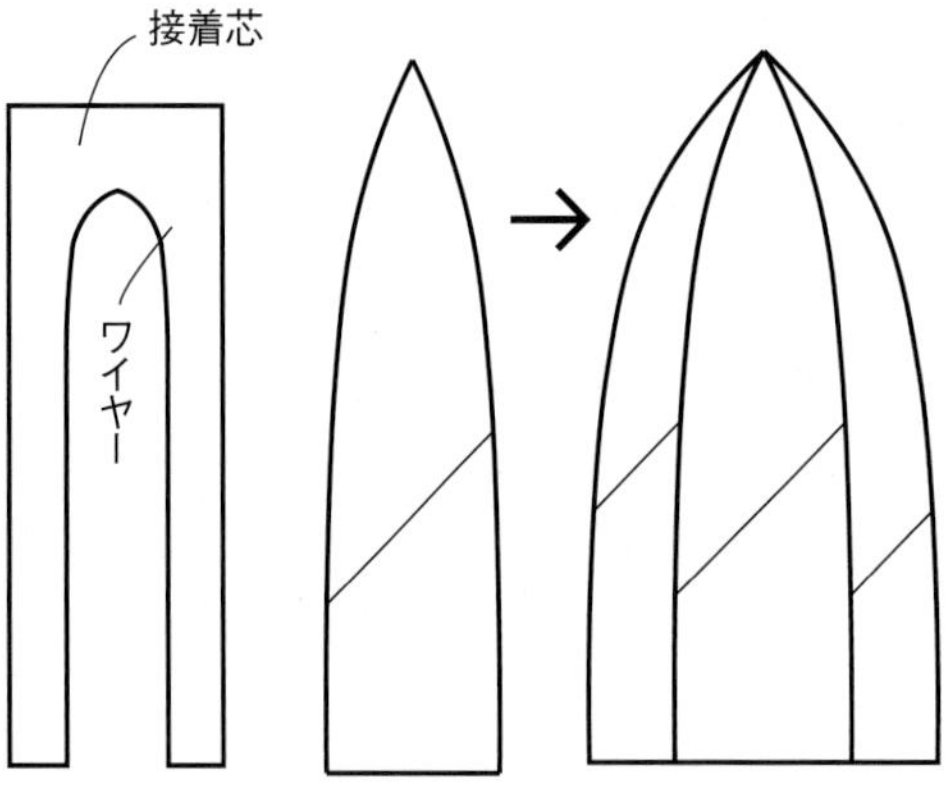

No.12

作品 *P.24*

大山《おおやま》れんげ

大山れんげは

奈良県大台ヶ原や大峯山に群生地有り。花弁は6枚、おしべは薄紅色。花径8〜10cm。ウケザキオオヤマ蓮華は園芸種。

材料(大山れんげ)

縮緬無地
その他着物地
接着芯
打ち紐太さ0.1cm×2.7cm=50本(おしべ)
化繊綿
刺繍糸
ワイヤー＃26…15cm=6本(花弁)
ワイヤー＃24(葉)
キルト綿

作り方(大山れんげ)

❶花弁(大)の周りを縫い、ワイヤーを花弁に入れて返し口をしつけする。
❷花弁(小)のダーツを縫い花弁の周りを縫う。ワイヤーを花弁に入れて返し口をしつけする(ワイヤーをU字形に曲げて接着芯を挟む)。
❸花芯A、Bを縫い、花芯5枚を縫い合わせる。
❹おしべをP67の様に作り❸に付け、周りに花弁をしつけする。
❺がくの厚紙にボンドでキルト綿を貼り布でくるむ。❹に付ける。
❺葉を作る。ワイヤー＃24をU字形に曲げて接着芯に挟む。ワイヤーを葉に入れて葉脈をアウトラインステッチかキルトする。
❺がくに葉を付ける。

出来上がりの形

まるで花嫁の角隠しのように、
真っ白な清浄という言葉がぴったりの大山れんげ。

・おしべ

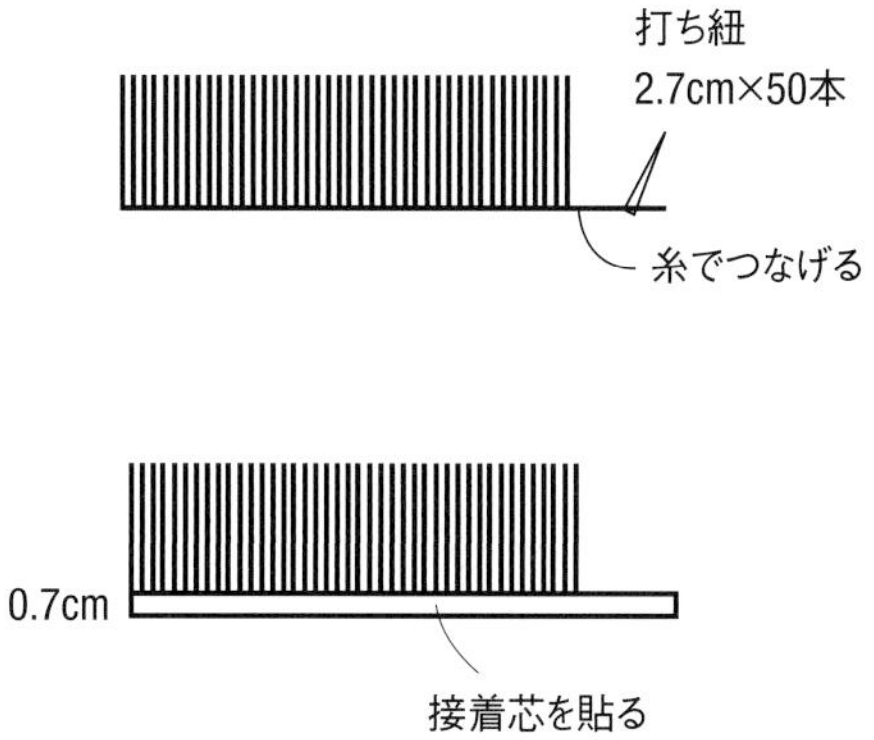

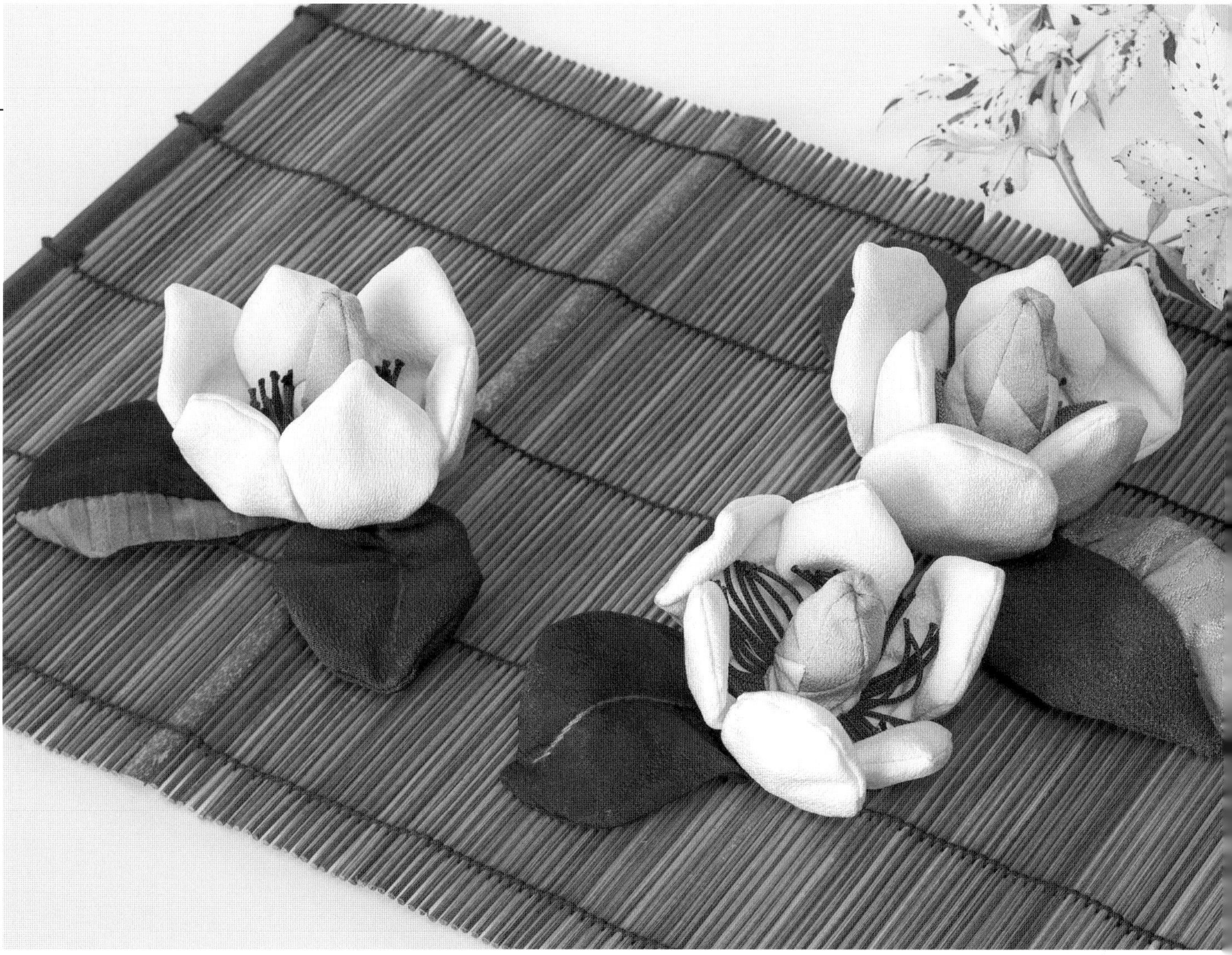

その花弁に対し、堂々とたくましいおしべが、しっかり花芯を支えている。打ち紐を芯の周りに巻いて雄しべの強さを表した。

実物大型紙

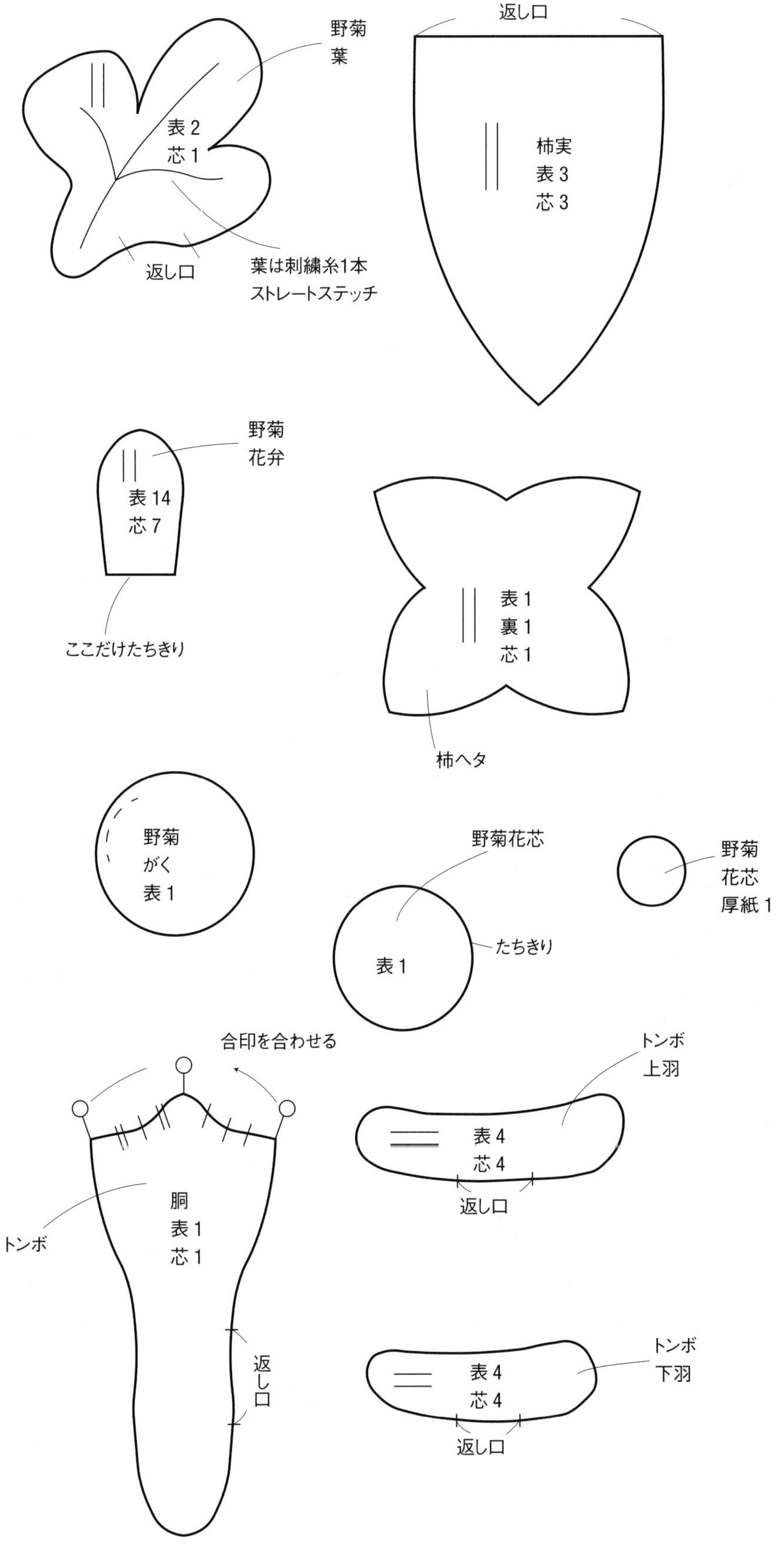

No.13

作品
P.26

柿タペストリー

材料（柿）

縮緬無地、柄
その他着物地
化繊綿
ワイヤー＃22
接着芯
帯（半幅）
シュロ紐
ビーズ
打ち紐…太さ0.35cm×100cm
棒…太さ1.8cm×30cm

材料（トンボ 野菊）

無地、柄
その他着物地
ビーズ（0.34cmドロップ）
接着芯
化繊綿

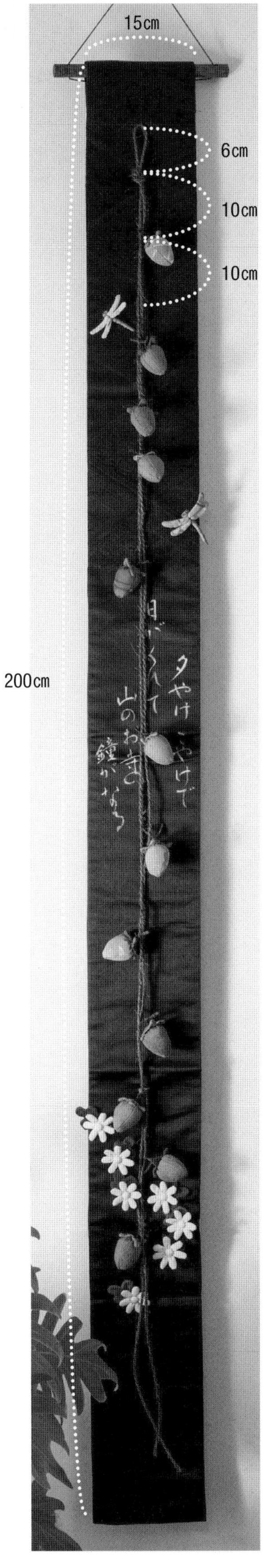

作り方（トンボ）

❶胴を半分に折って返し口を残して縫い、化繊綿を詰め返し口を絎ける。
❷上羽、下羽も周りを縫い表に返して返し口を絎ける。
❸胴に羽を付け目を付ける。

作り方（野菊）

❶花弁を縫い7枚の花弁を図の様にぐし縫いして絞る。

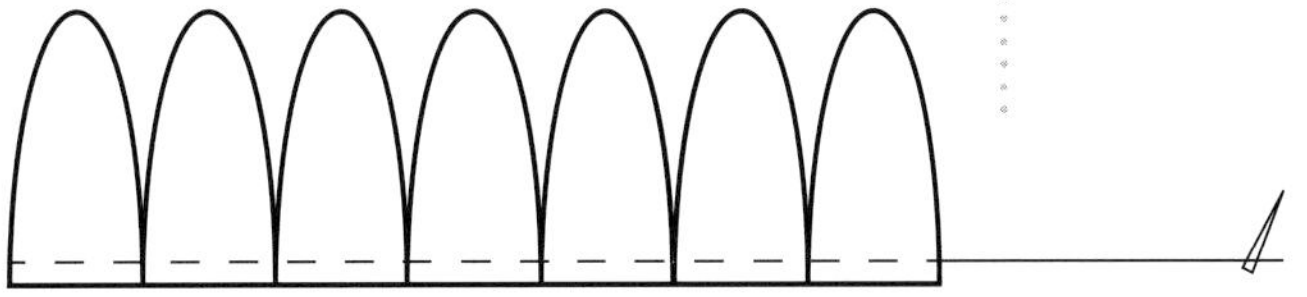

❷花芯布の周りをぐし縫いして少し綿を入れ厚紙も入れて絞り、花の中央に絎ける。
❸葉を縫い表に返して刺繍糸1本で葉脈をストレートステッチ。花に付ける。
❹がく布の周りを縫い花の裏側にまつり絎け。

作り方（柿／12個）

❶3枚の実布を縫い化繊綿を詰めて返し口を絞る。

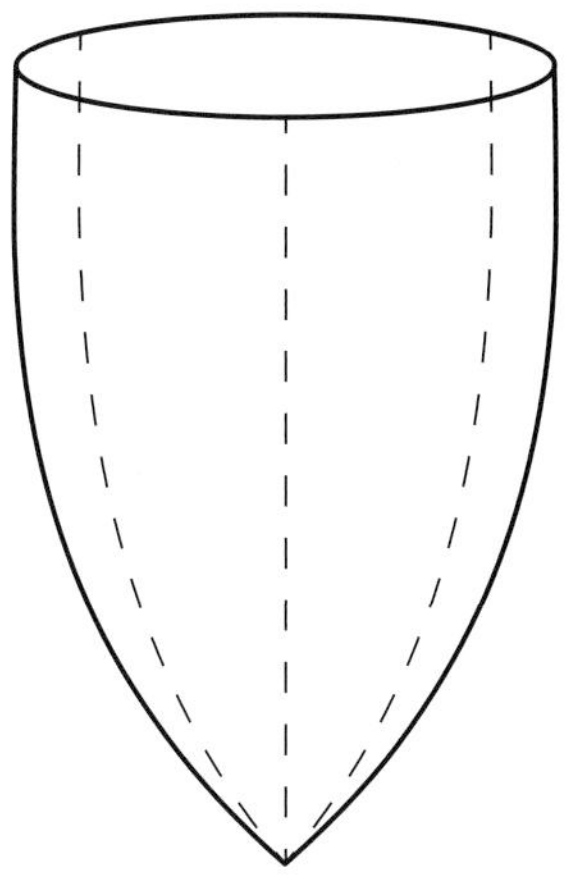

❷ヘタを縫う。裏側に切り込みを入れて表に返す。

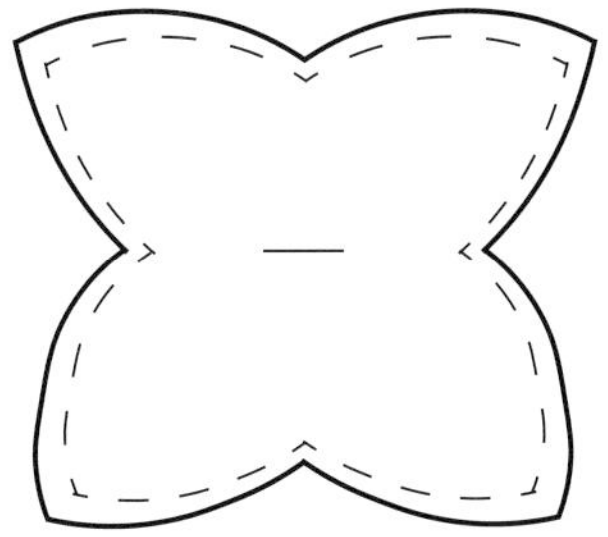

❸茎。ワイヤー♯22、15cmを、図の様に折り曲げて、1cm幅にカットした布テープを巻く。ヘタの中央に穴をあけ茎を入れる。裏側でワイヤーを曲げる。ヘタの中心部をぐし縫いして少し縮めるとヘタらしくなる。

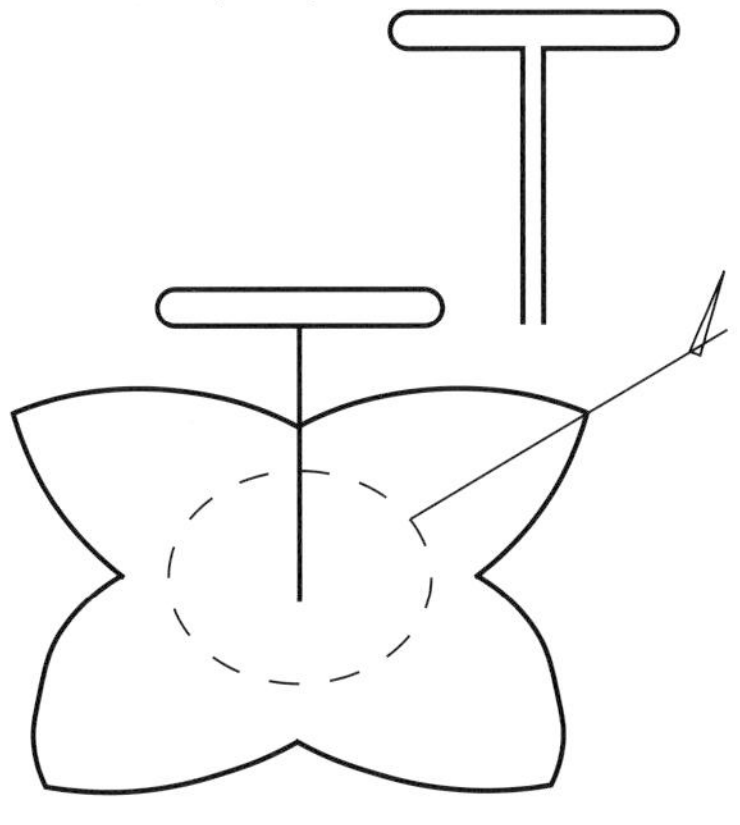

❹柿にヘタを縫い付ける。

※タペストリーの長さは好みで調節する。

実物大型紙

・やじろべえうさぎ

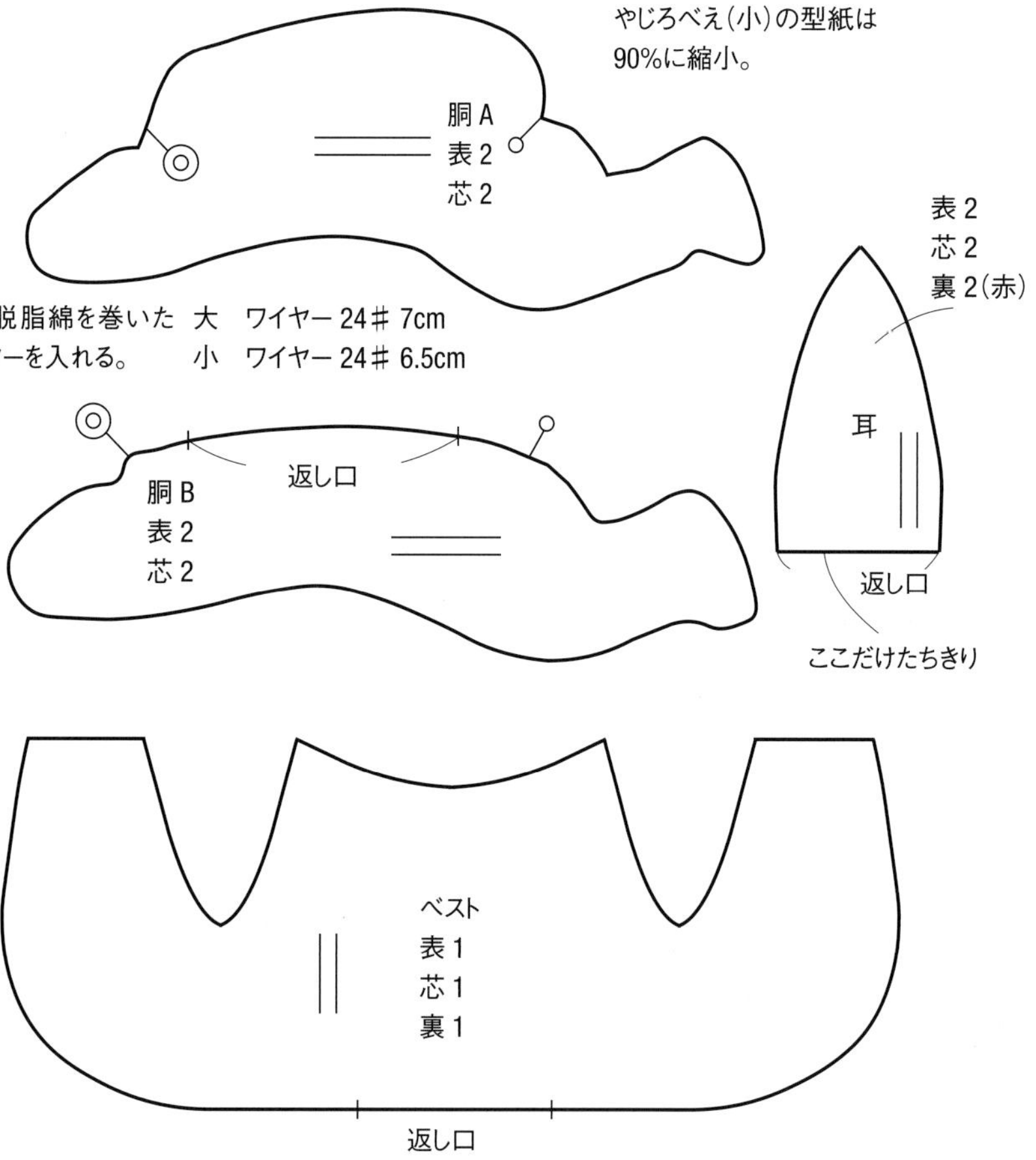

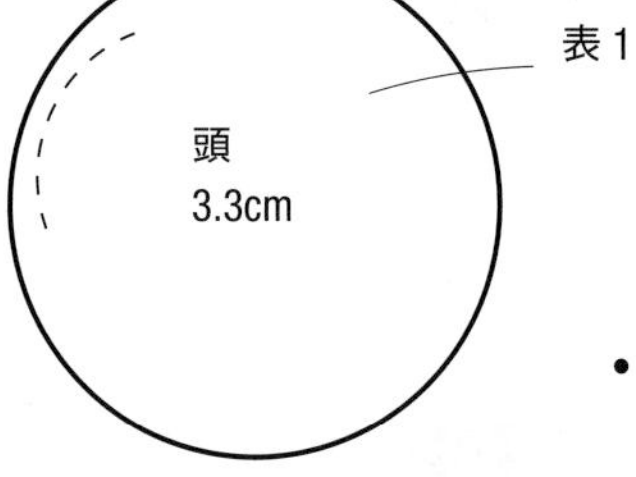

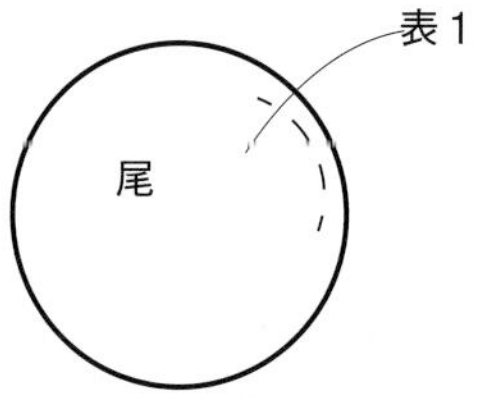

※顔、尾、耳、ベストは
大小共通

・おすわりうさぎ

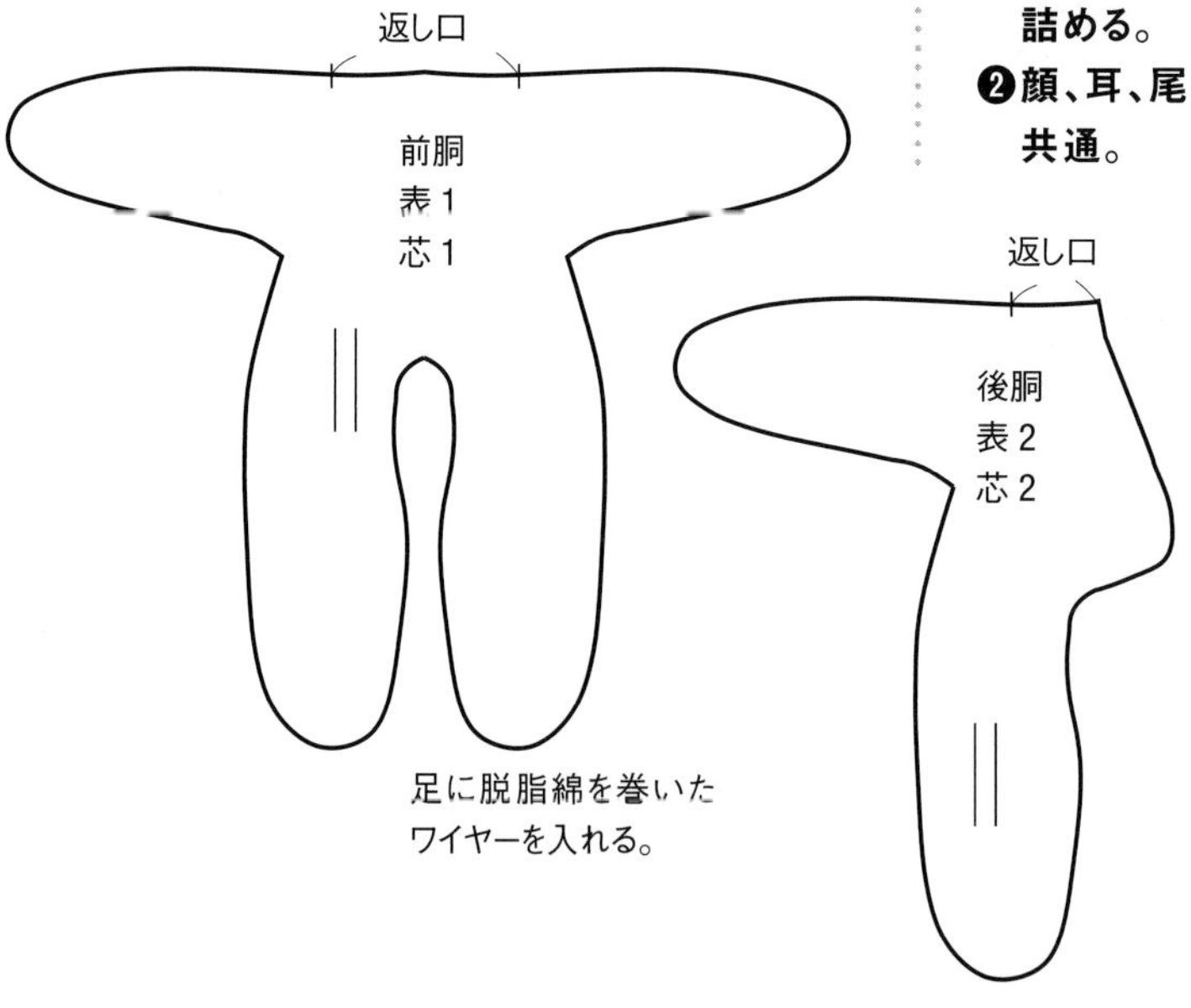

No.14

作品
P.27

やじろべえ

材料（やじろべえうさぎ）

縮緬無地、柄
その他着物地
化繊綿
接着芯
刺繍糸
ワイヤー＃24
台（作り方参考）
粘土
胴裏地
三宝（市販）

作り方（やじろべえうさぎ）

❶胴布Aを中表に背を縫う。
❷胴布Bも返し口を残して縫い❶と合わせて手足を縫う。
❸表に返して化繊綿を詰める。ワイヤー＃24を大は7cm、小は6.5cmに脱脂綿を少し巻き足に入れておく。
❹顔は月うさぎと同じ(P71)。
❺ベストの縫い方はモモちゃんと同じ(P42)。

作り方（おすわりうさぎ）

❶後胴の背を縫い前胴と合わせ周りを縫い、表に返してワイヤー＃24=13cmに脱脂綿を巻いて足に入れ化繊綿を詰める。
❷顔、耳、尾、ベストはやじろべえうさぎと共通。

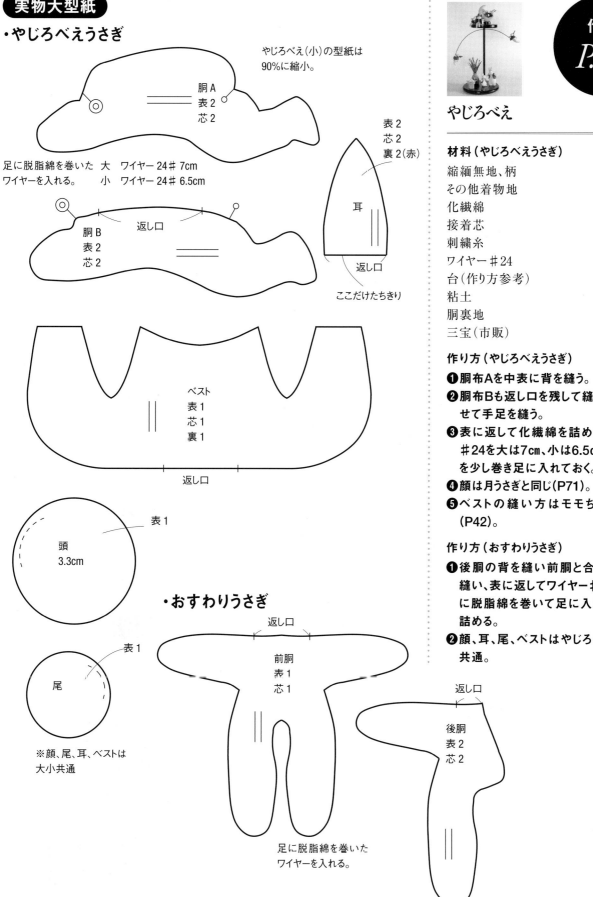

実物大型紙

・月うさぎ

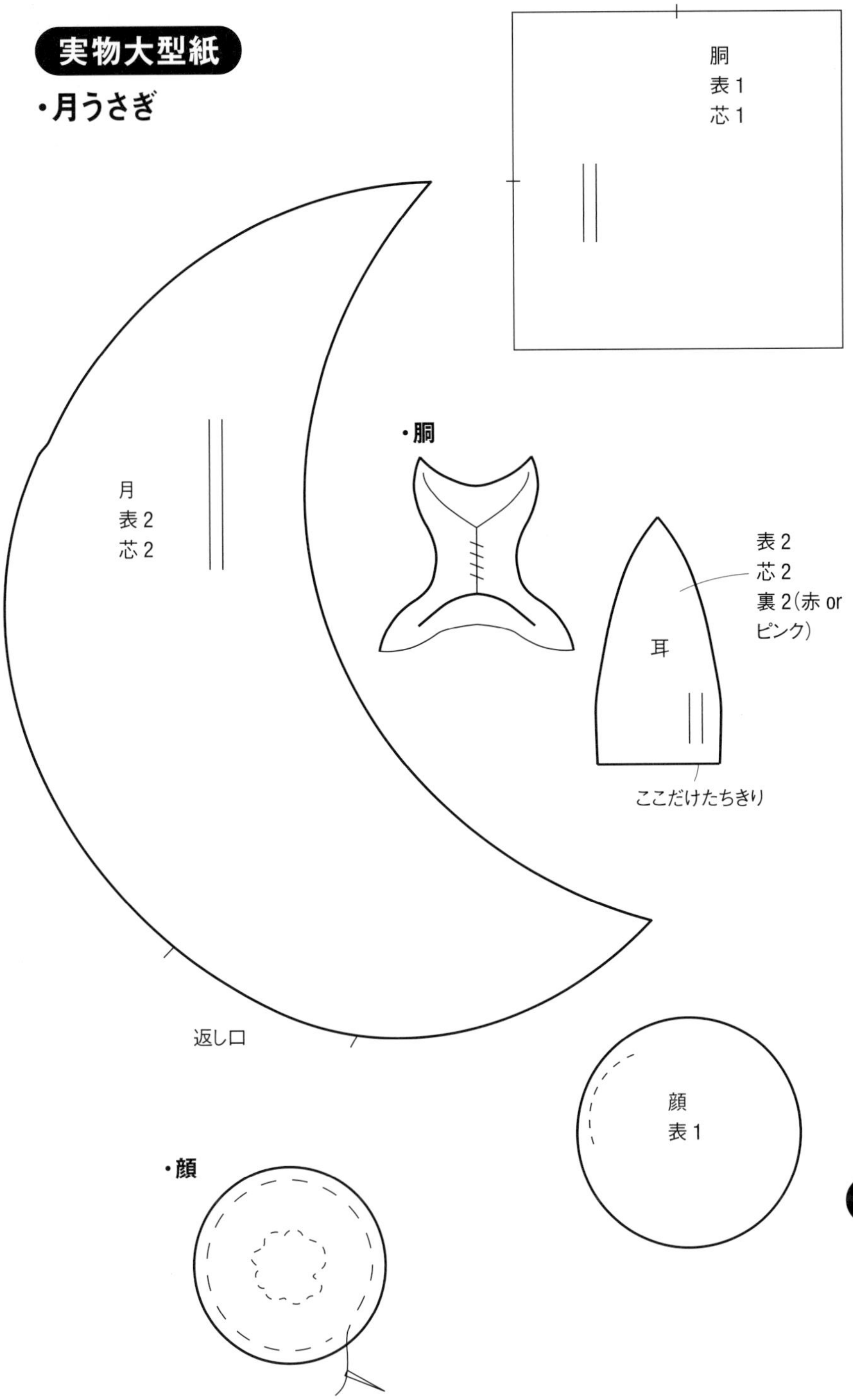

材料(月うさぎ)

縮緬無地
その他着物地
接着芯
化繊綿
黒台…直径4cm　高さ1.2cm
打ち紐…太さ0.15cm×12.5cm

作り方(月うさぎ)

❶月を縫う。返し口を残して周りを縫い表に返して化繊綿を詰める。返し口を下にして、黒台にボンドで付ける。
❷顔布をぐし縫いして化繊綿を詰め、球形に。胴はおさるっこと同じ。
❸耳を縫い表に返して顔に付ける。
❹顔を胴に付けて紐を胴に結ぶ。
❺月の上にボンドで貼る。

作り方(胴)

❶胴の手足をそれぞれ中表に合わせて縫う(印同士を合わせる)(P48参照)。
❷返し口より表に返し、綿を入れる。
❸開き口を縫い閉じる。

目 赤1本ストレートステッチ
口 赤2本フレンチノットステッチ

出来上がりの形

実物大型紙

No.14 やじろべえ

材料（親子うさぎ）

縮緬無地、柄
その他着物地
胴裏地
化繊綿
接着芯
刺繍糸
厚紙

・親

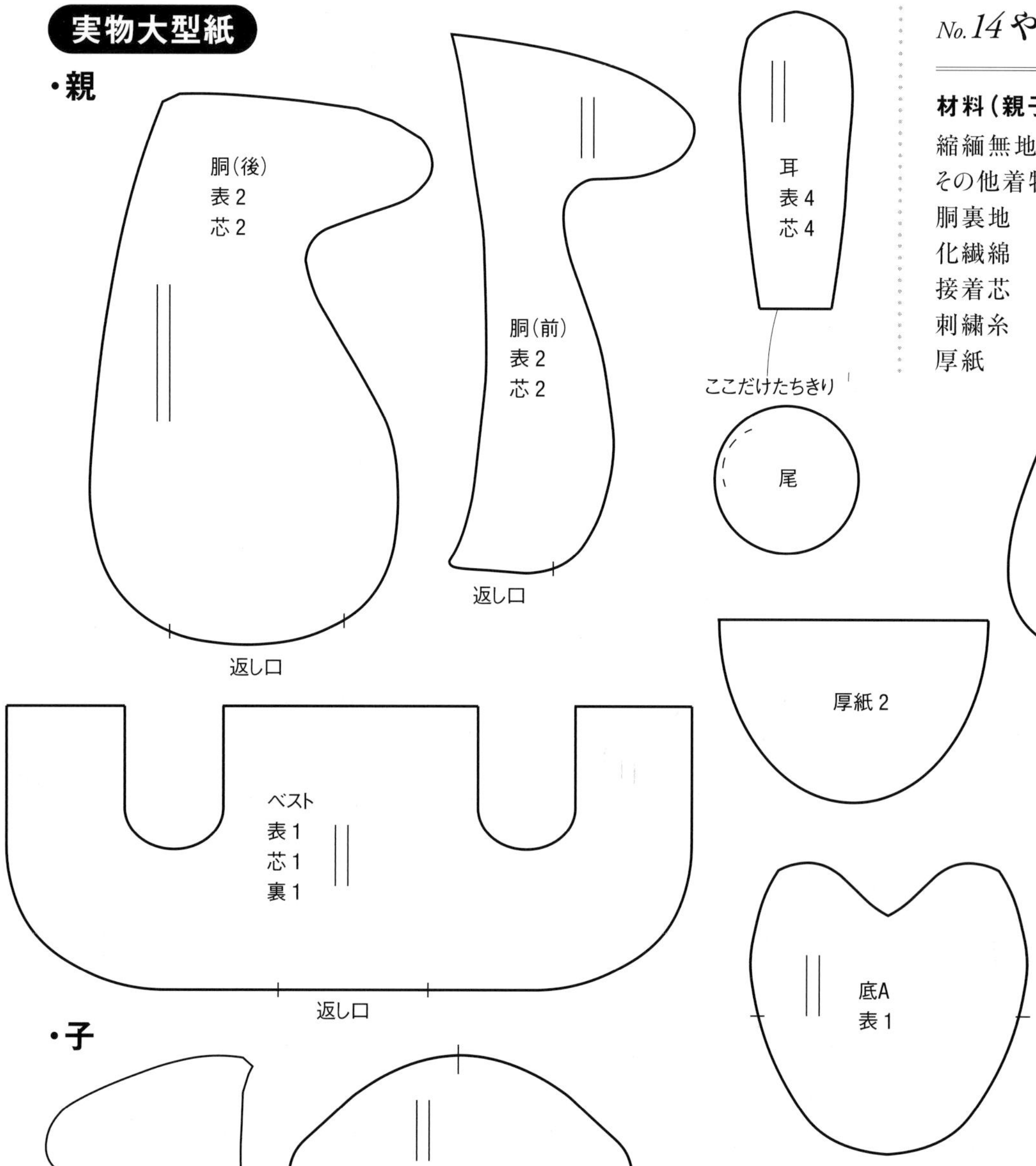

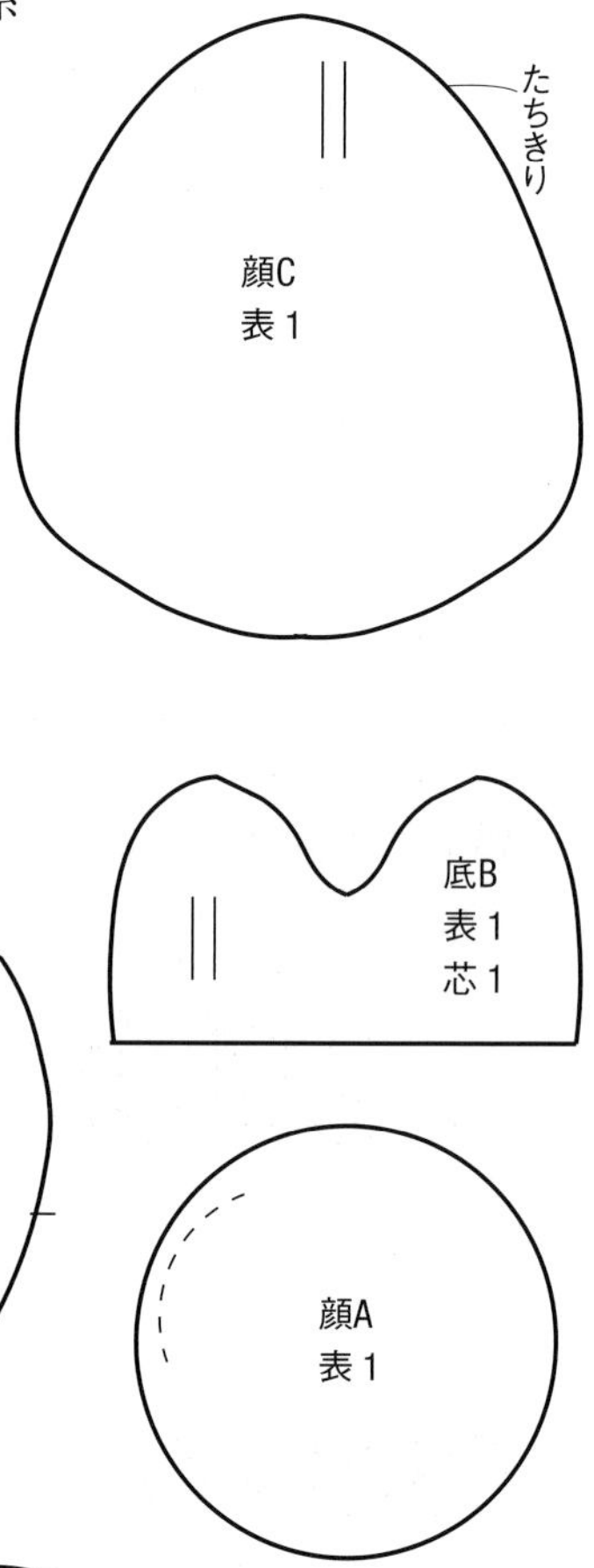

・子

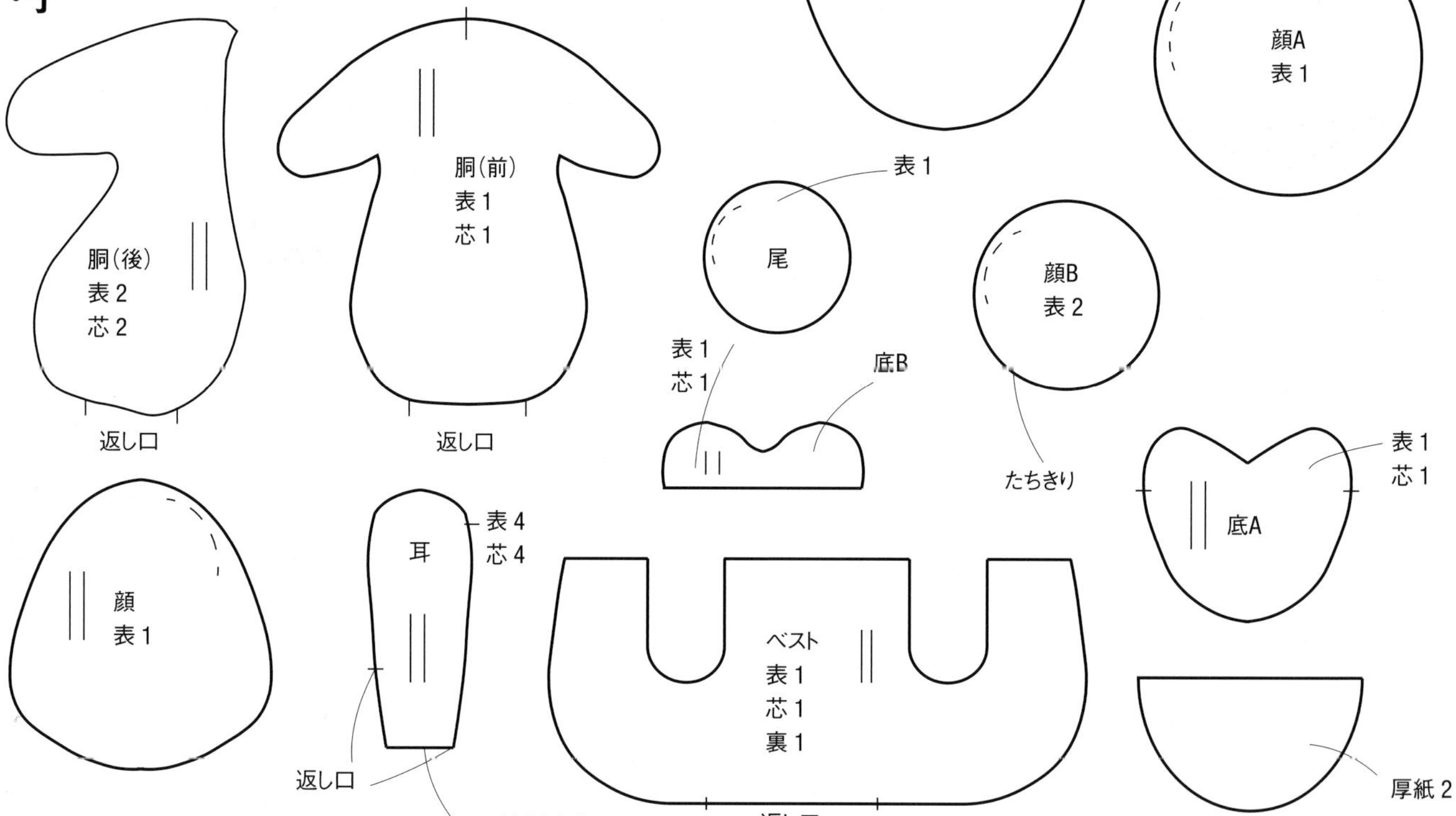

出来上がりの形

作り方（親子うさぎ ベスト）

ベスト布表裏を中表にして周りを縫い、表に返して肩でまつりぐけ。

作り方（穂）

❶少し黄ばんだ胴裏地の横糸を抜き、ワイヤーに巻く。

❷テープ状に切った布をワイヤーに巻く。

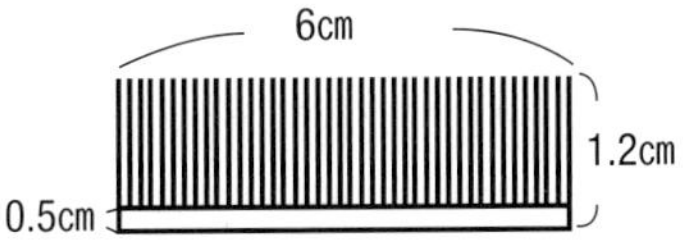

作り方（月見だんご）

❶粘土を丸めて直径0.8cm程のだんごを14個作る。

❷半紙5cm角に下から9個、4個、1個の順番で重ねる。

❸アクリル絵の具の白で彩色。

作り方（すすき 葉）

❶ワイヤー♯26にボンドを付け表布裏に貼る。

❷❶の葉全体にボンドを付け、裏布を貼り付ける。

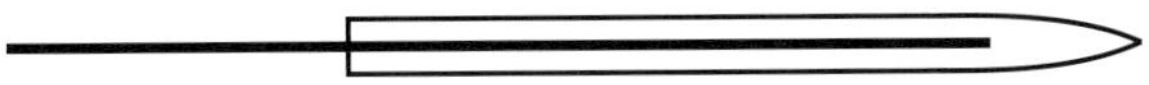

作り方（親子うさぎ 胴）

❶後胴、前胴を図の様に縫い、前後の胴を縫い合わせる。

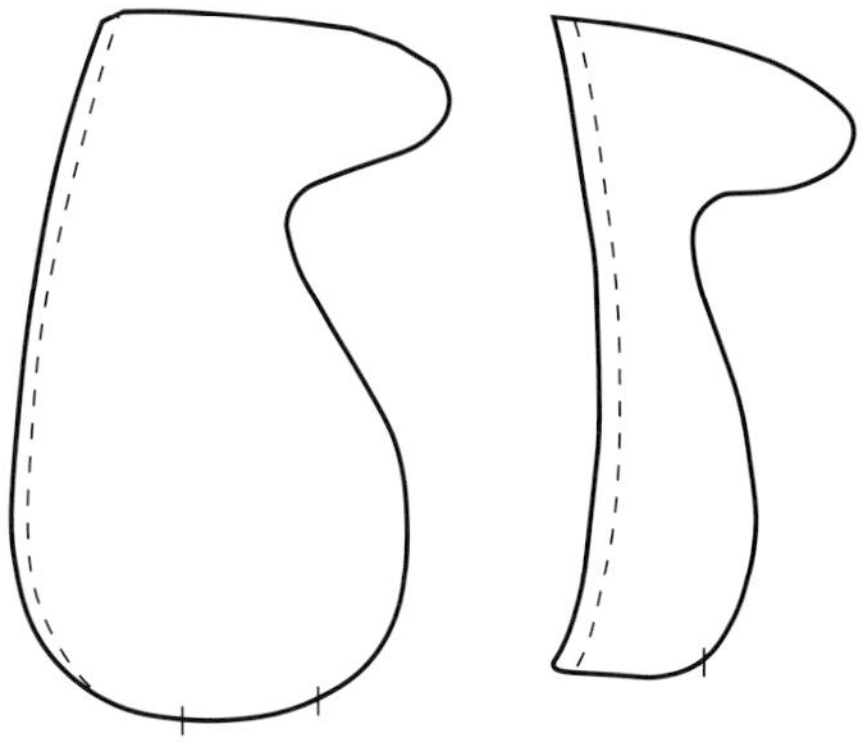

❷綿を詰めて厚紙を入れ絞る。

❸底A、Bを縫い表に返して綿を詰める

❹残りをぐし縫いして厚紙を入れて絞り、底にまつり絎け。

❺尾も周りをぐし縫いし綿を詰めて付ける。

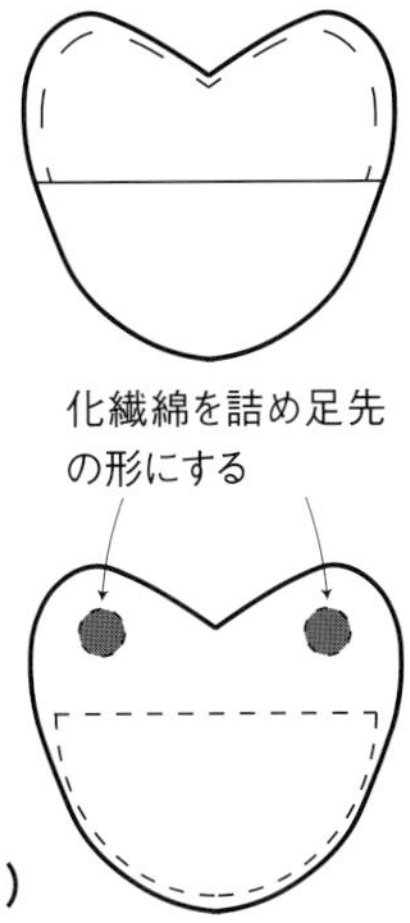

作り方（親子うさぎ 顔）

❶顔布Aの周りを縫い綿を詰めて絞る。

❷顔布Bも周りを縫い綿を詰め顔Aに付ける。綿を薄くかぶせて顔布Cでくるむ。

❸顔の表情を付ける。

❹耳を縫い顔に付ける。

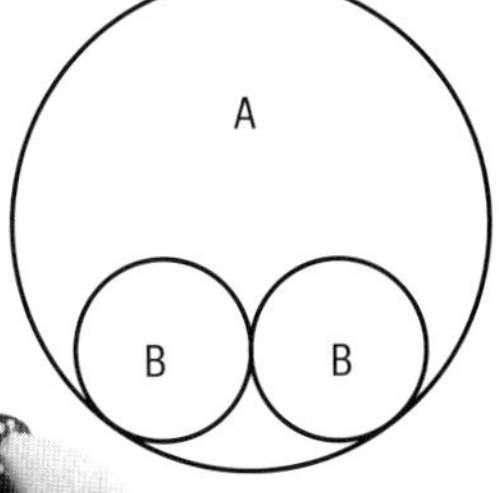

親の顔

目　赤穴糸2本　フレンチナッツステッチ

口　刺繍糸ピンク1本　フライステッチ

子の顔

目　赤絹糸2本2回フレンチナッツステッチ

口　刺繍糸ピンク1本ストレートステッチ

出来上がりの形

・やじろべえ

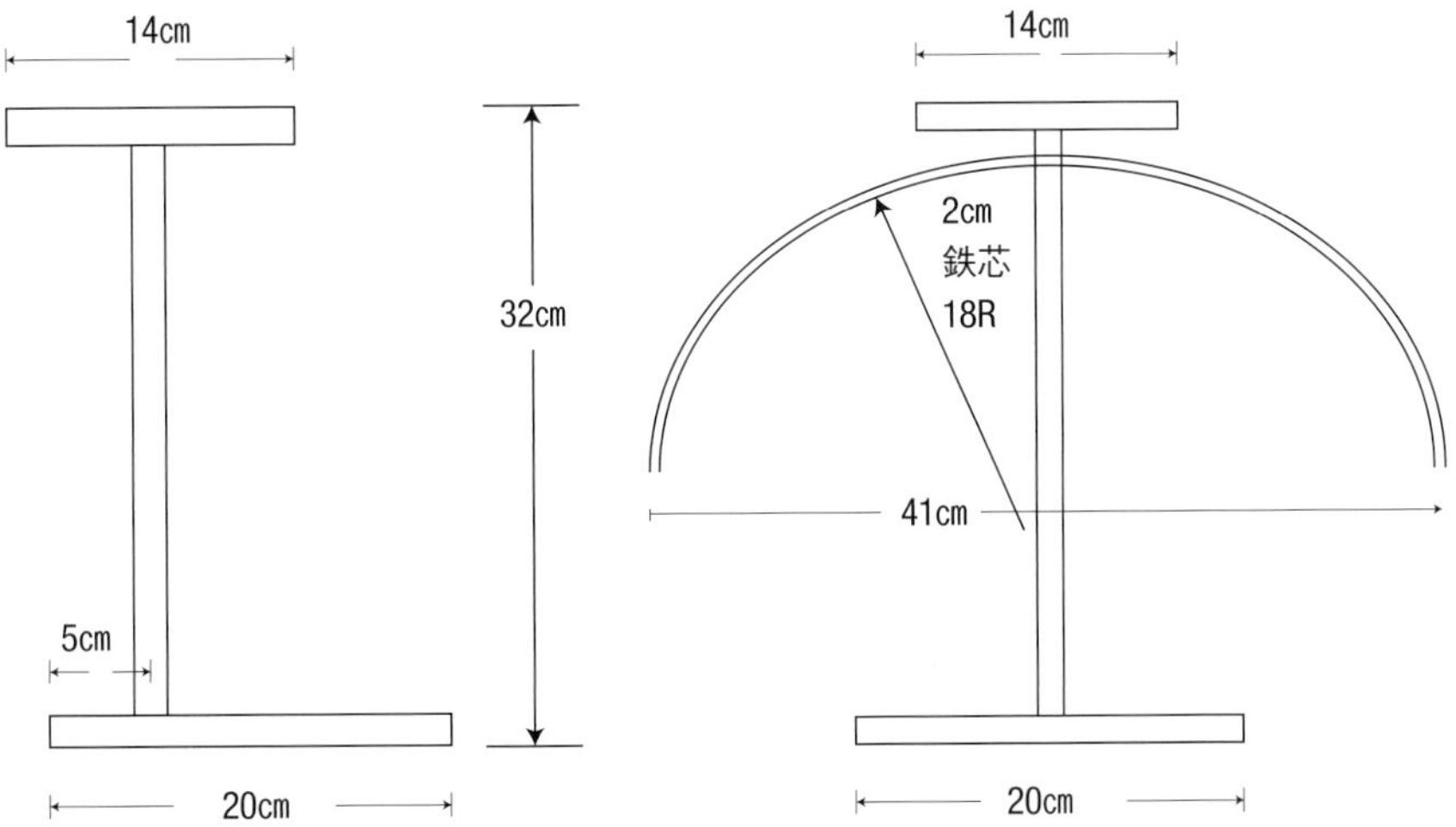

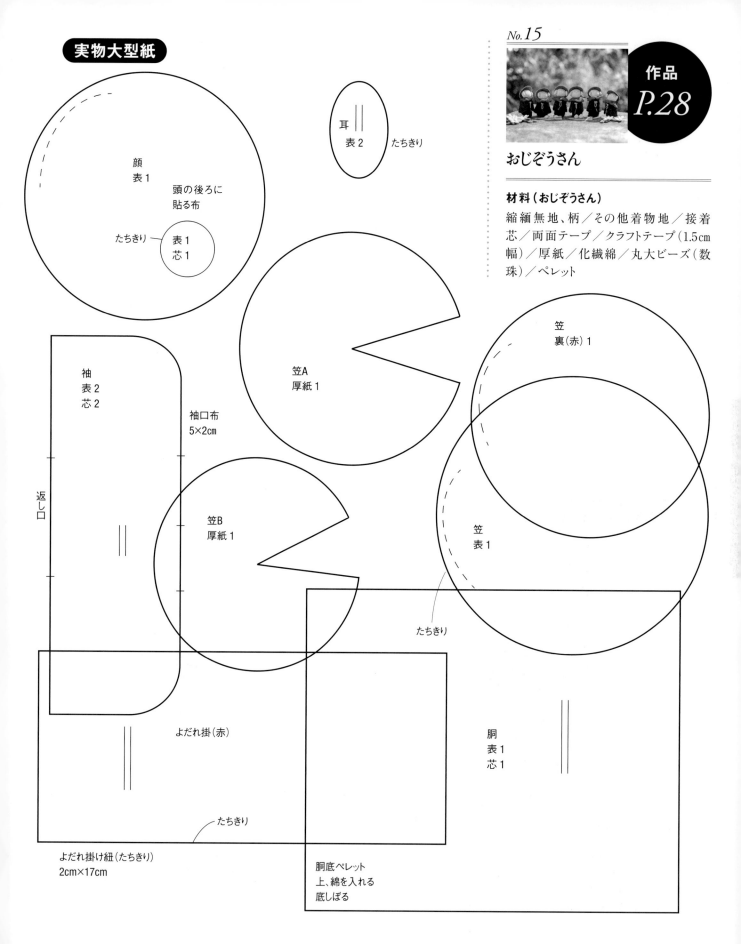

実物大型紙

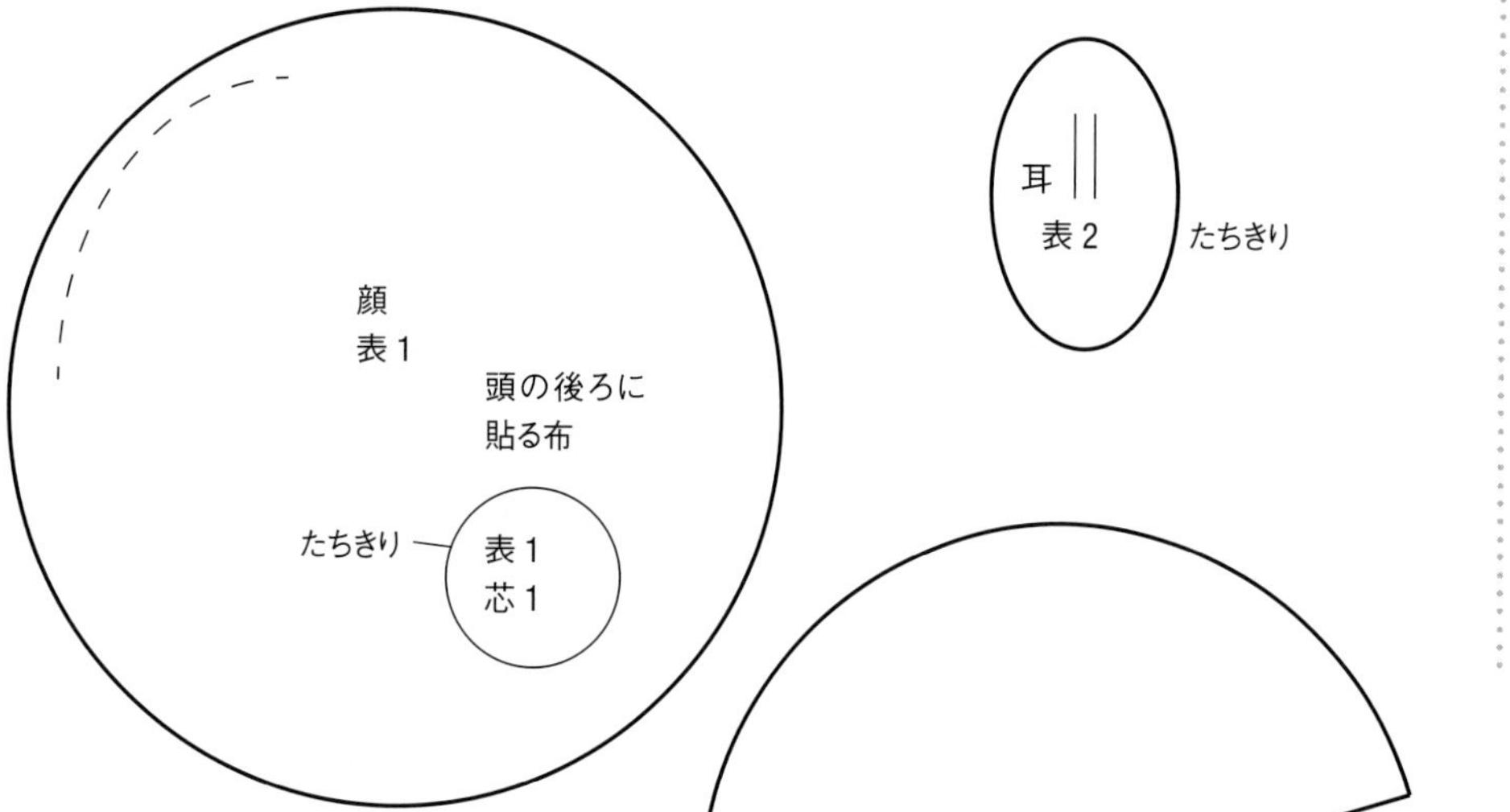

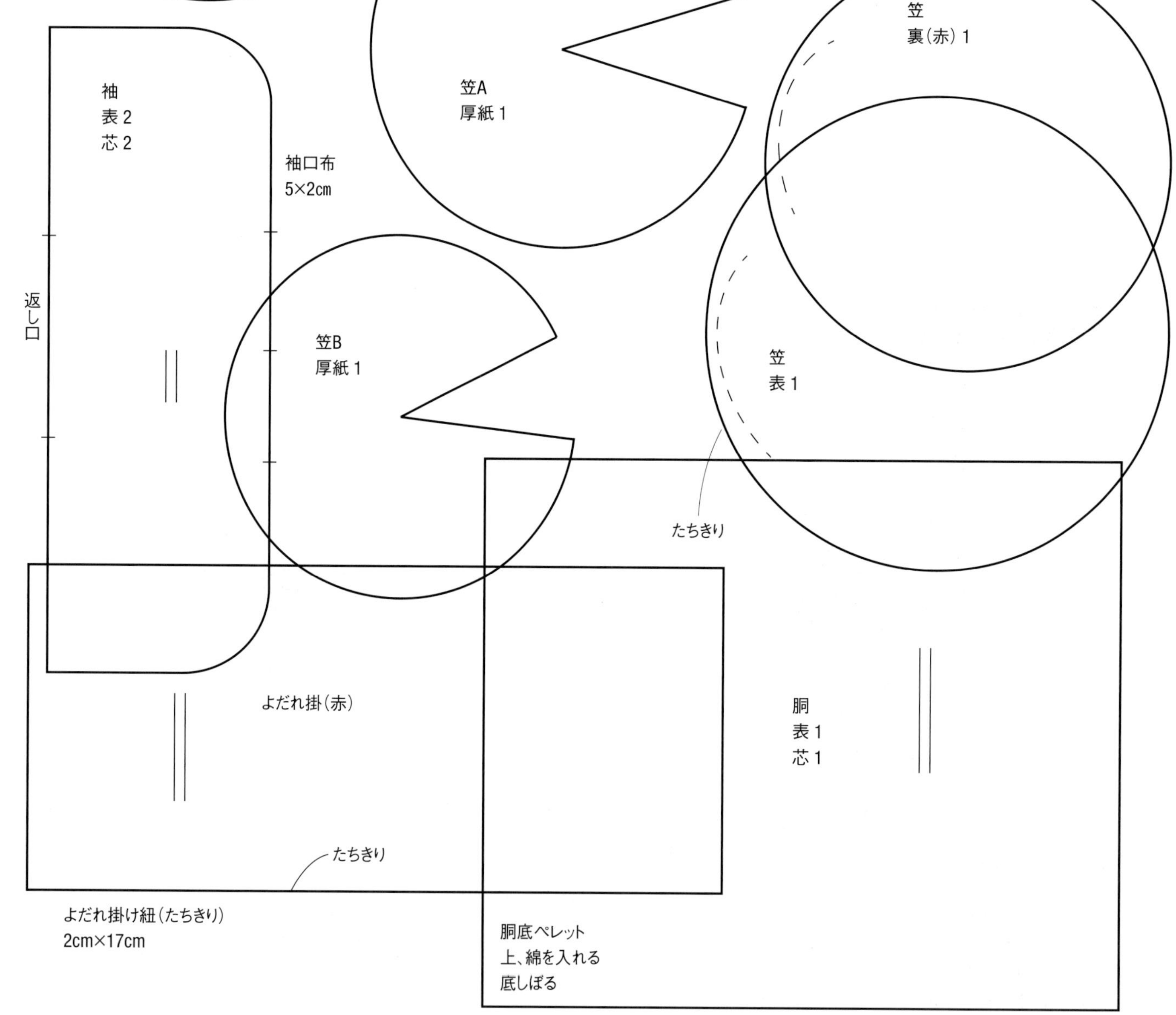

No.15

作品 P.28

おじぞうさん

材料(おじぞうさん)

縮緬無地、柄／その他着物地／接着芯／両面テープ／クラフトテープ(1.5cm幅)／厚紙／化繊綿／丸大ビーズ(数珠)／ペレット

作り方（台 蓮華座）

❶クラフトテープ1.5cm幅を11cmにカットして輪にする（セロテープ使用）。

❷❶にボンドを付けて外側にクラフトテープを貼って二重にする。

❸台布の片方を0.5cm折り、❷のクラフトテープに巻き、上下は内側に折り曲げる。

作り方（顔）

❶顔布の周りをぐし縫いして化繊綿を詰め球形にする。

❷顔の表情をつける。

❸耳布も周りを縫い化繊綿を詰めて絞り顔にボンドで付ける。

❹顔に後布を貼る。

作り方（お地蔵さん 笠）

❶笠Aの厚紙をセロテープで貼る。笠布の周りをぐし縫いして厚紙でくるむ。（外側）

❷笠Bも同様にくるむ（内側）。

❸笠A、Bを張り合わす（ボンド使用）。

作り方（お地蔵さん 胴 袖）

❶胴布を輪に縫い底はぐし縫いして絞る。胴底にペレット、その上に化繊綿を詰めて上部を絞る。

❷袖口布を半分に折って袖口に付け、袖下を縫い表に返し、返し口を絎ける。

❸袖に手を付ける。

手　2.5cm角　たちきり

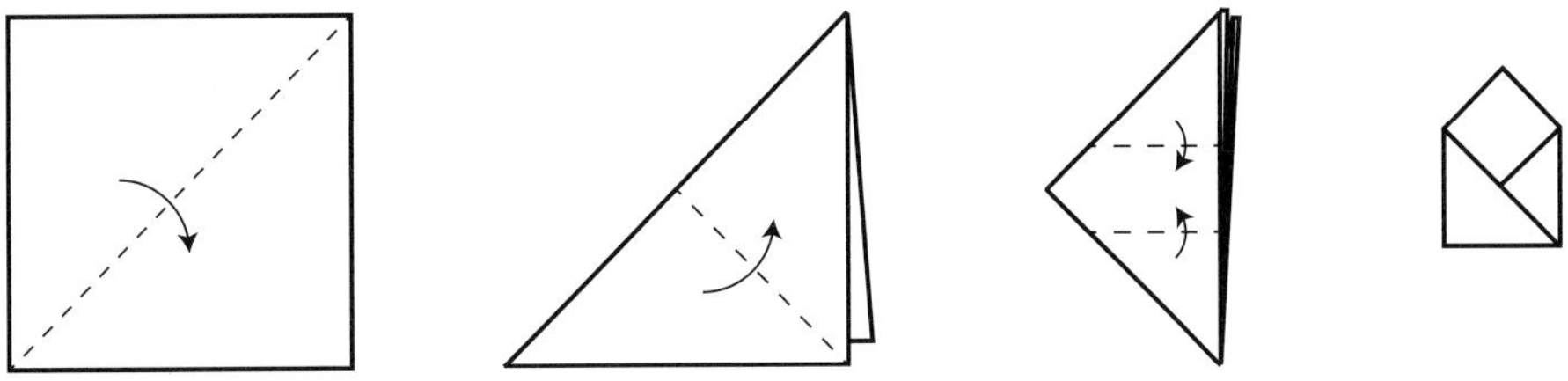

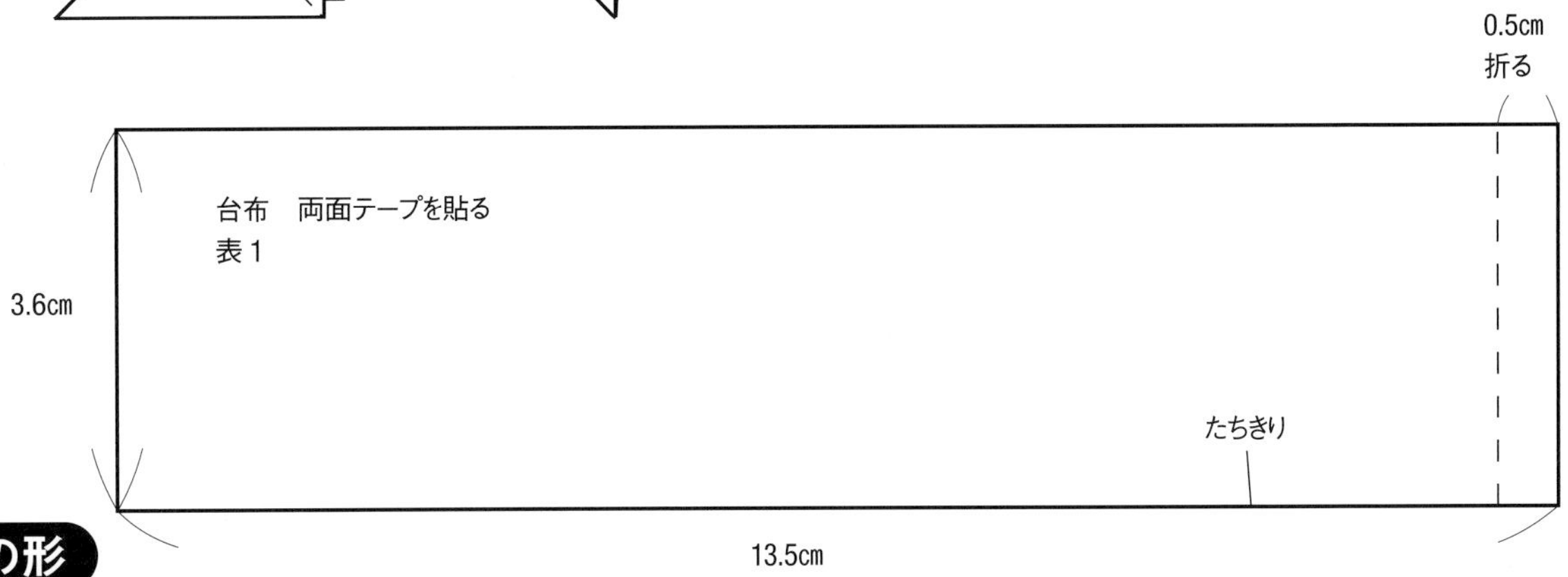

出来上がりの形

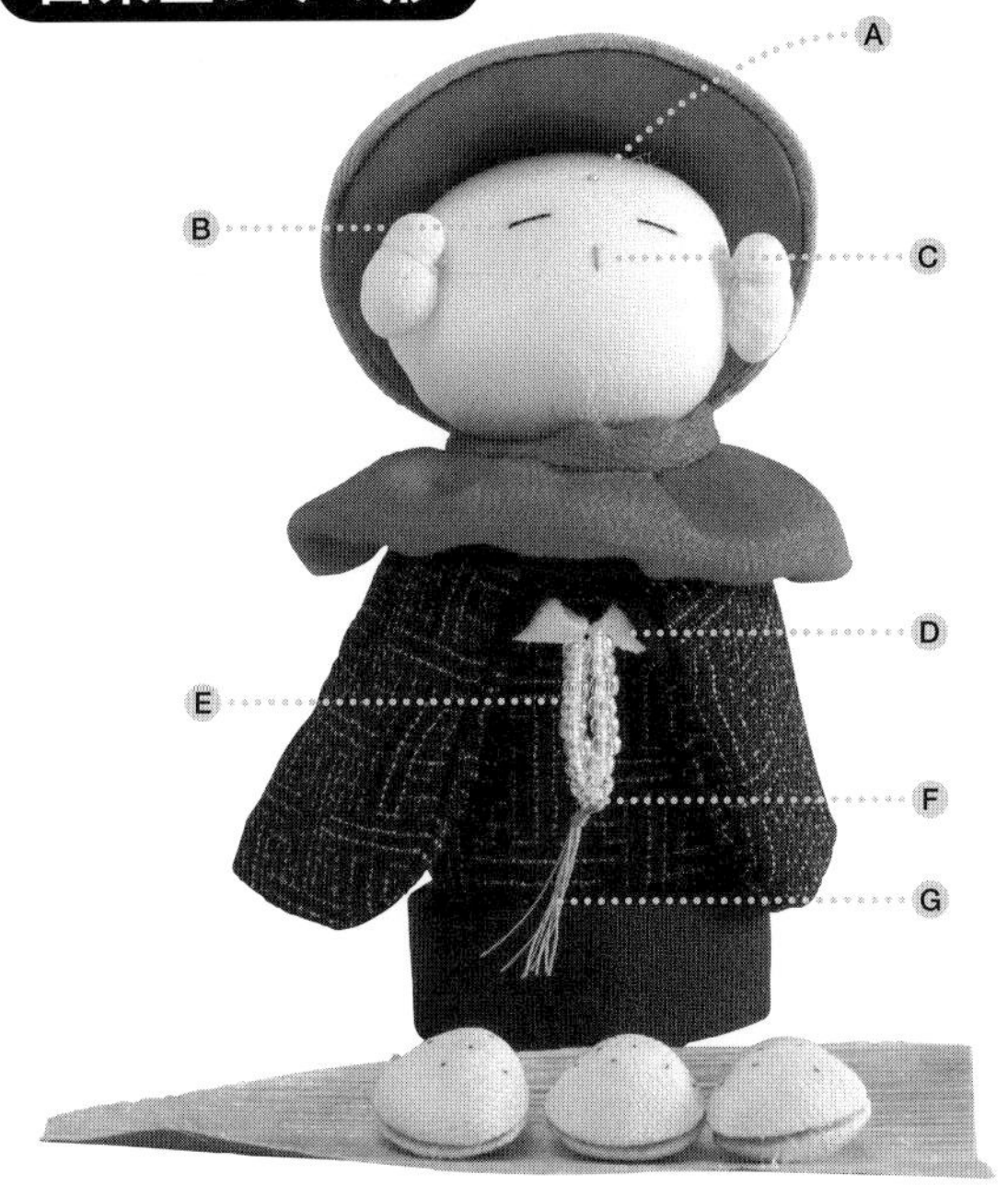

Ⓐ白毫…銀糸2本2回 フレンチノットステッチ

Ⓑ目…黒絹糸1本 ストレートステッチ

Ⓒ口…赤1本 ストレートステッチ

Ⓓ手

Ⓔじゅず

Ⓕ真ん中に色ビーズ…両方に8個ずつ

Ⓖ房（縫い糸）

・よだれ掛け

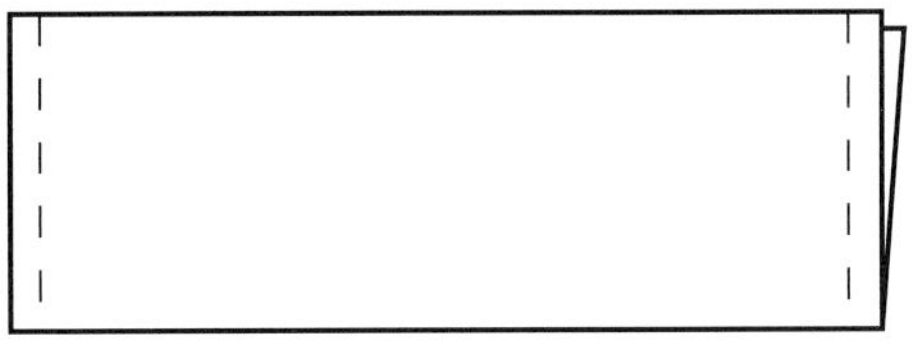

半分に折って両端を縫い表に返す。

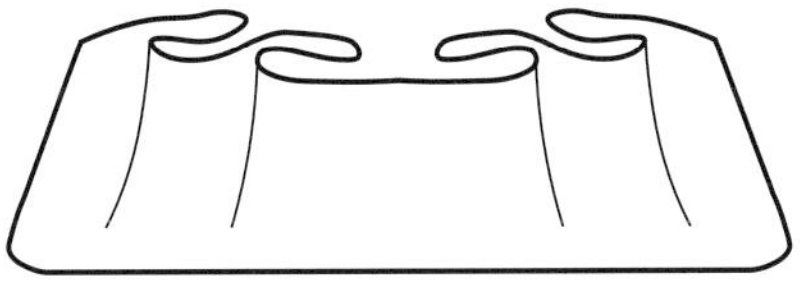

ひだをとる（ボックスプリーツ）。

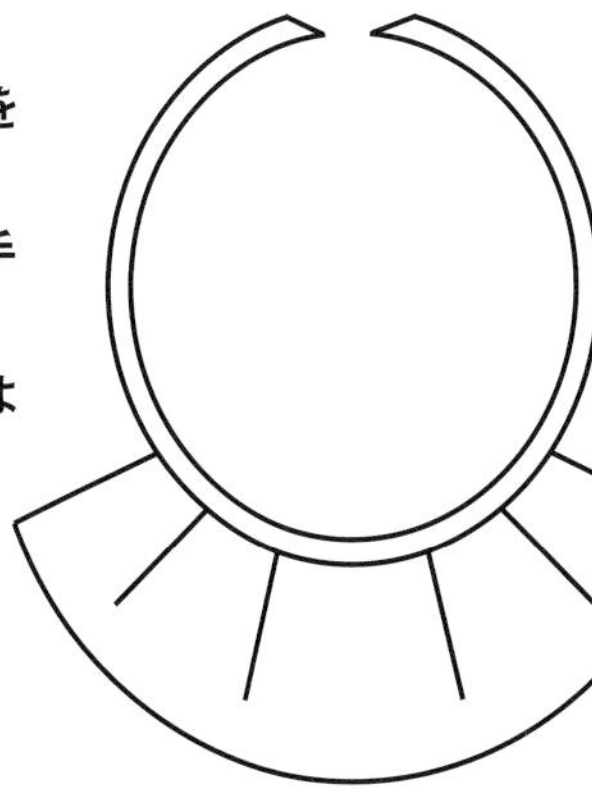

紐を付ける。（出来上がり0.5cm幅）

組み立て

❶胴に顔を付け、笠をボンドで付ける。

❷胴に袖を付けて手に数珠を付ける。

❸蓮華座に乗せてよだれ掛けを付ける。

実物大型紙

・スノーマン

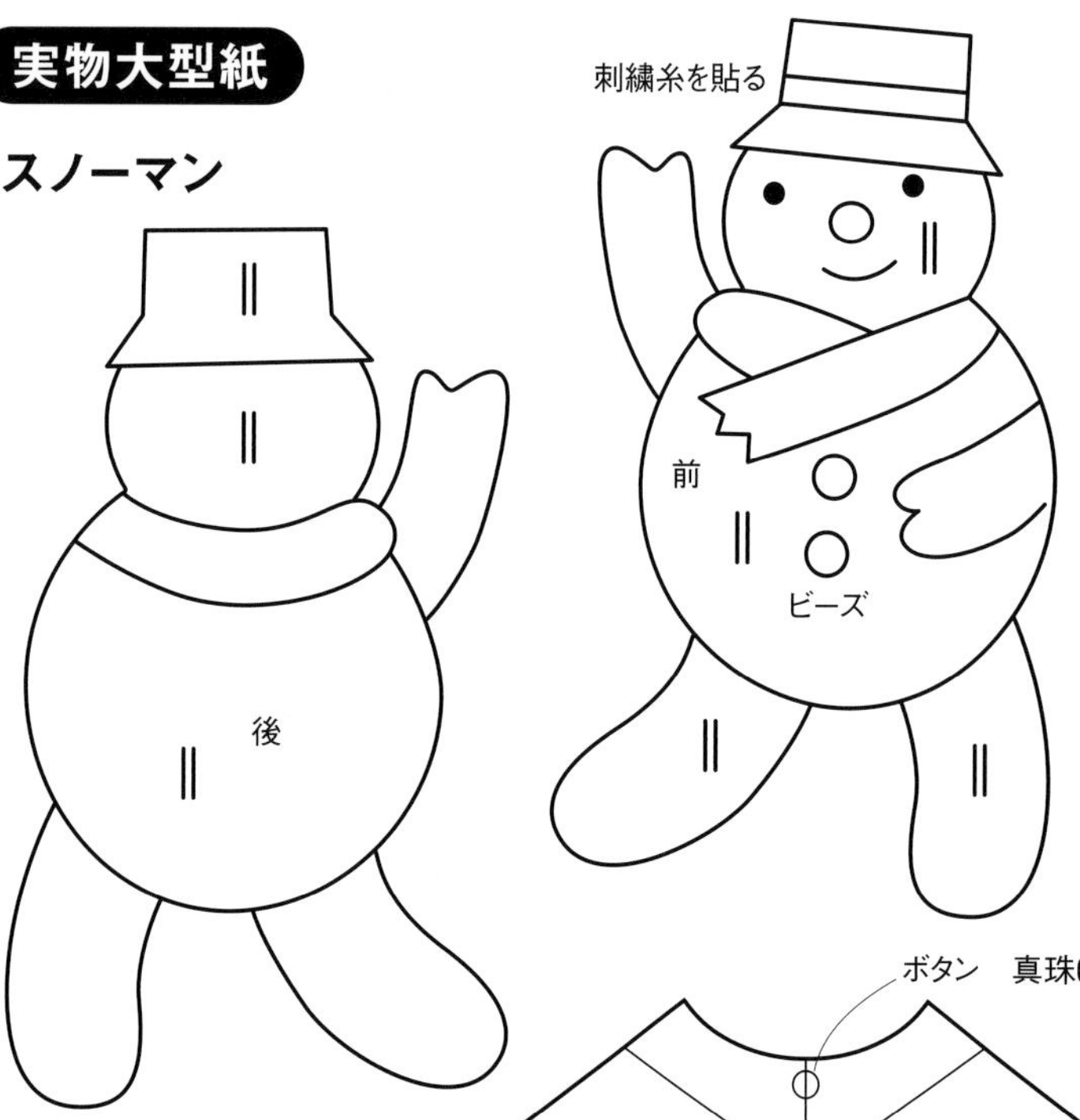

・サンタ服

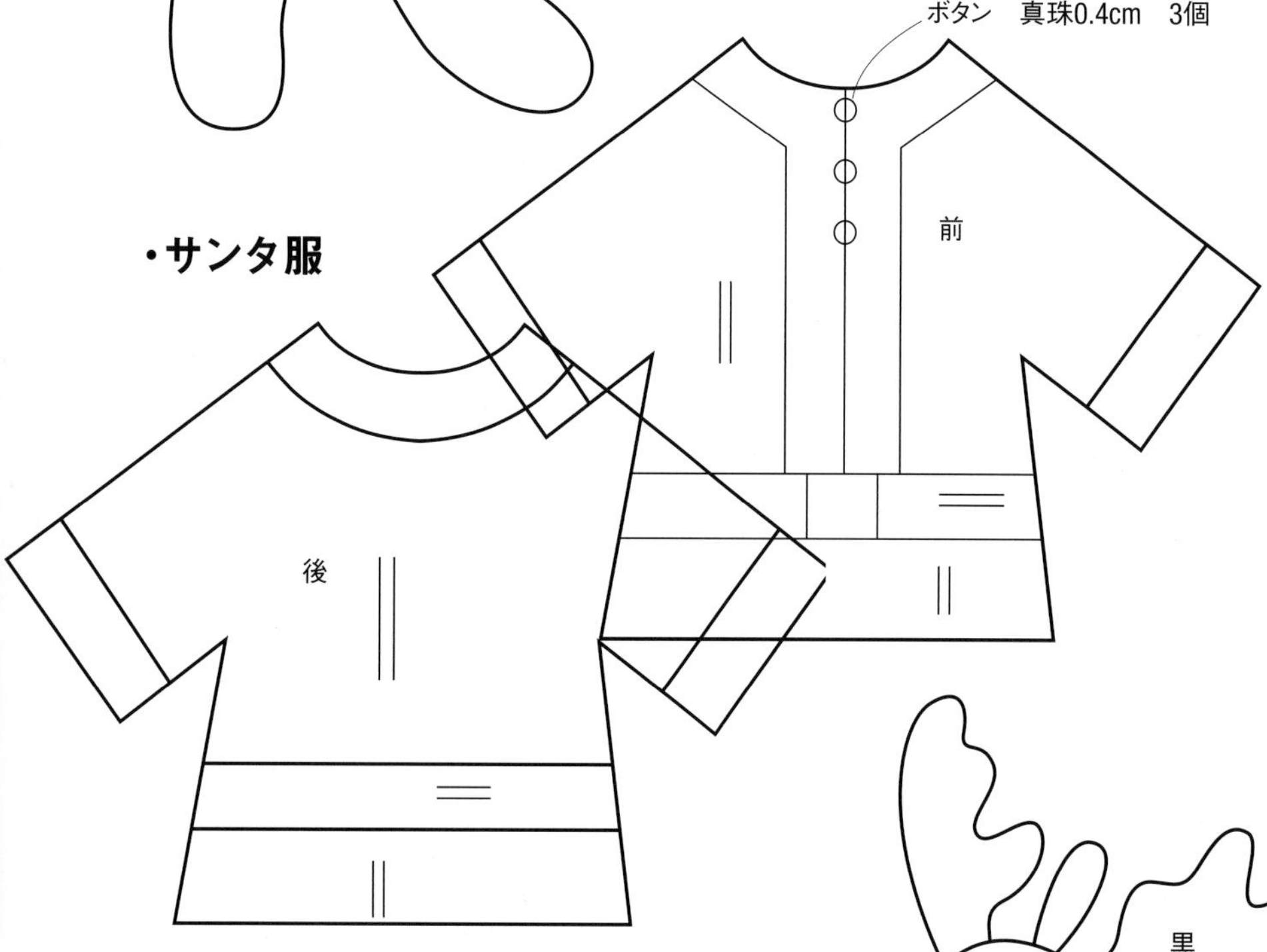

・トナカイ

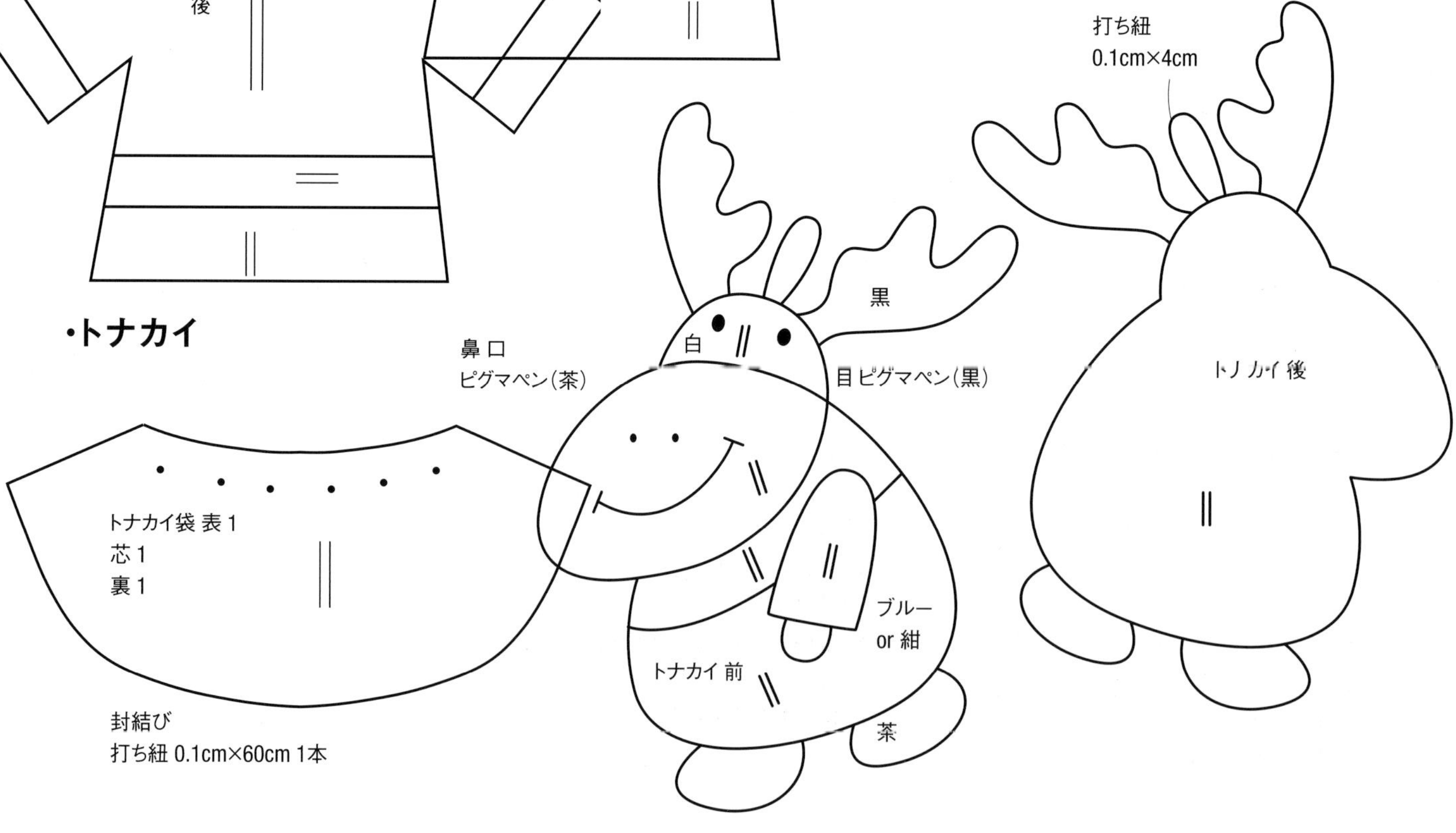

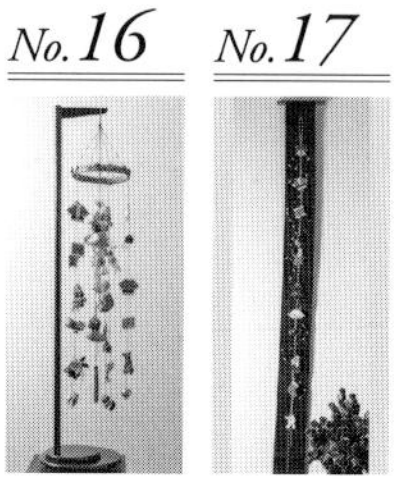

作品 P.30

クリスマスつるし飾り
クリスマスタペストリー

材料（クリスマスタペストリー）

黒の帯／縮緬無地、柄／その他着物地／打ち紐　太さ0.1cm　太さ0.35cm／市販のクリスマスグッズ（星、ベル、プレゼントなど）／手芸用テグス2号／厚紙／脱脂綿or薄手のキルト綿／ビーズ　金色の玉0.5cm（ベル）／丸大ビーズ（スノーマン、くま）／丸小黒（スノーマン目）／0.4センチ赤（スノーマン鼻）／0.4センチ真珠／刺繍糸／棒／打ち紐　太さ0.35cm×100cm／黒の帯:15cm×200cm（長さはお好みで）付け方はP31

材料（つるし飾り）

クラフトテープ／打ち紐　太さ0.1cm×7cm／太さ0.2cm×50cm／リボングリーン2.5センチ幅／市販のクリスマスベル／リリアングリーン

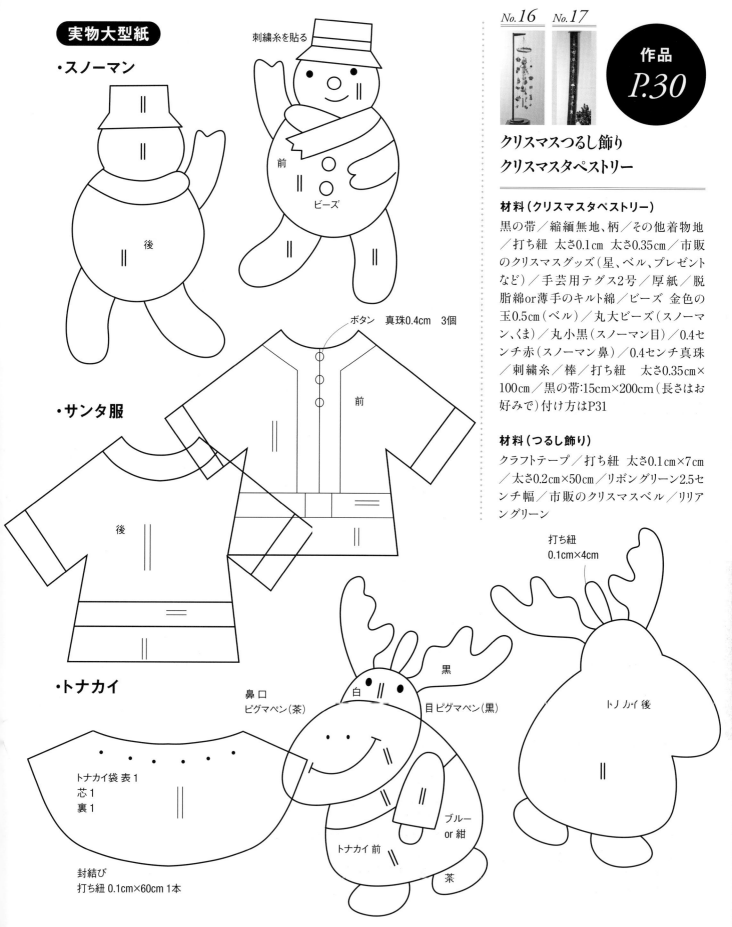

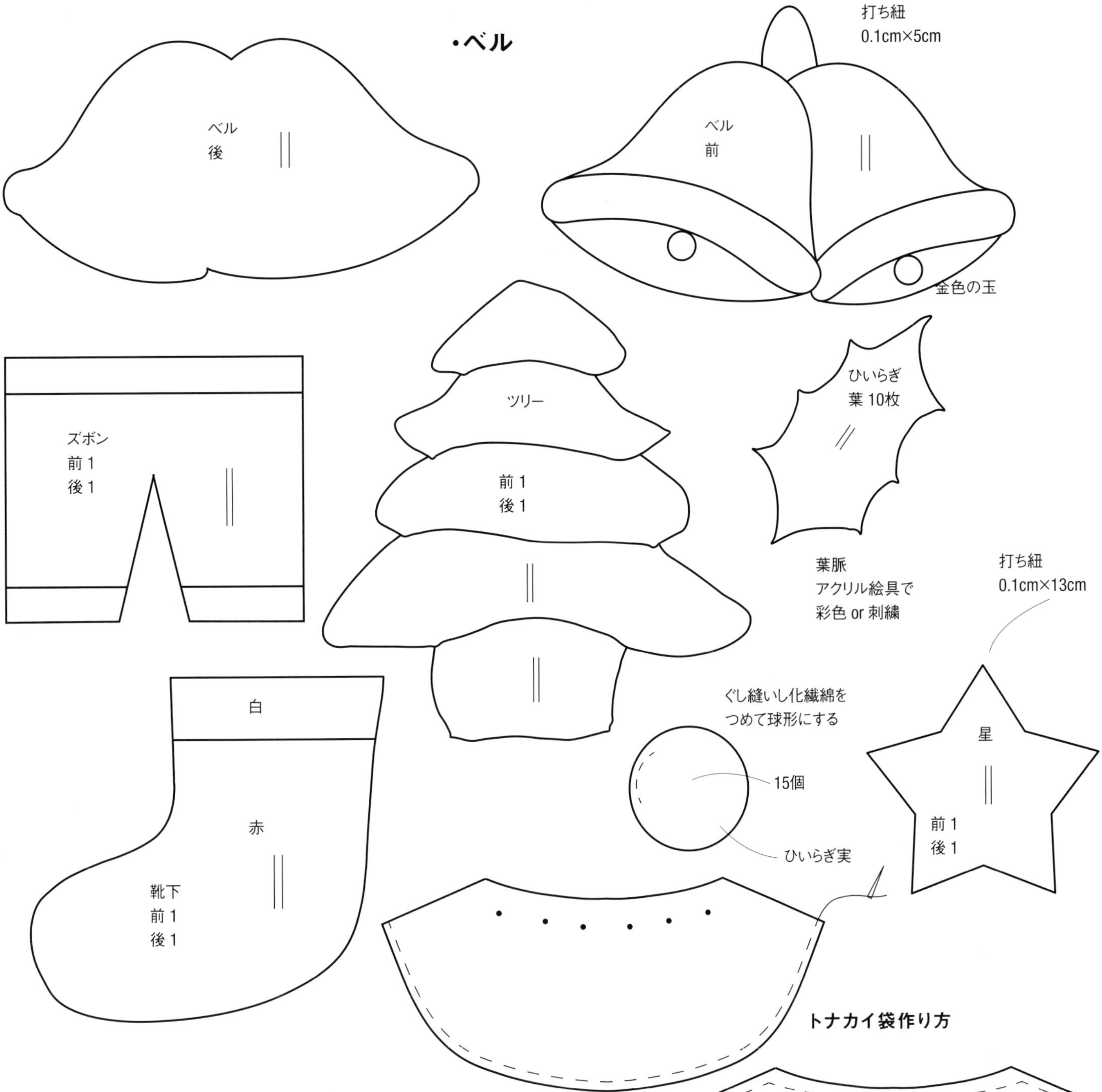

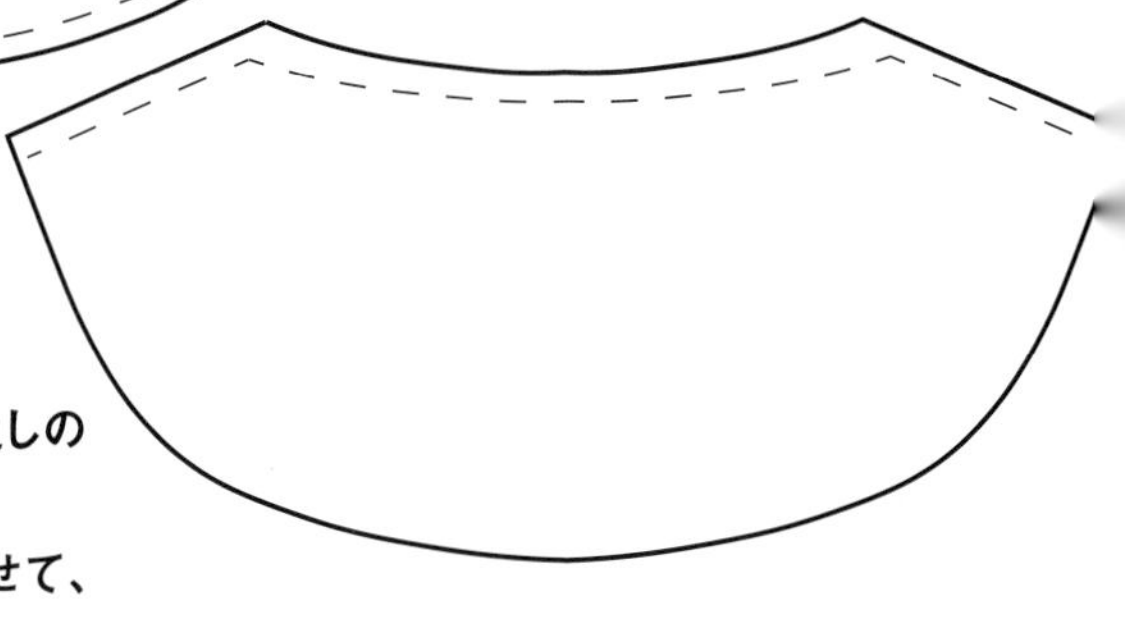

材料（つるし飾り用 くす玉 5個）

表布5cm角（6枚）
キルト綿4cm角（各6枚）
ビーズメタリック銀0.3cm

材料（つるし飾り用 おさるっこ 5個）

胴6cm×7cm（表=1、芯=1）
帯3cm×18cm（たちきり）
顔2.8cm円（たちきり）

作り方（トナカイ）

❶トナカイの前、後ろは押し絵。
❷袋布の表裏を縫い表に返す。
❸0.2cmのスクリューポンチで紐通しの穴を開ける。
❹ぐし縫いしてトナカイの後に被せて、前、後をボンドで貼り合わせる。
❺巾着封結びをする。

実物大型紙

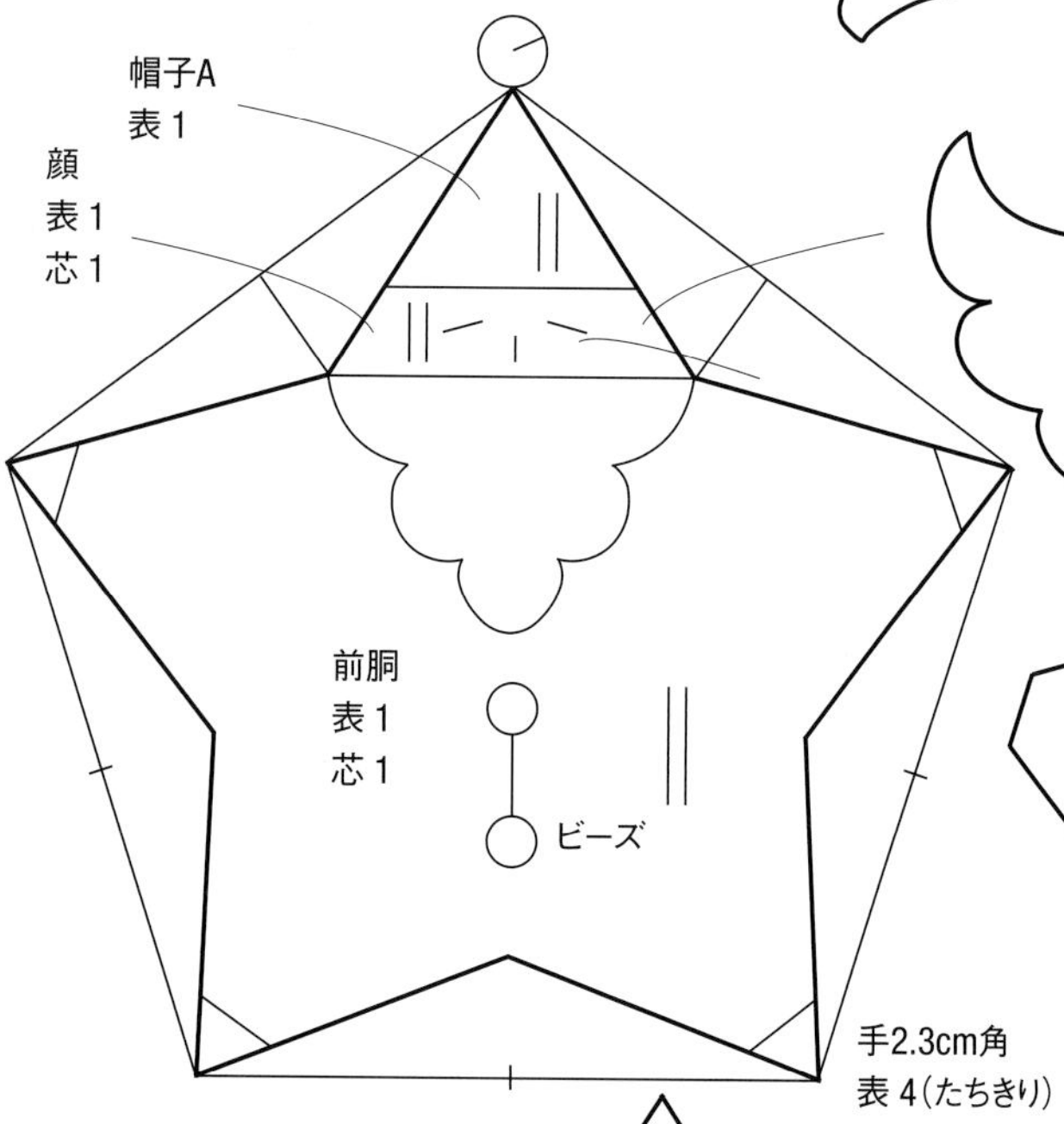

材料(サンタ)

縮緬無地
その他着物地
ボンテン(1cm)
ビーズ(真珠玉0.4cm)
フェルト(白)
刺繍糸
接着芯
化繊綿

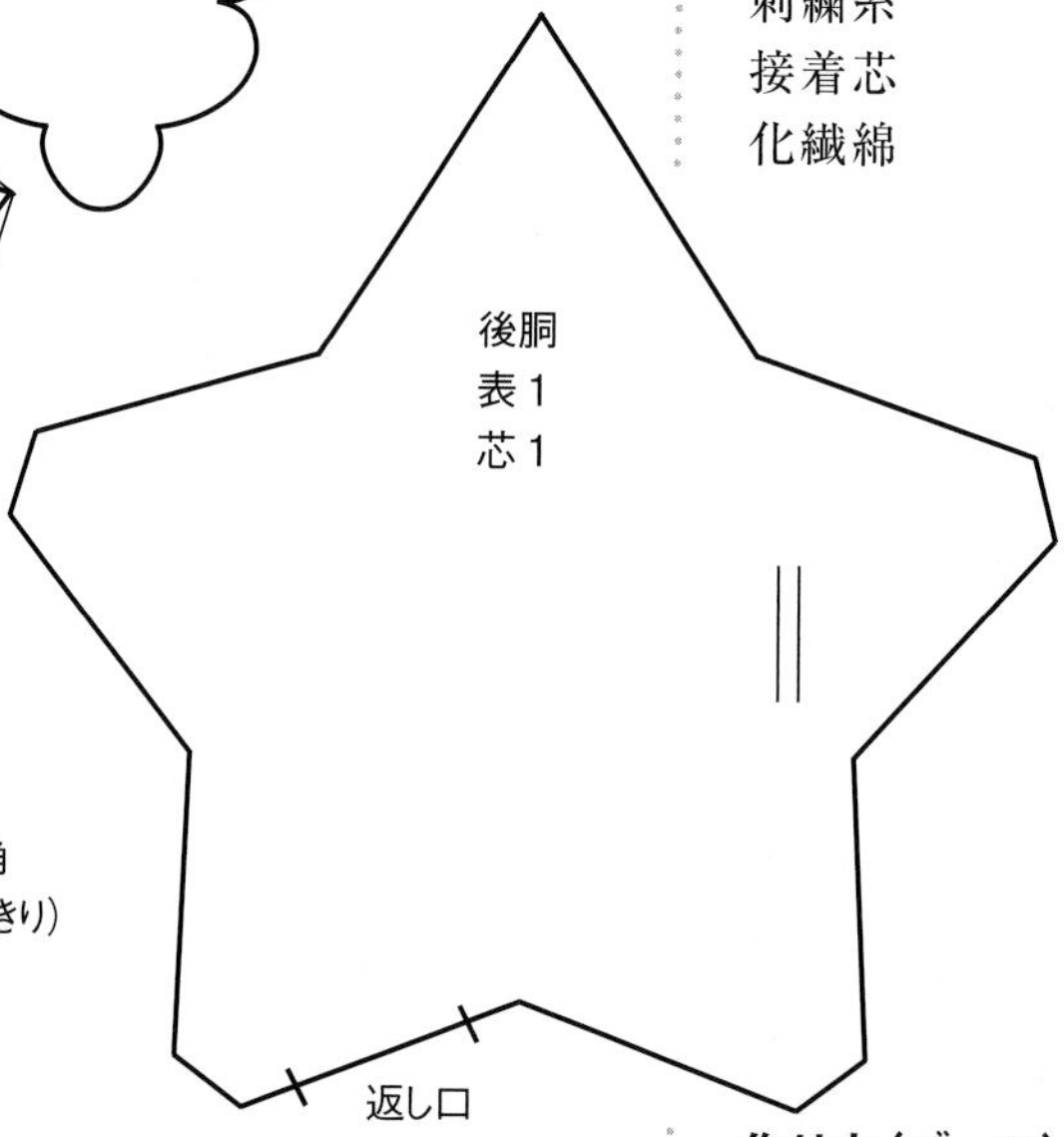

作り方(ブーツ)

❶ブーツのA、Bを縫い合わせ、キルト綿を重ねてしつけをかける。
❷ブーツの上部を開けて縫う。
❸残りのA2枚を輪に縫い❶と合わせて縫って裏側でまつりぐけする

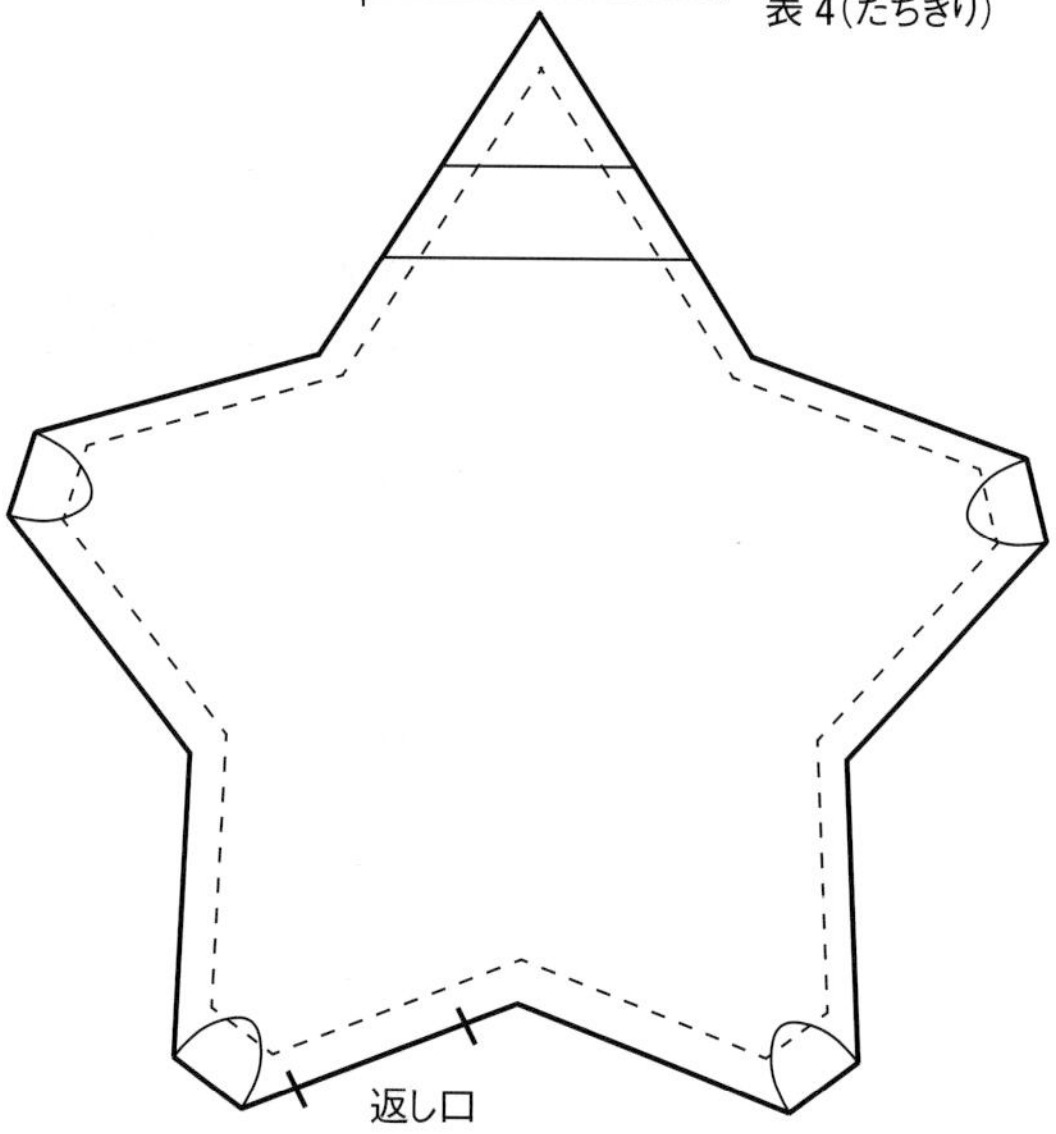

作り方(サンタ)

❶前胴、顔、帽子をつなぐ。
❷手布に脱脂綿を少し詰めてるてる坊主の様に絞り、後胴に図の様にしつけする。
❸前胴と後胴を合わせて縫い、表に返す。
❹帽子Bひげ。刺繍糸2本で周りをボタンホールステッチをして顔に付ける。
❺帽子の先にボンテン、胴にビーズ(真珠玉0.4cm)を付ける。
❻顔の表情はピグマペン。

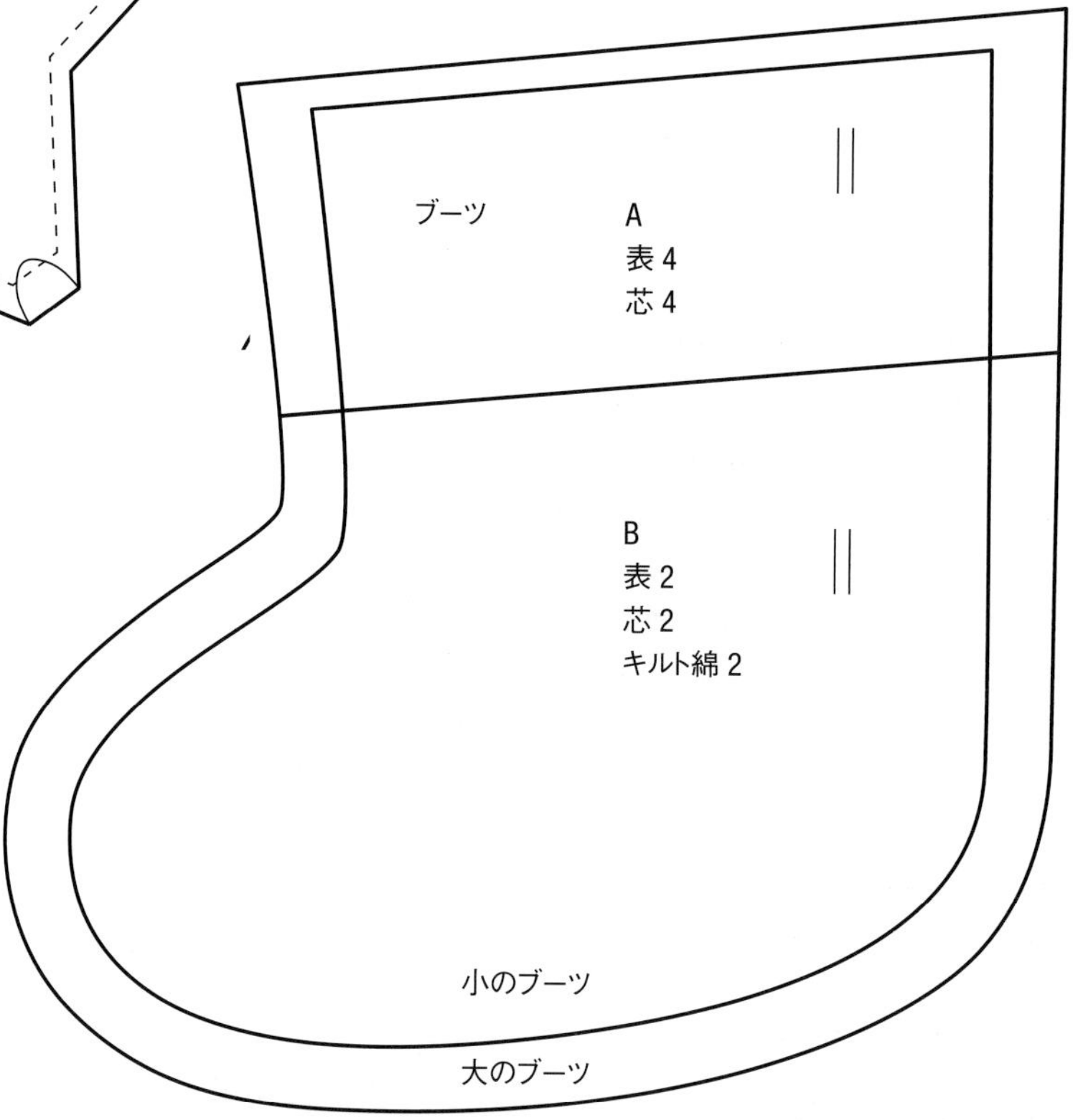

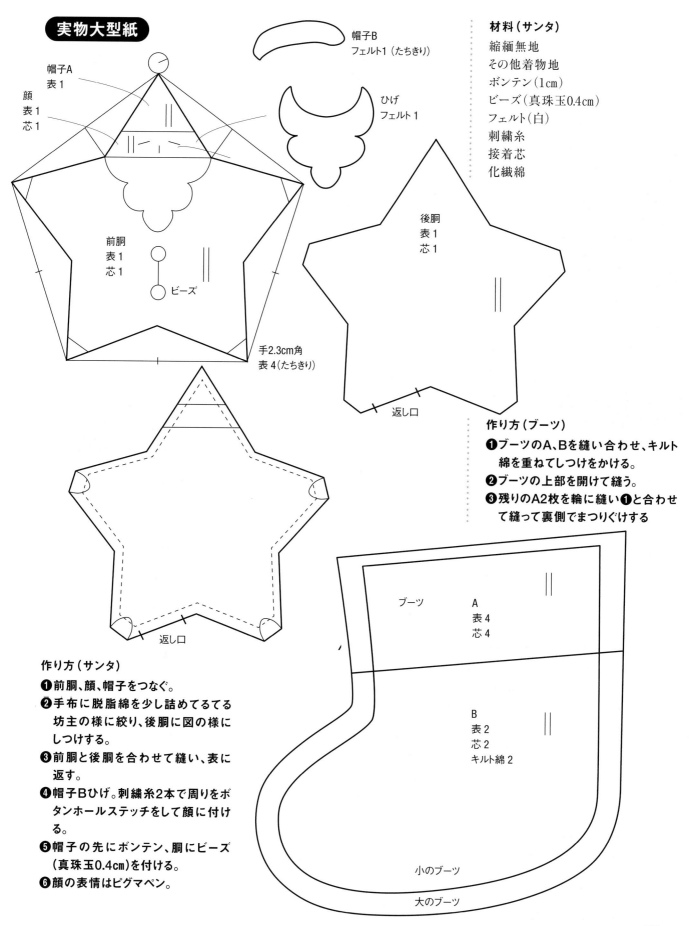

出来上がりの形

目 丸大ビーズ
鼻 刺繍糸4本で
サテンステッチ
口 刺繍糸2本で
フライステッチ

作り方（くま）

❶手、足の表布をそれぞれ中表に合わせて周りを縫い、表に返して化繊綿を詰めて返し口を絎ける。
❷頭中央と顔側面の合印を合わせて縫い合わせる。表に返して化繊綿を詰める。
❸耳も中表に合わせて縫い、表に返して返し口を絎けて少し縮める。
❹胴布も中表に合わせて周りを縫い、表に返して化繊綿を詰める。
❺顔の表情をつける。
❻頭に耳をつけ胴に縫い付ける。手足は裏ボタンを使ってキルト糸2本で縫いとめる。

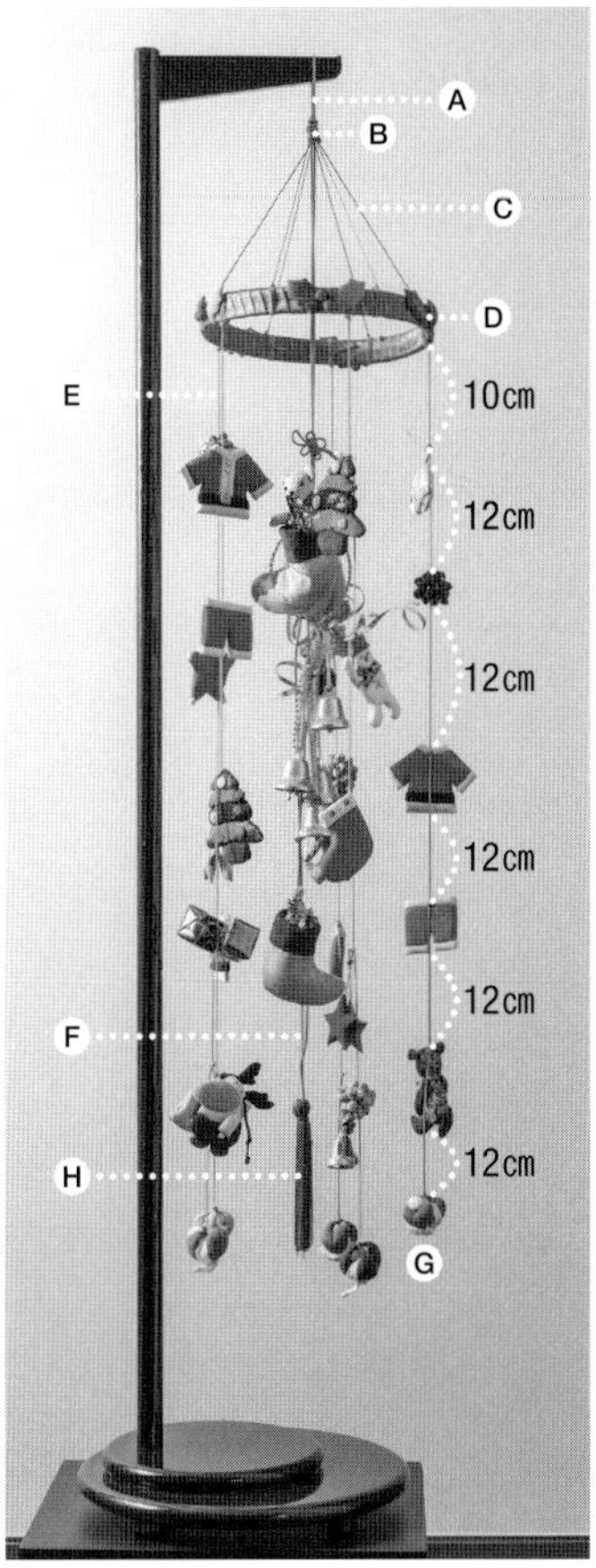

Ⓐ0.2cm×20cm
Ⓑ0.2cm×20cm
Ⓒ0.1cm×70cm3本
Ⓓ直径20cmの輪
Ⓔ0.1cm×95cm5本
Ⓕ0.2cm×220cm
Ⓖおさるっこ
Ⓗ房リリアン
※中央の紐上部に菊結び（P30写真参照）

竹の輪が無ければ

❶クラフトテープ63cmを輪にする。（直径20cm）
❷ボンドをつけて❶の上にクラフトテープを3〜4回ぐらい重ねるとしっかりした輪になる。

・くま

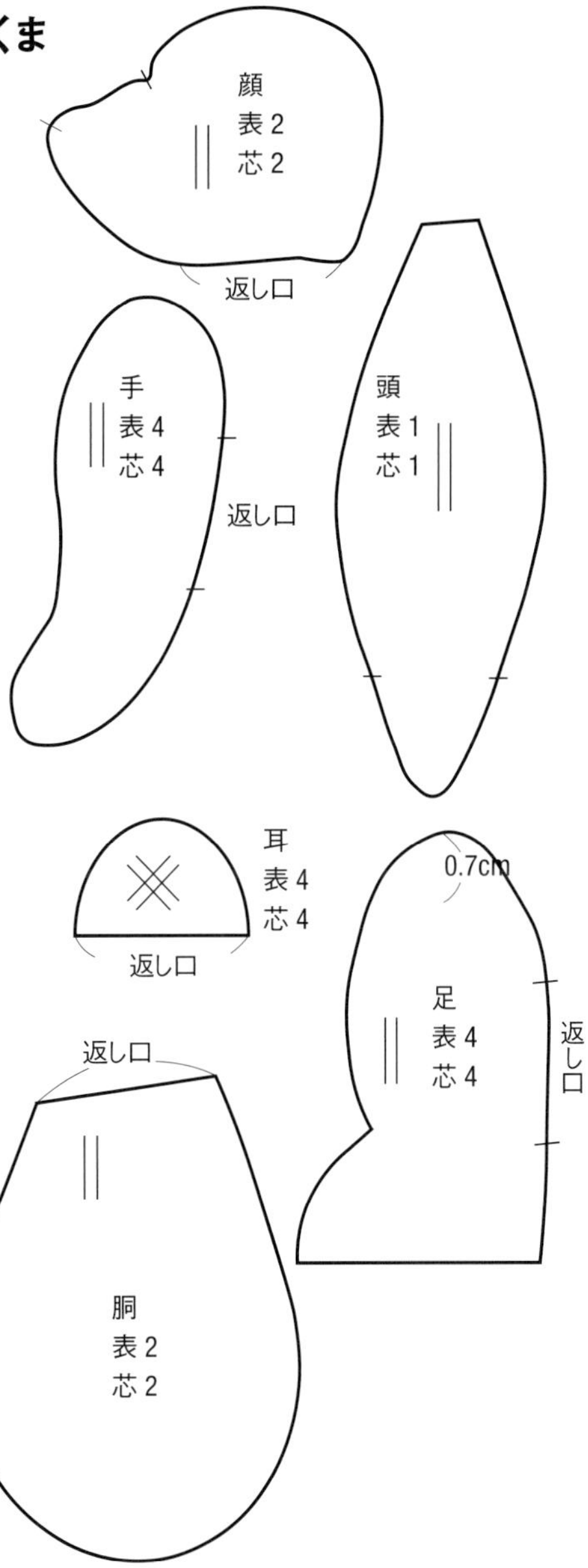

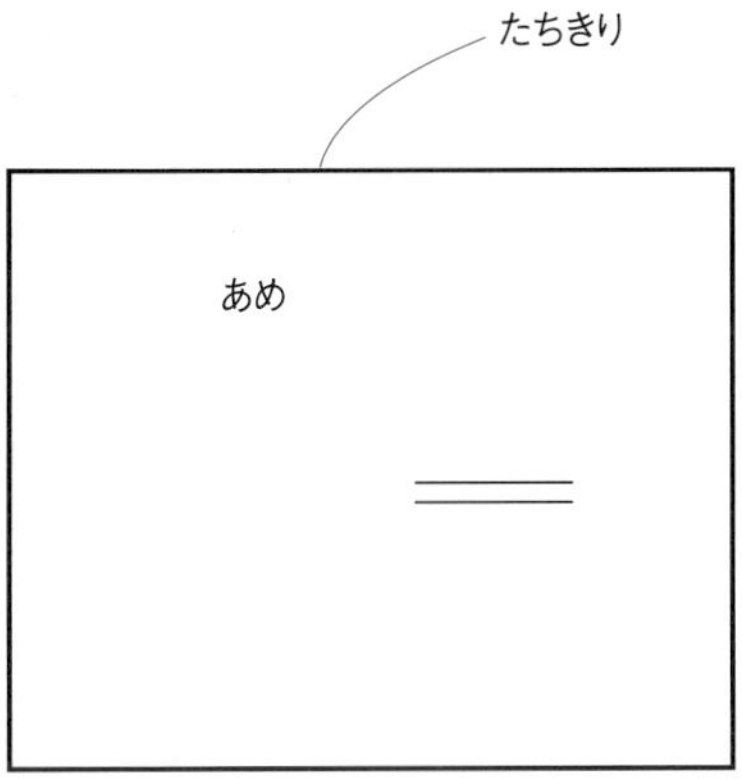

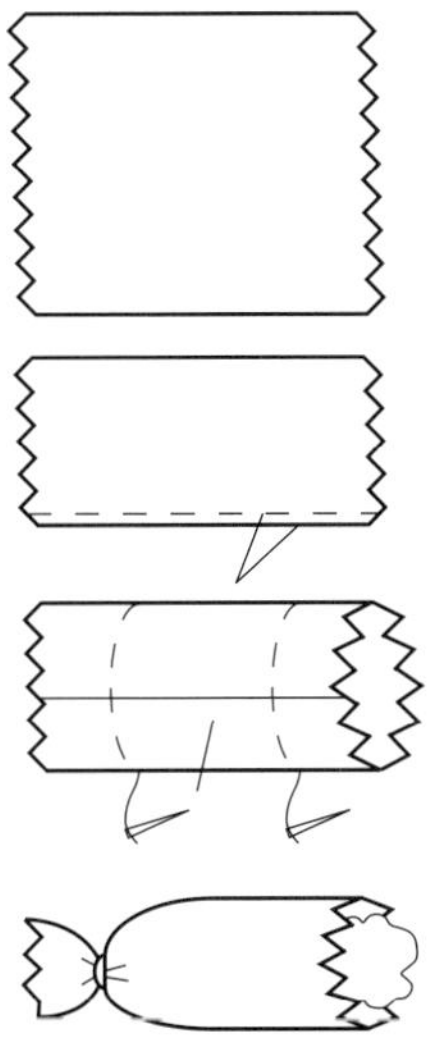

作り方（あめ）

❶布の両端をピンキングハサミで切る。
❷中表に縫う。
❸綿を詰めてぐし縫いして絞る。

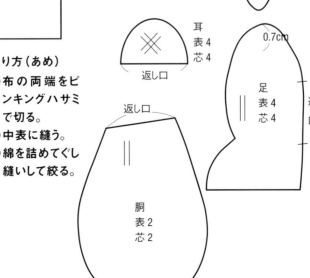

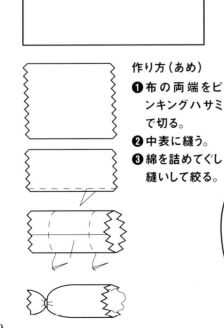

実物大型紙 ・椿 1

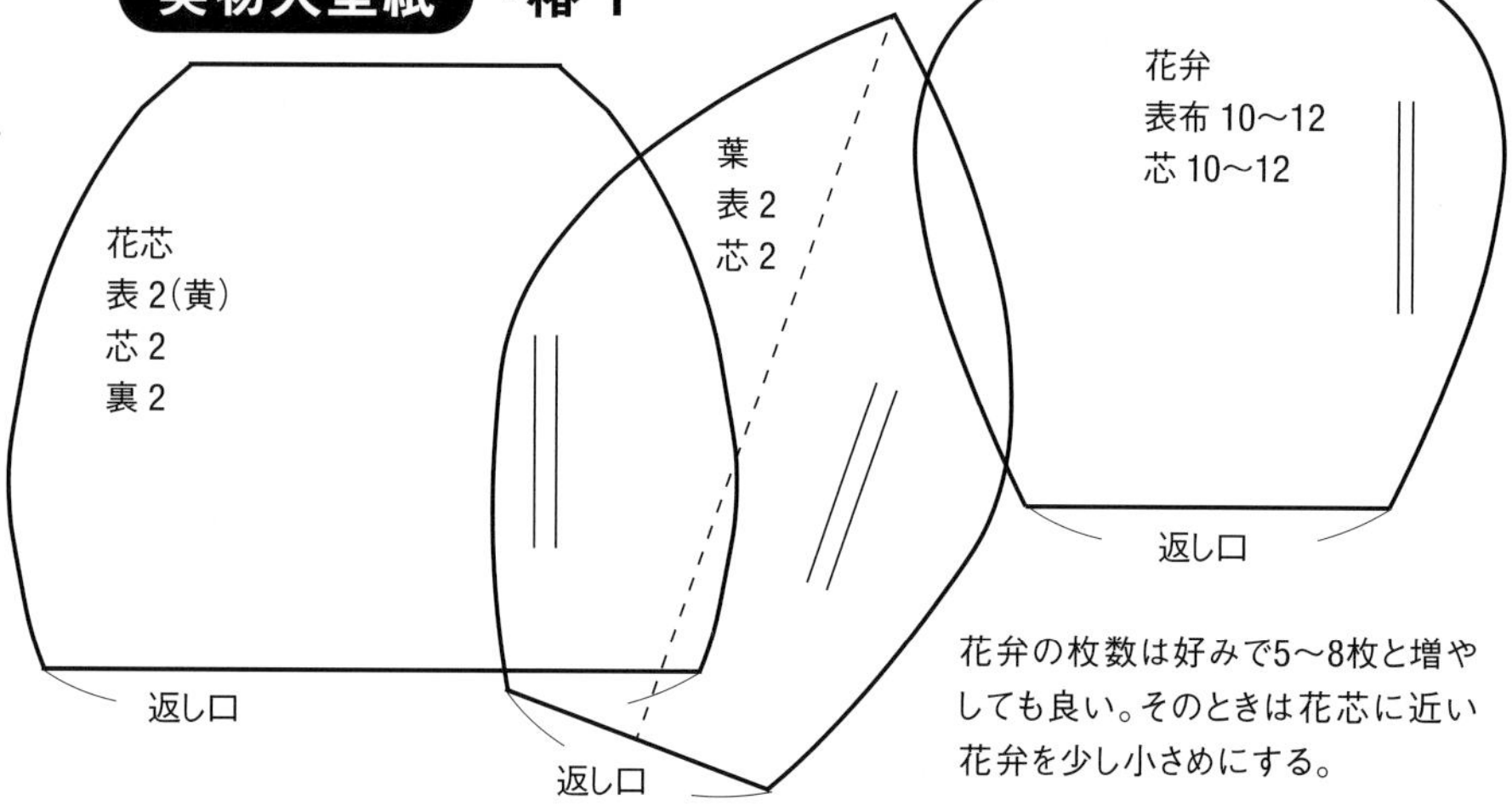

・椿2

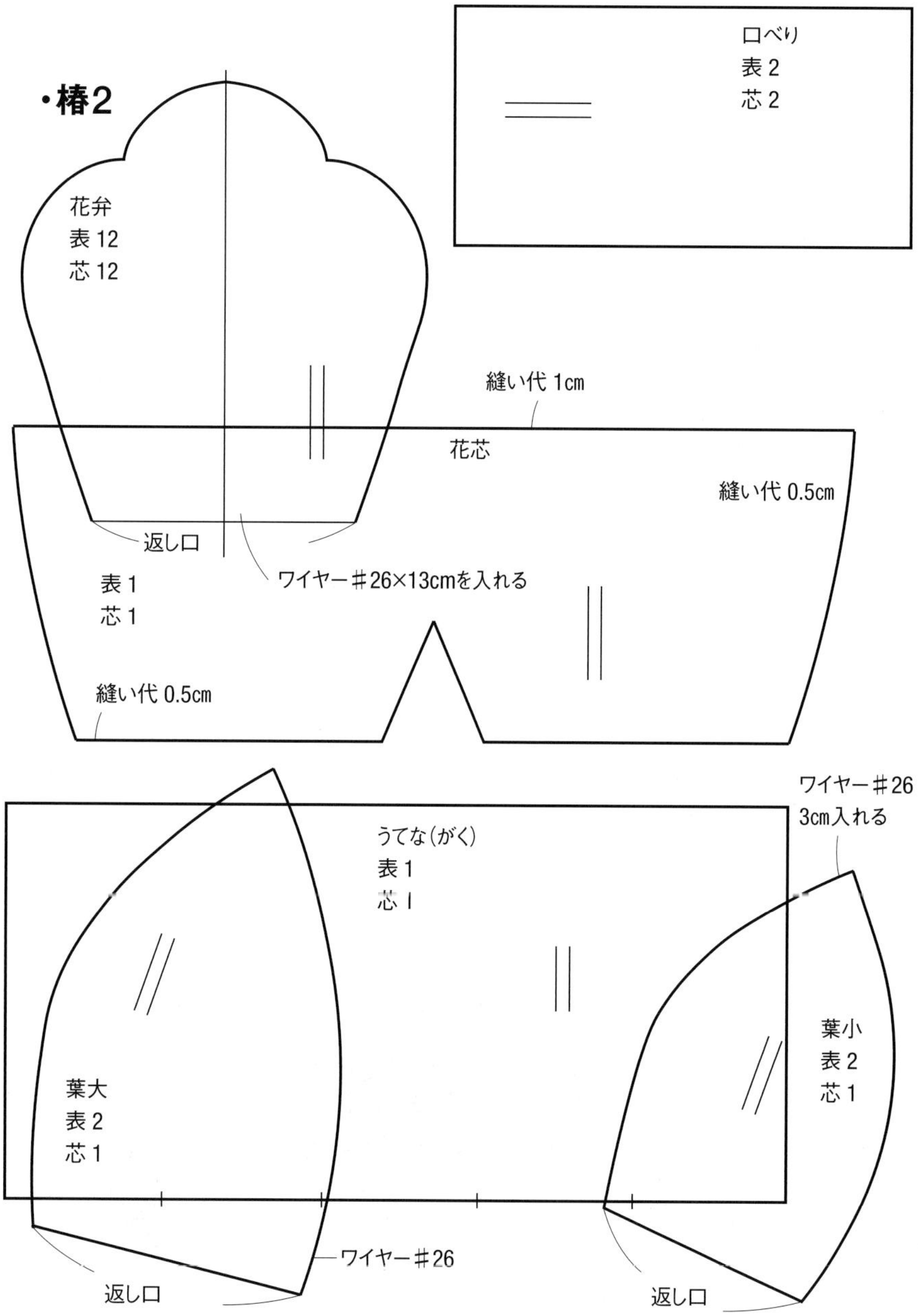

No.18

作品 *P.32*

椿タペストリー

材料(椿1,2)

縮緬無地、柄／その他着物地／接着芯／ワイヤー＃24、26／打ち紐太さ0.1cm×40cm2本／胴裏地／化繊綿(椿2)／ビーズ丸小(椿2)

作り方(椿1)

❶花弁布を中表に合わせて縫い、表に返す。
❷葉布も中表に合わせて縫い、表に返して接着芯を貼ったワイヤーを入れて返し口をしつけする。葉脈は刺繍糸2本でアウトラインステッチ。
❸花芯は表布を中表、裏布も中表に合わせて四つ縫いする(P83 五色椿花芯参照)。
❹花芯に花、葉を付け口べりは外付けで付けて打ち紐を通す(P95参照)。

作り方(椿2 花芯)

❶花芯を輪に縫い下部のダーツも縫う。上部を1cm折ってしつけを掛ける。
❷ビーズ丸小を付ける
ボタンホールステッチにビーズを入れて周りに付ける。
❸表側にビーズより5mm下を大きな針目でぐし縫いして絞る。

作り方(花弁 葉)

❶P81(椿 祇園)と同じ。

作り方(うてな)

❶輪に縫い、5つひだを取る。
❷花芯に花弁、葉をしつけしてうてなを付ける。
❸出来上がりに折り、ぐし縫いして縮める。中に少し綿を入れる。
葉は2〜3枚色を変えたり大小を変えて付けても良い。

祇園

出来上がりの形

椿 1

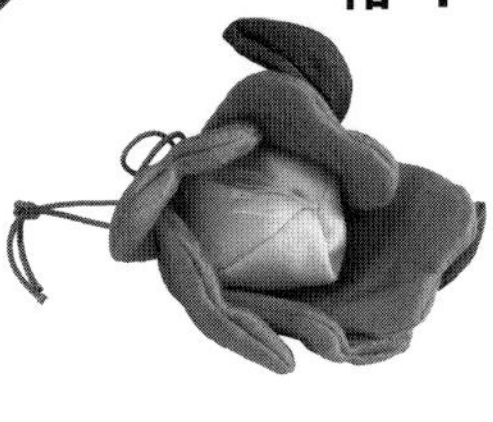

芯は穴糸1本で
バリオンデーン
ステッチ

椿 2

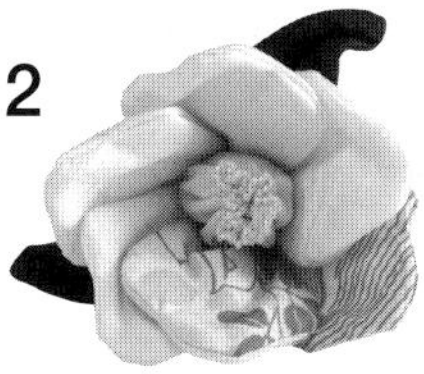

ボタンホールステッチにビーズを入れて周りに付ける。表側に大きな針目でぐし縫いして絞る。

作り方（うてな）

❶うてなのA、Bを縫い合わす。
❷輪に縫い底に5つひだを取る。ぐし縫いして絞る。
❸花弁に付ける。

材料（椿 祇園）

縮緬無地、柄／その他着物地／接着芯／ワイヤー＃26／化繊綿

作り方（花、葉）

❶花弁布を中表に縫い表に返す。ワイヤー＃26を11cmにカットしてU字型に曲げて接着芯で貼り、花弁に入れて返し口をしつけする。

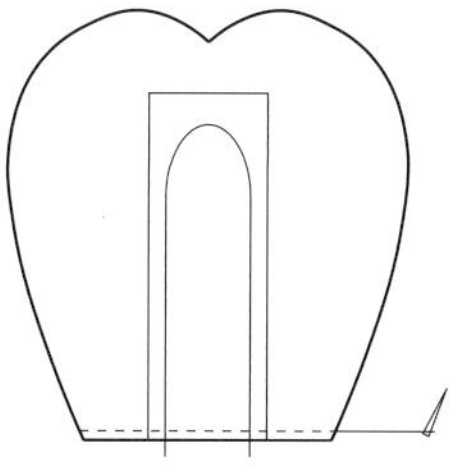

❷葉布を縫い表に返して、ワイヤーにボンドを付けて内側に入れる。ワイヤーを裏から巻きかがり。

作り方（花芯）

❶花芯Aの周りをぐし縫いして絞り、球形にして穴糸1本でバリオンデージステッチをする。
❷花芯Bを輪に縫い、折り山線を折ってしつけする。輪の方を上に0.7cm下をぐし縫いを3本して絞り、花芯（A）を入れて絎ける。

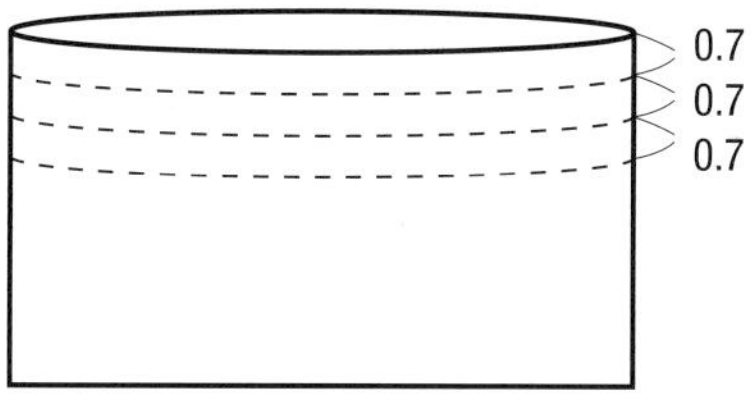

❸花芯の周りに花弁、葉を付け縫いとめる。

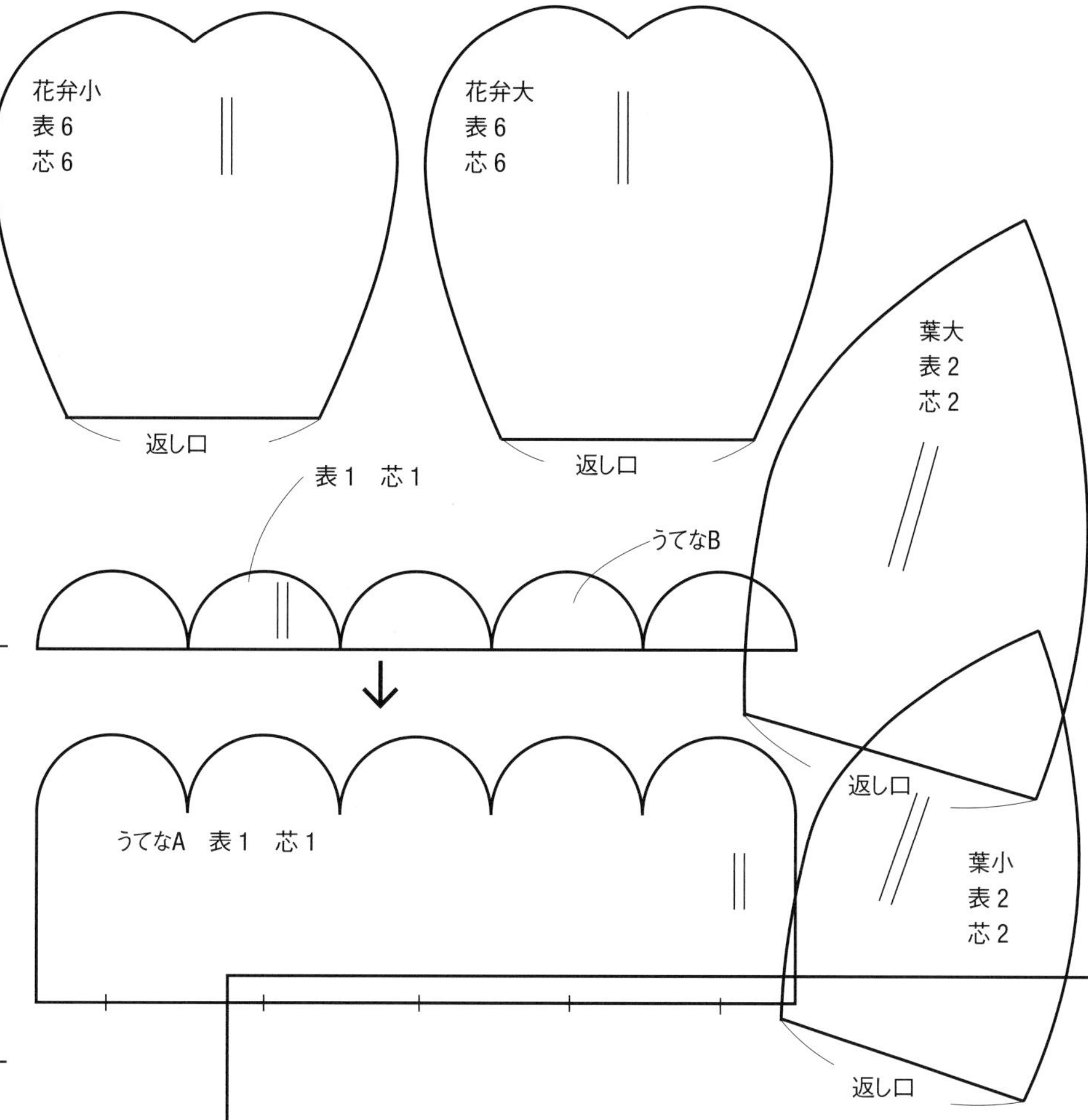

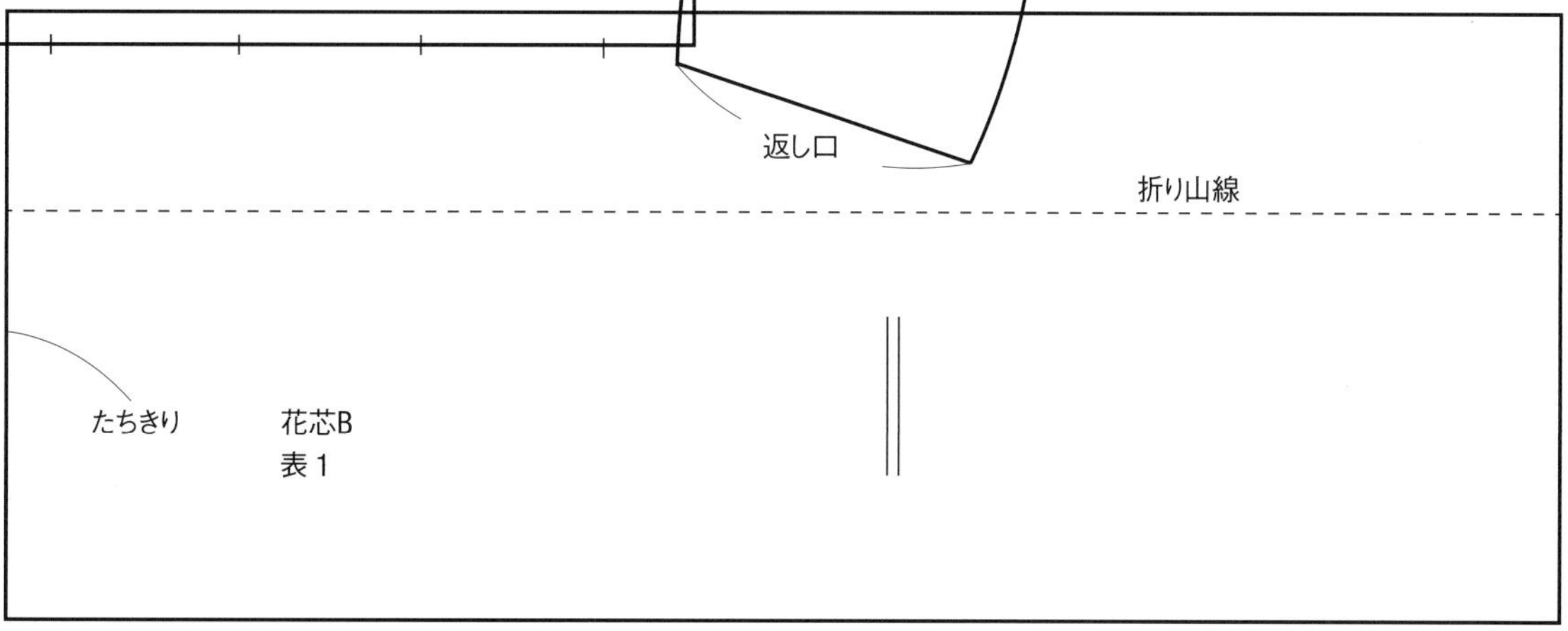

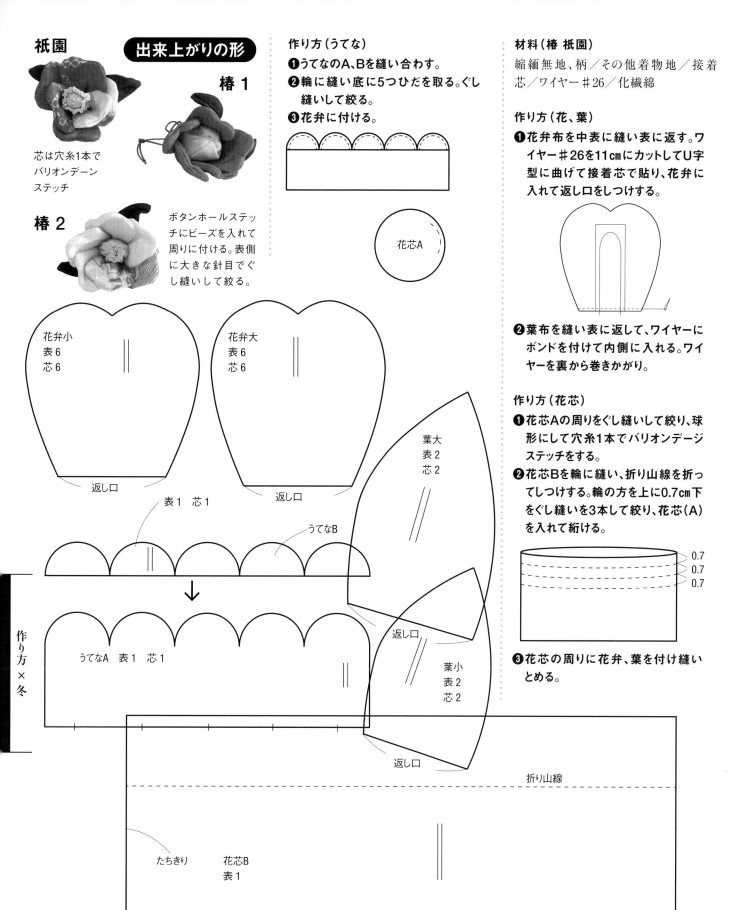

実物大型紙

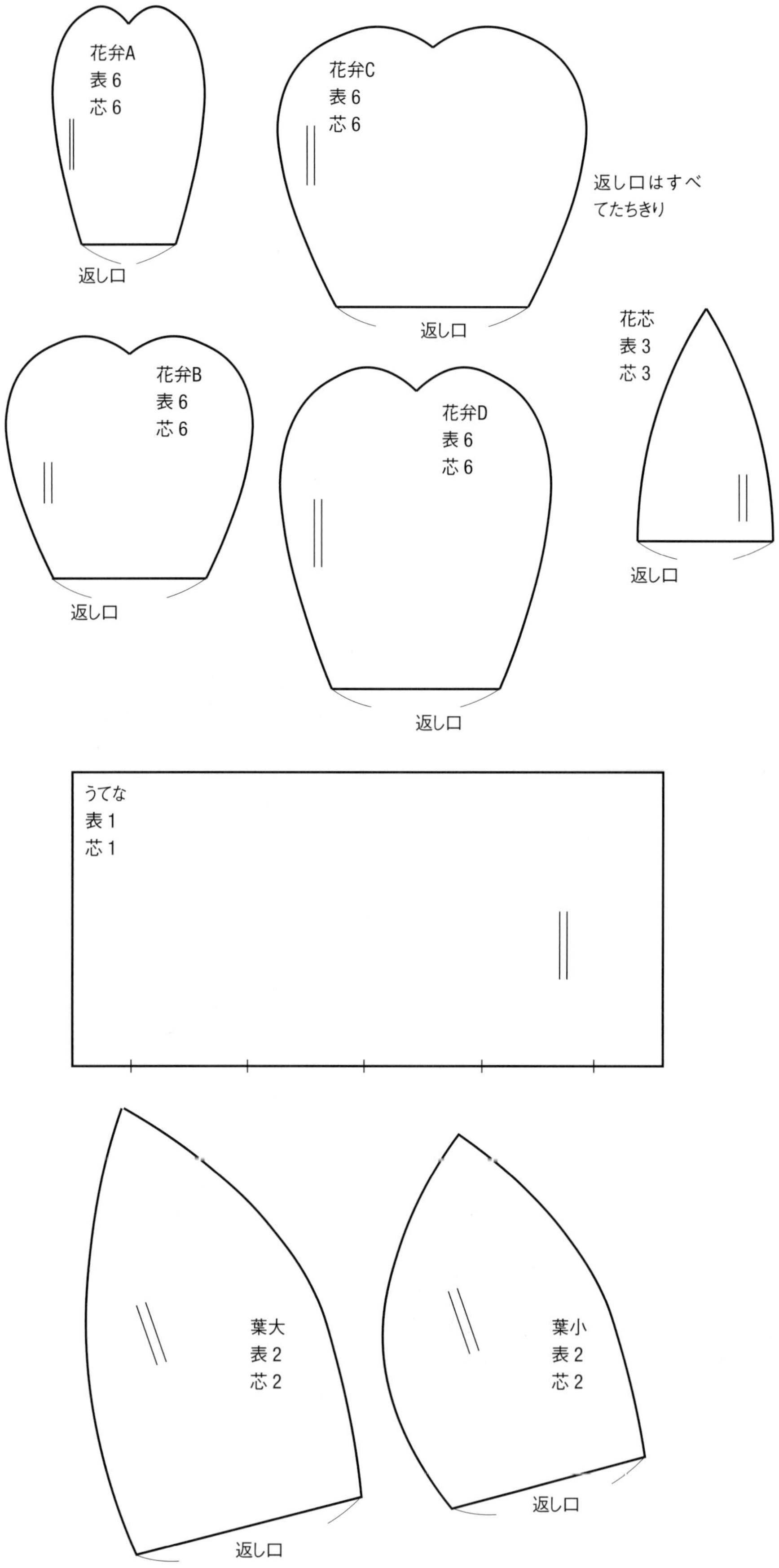

材料（椿 久留米乙女）

縮緬無地、柄
その他着物地
接着芯
化繊綿
ワイヤー＃24

作り方（花芯）

❶花芯3枚を円錐状に縫い、表に返す。

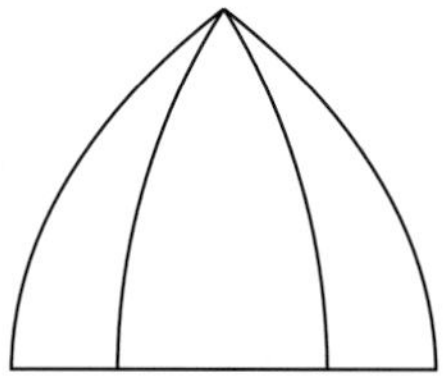

作り方（花、葉）

❶A、B、C、Dの花弁それぞれを中表に縫い表に返し、返し口をしつけ。

❷葉布の周りを縫い、表に返して中にボンドを付けたワイヤーを入れ、葉の裏側よりワイヤーを巻きかがり。

仕上げ

❶花芯の周りに花弁、葉をバランスよく付けて縫いとめる。

❷うてな布を輪に縫い5つひだを取る。5つひだの山を縫い絞る（下図）。

❸うてなに少し綿を詰め花弁にまつりぐけする。

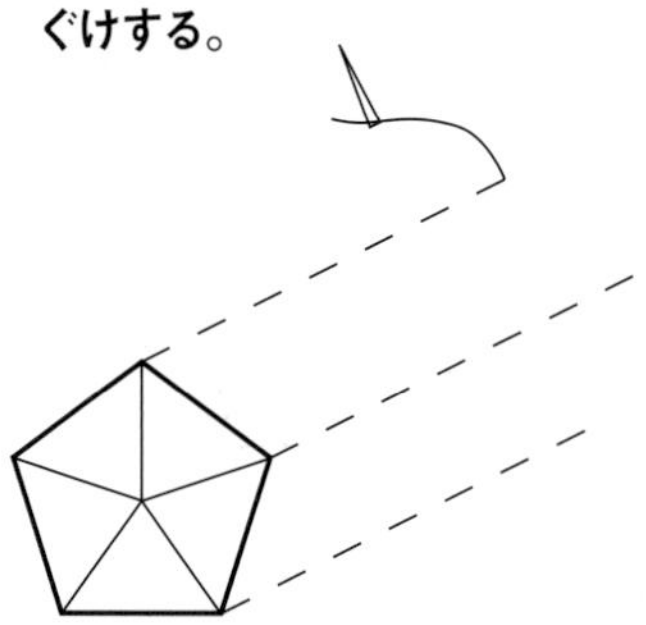

出来上がりの形

実物大型紙

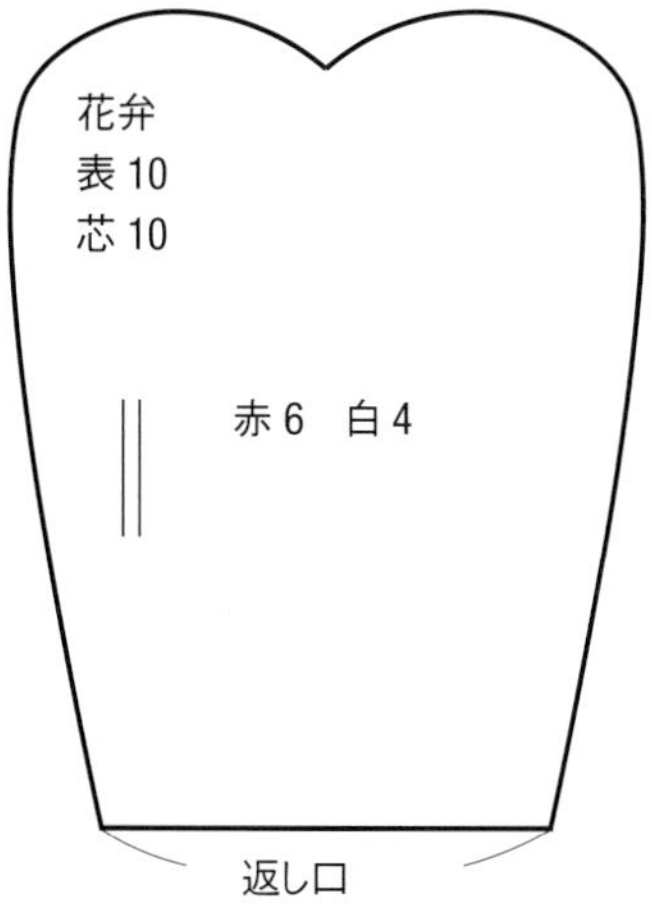

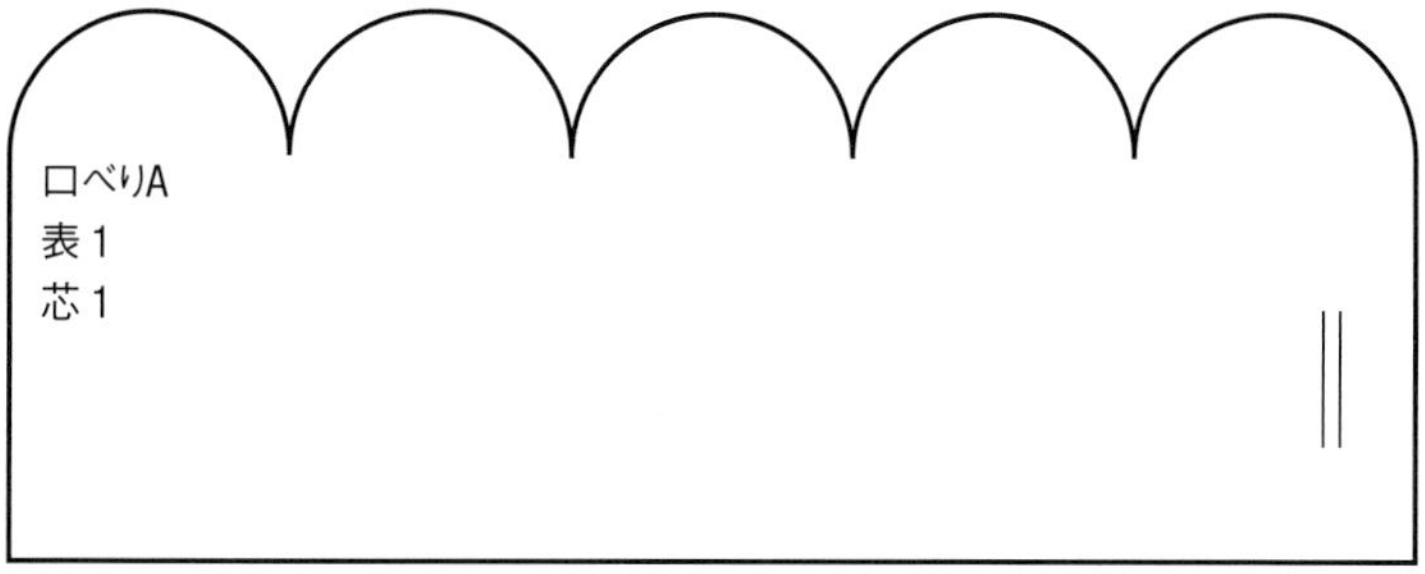

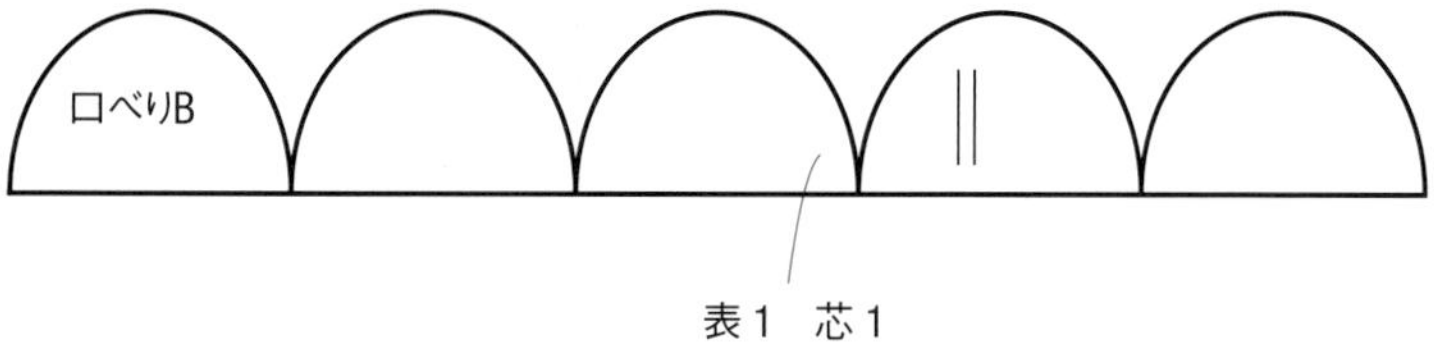

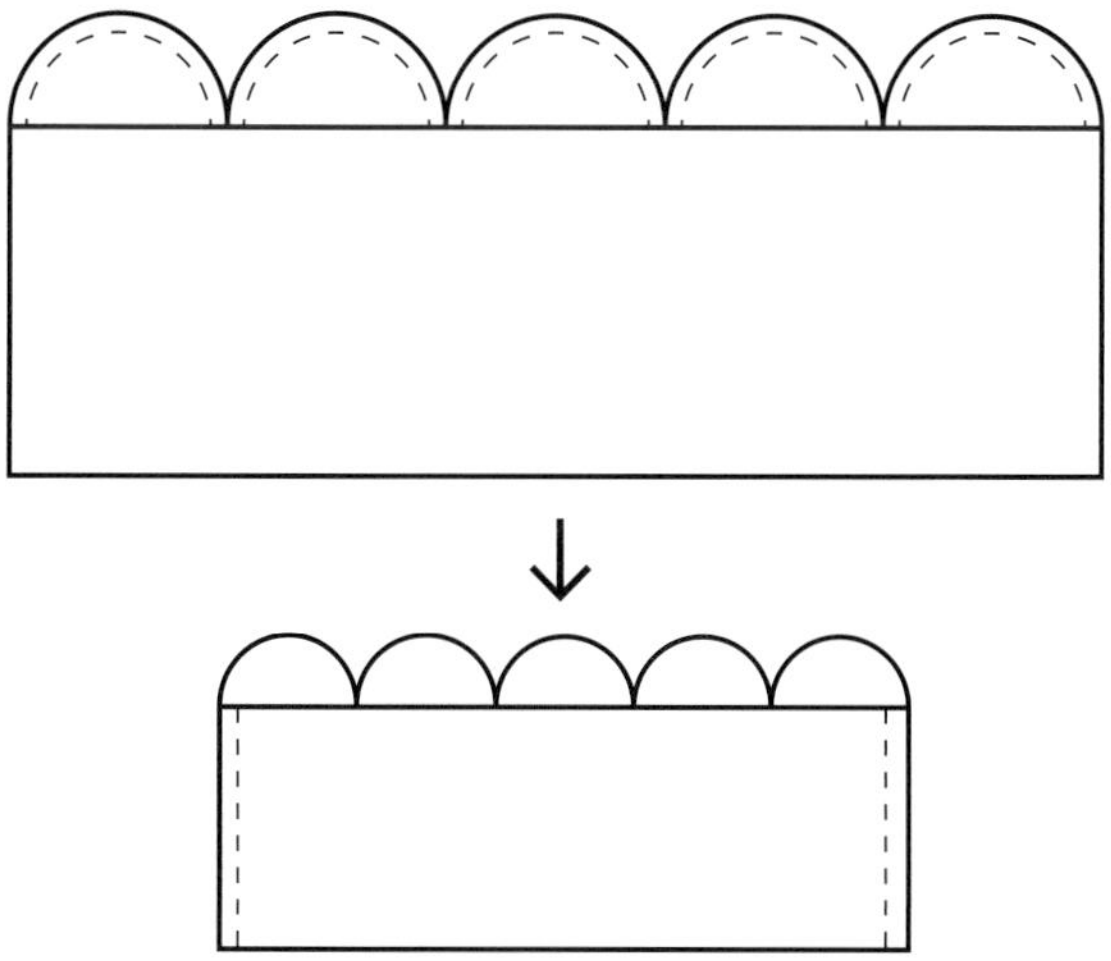

材料（椿 五色椿）

縮緬無地、柄
その他着物地
接着芯
打ち紐　太さ0.1cm×42cm=1本
ウッドビーズ
胴裏地

作り方

❶花弁布を中表に縫い表に返す。
❷花芯は、表裏とも中表に合わせ、4枚を縫い、上部角2ヶ所を穴糸2本ですくって、その糸を結ぶ。

❸口べりAとBを図の様に縫い両端の縫い代を折ってぐし縫いする。
❹花芯に花弁を付け口べりを付ける。（口べりBを縫って口べりAで絎ける）
❺紐を通しウッドビーズを通して総角結びをする。

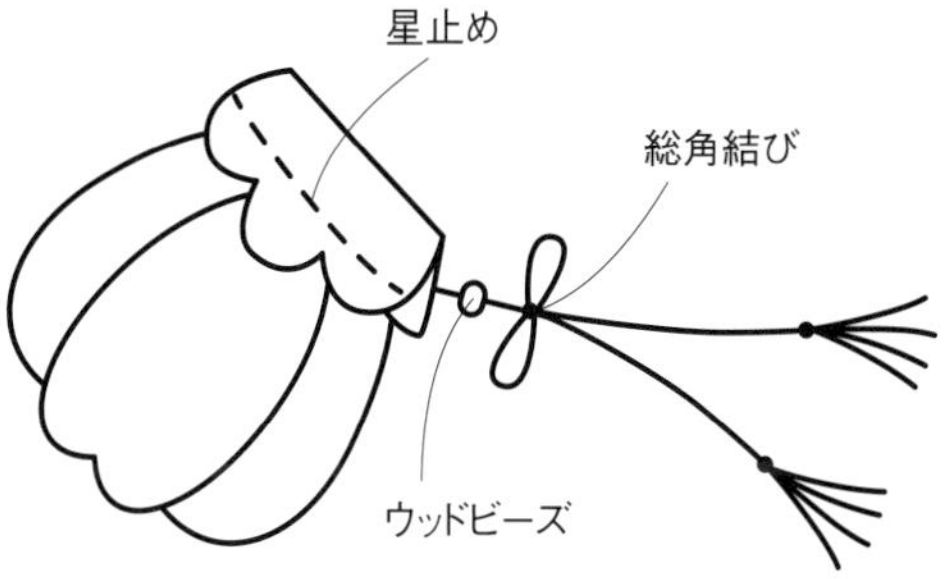

出来上がりの形

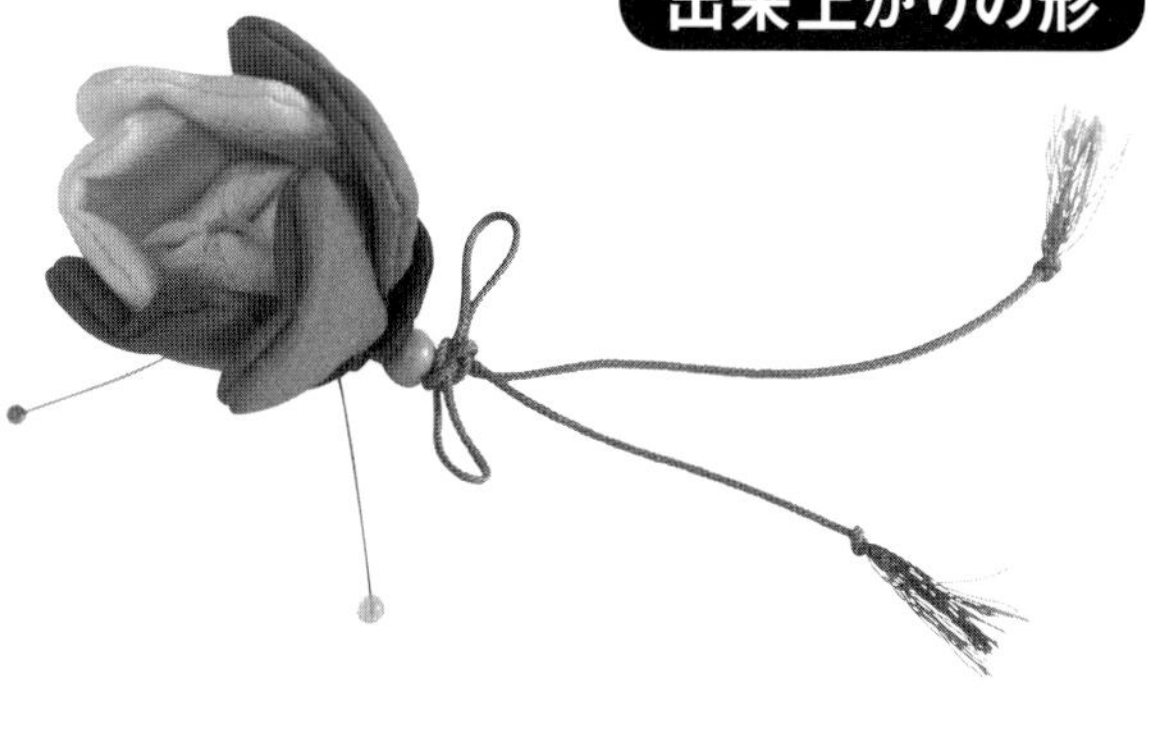

実物大型紙

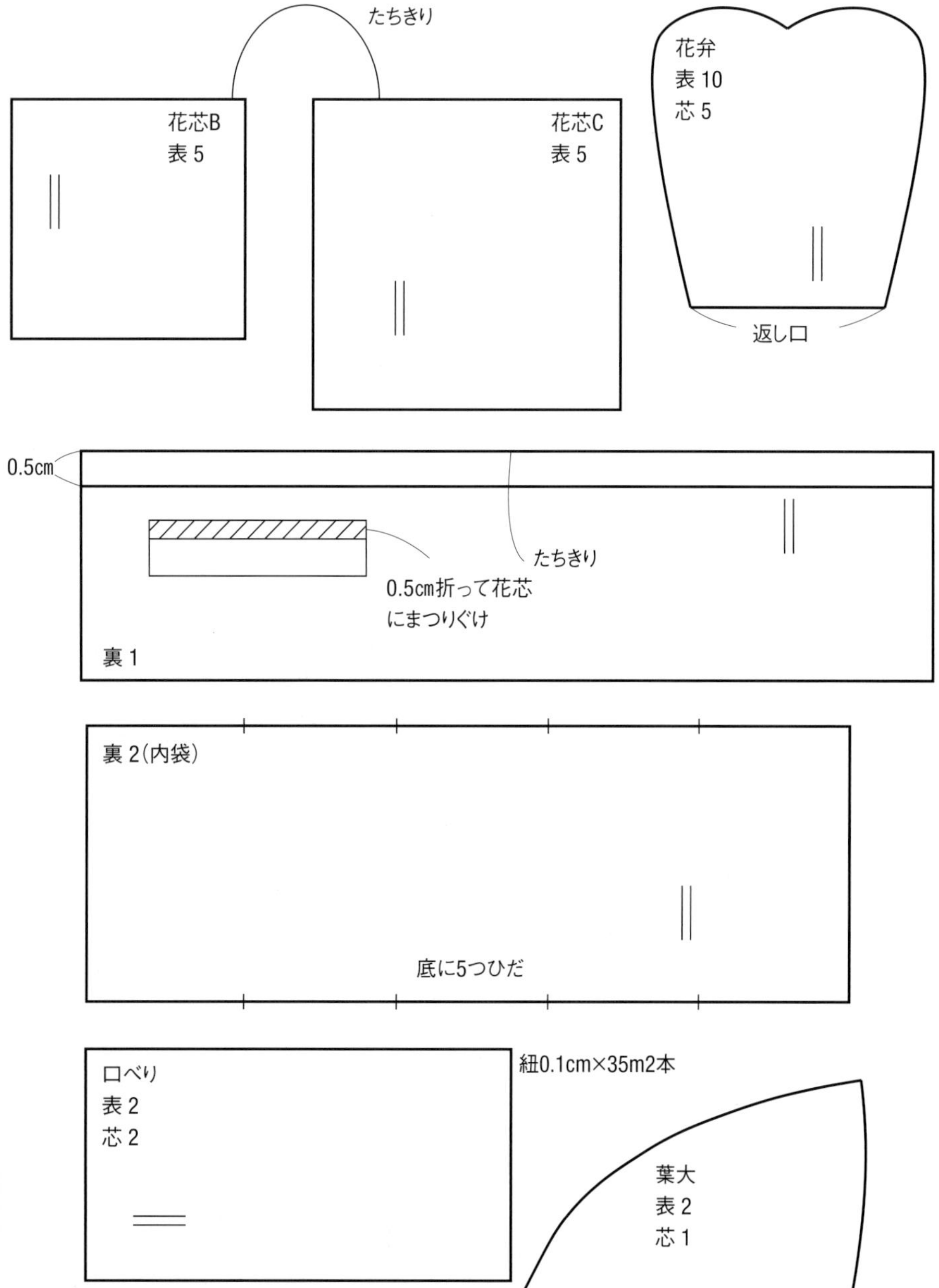

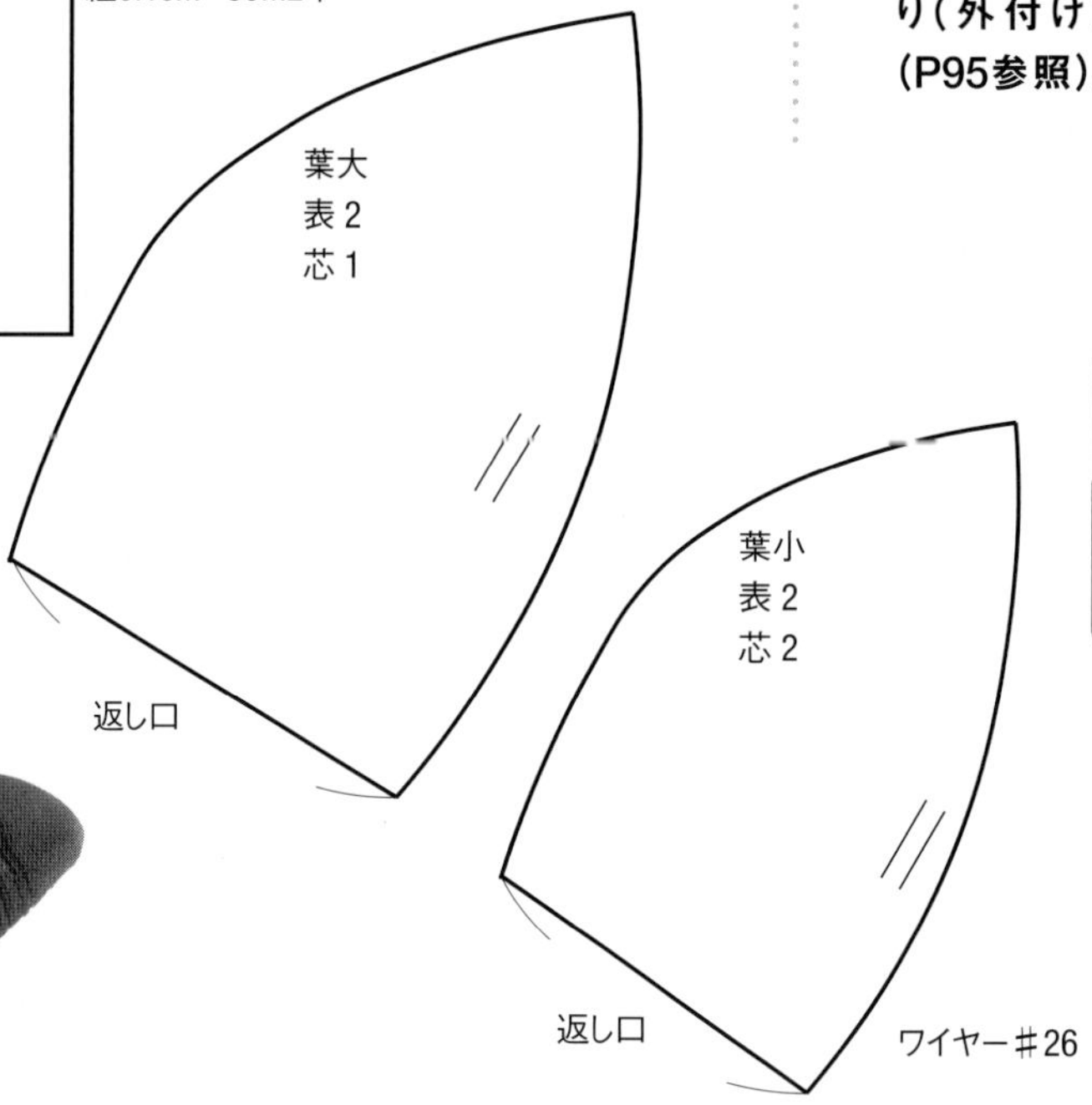

材料（紅からこ）

縮緬無地、柄
その他着物地
接着芯
ワイヤー＃26
打ち紐 太さ0.1cm×35cm＝2本
胴裏地

作り方（花芯）

❶花芯Aは図の様に折る。

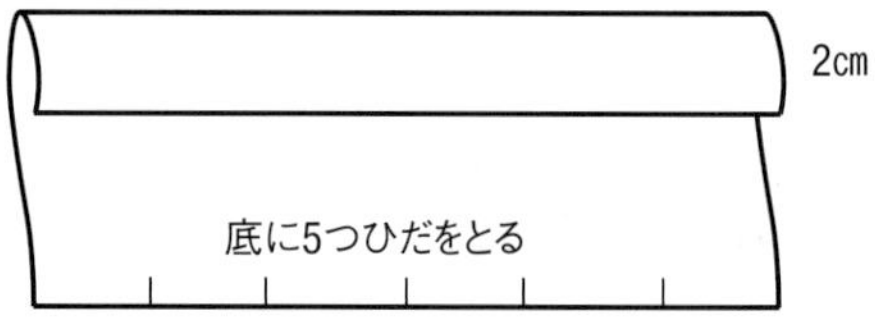

❷合印を入れてぐし縫いし縮める。

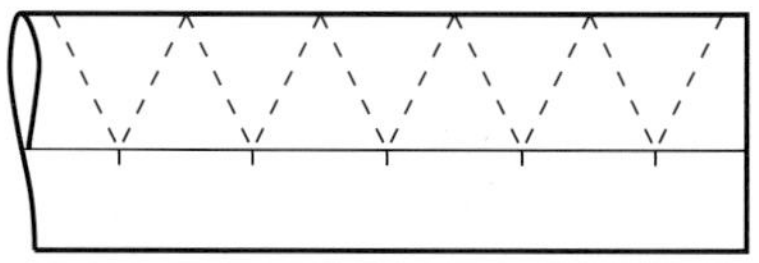

❸花芯B、Cを三角に折り周りをぐし縫いして絞り、AにB、Cを付ける。
❹裏1をまつり絎けする。
❺裏2（内袋）を輪に縫い底に5つひだをとり、❸の内側に入れてしつけする。
❻花弁を縫う。
❼葉を縫う。
❽❺に花弁、葉をしつけして口べり（外付け）を付け打ち紐を通す（P95参照）。

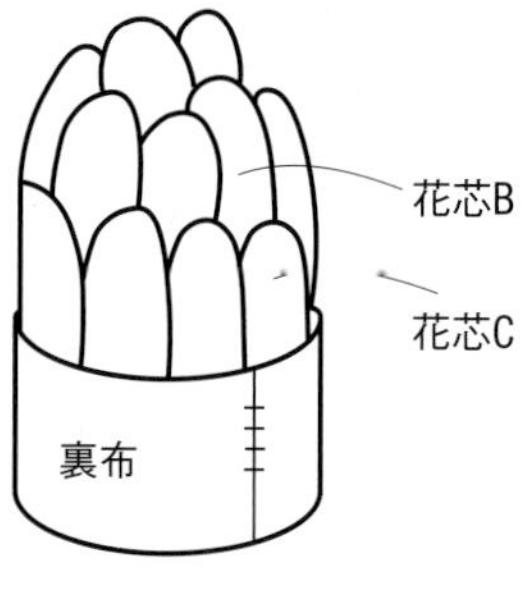

出来上がりの形

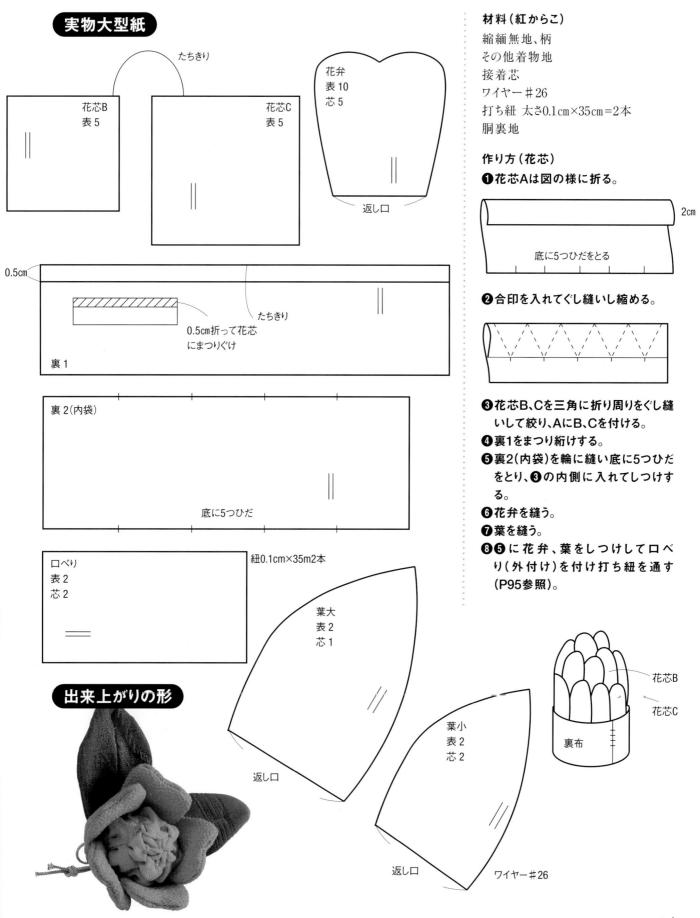

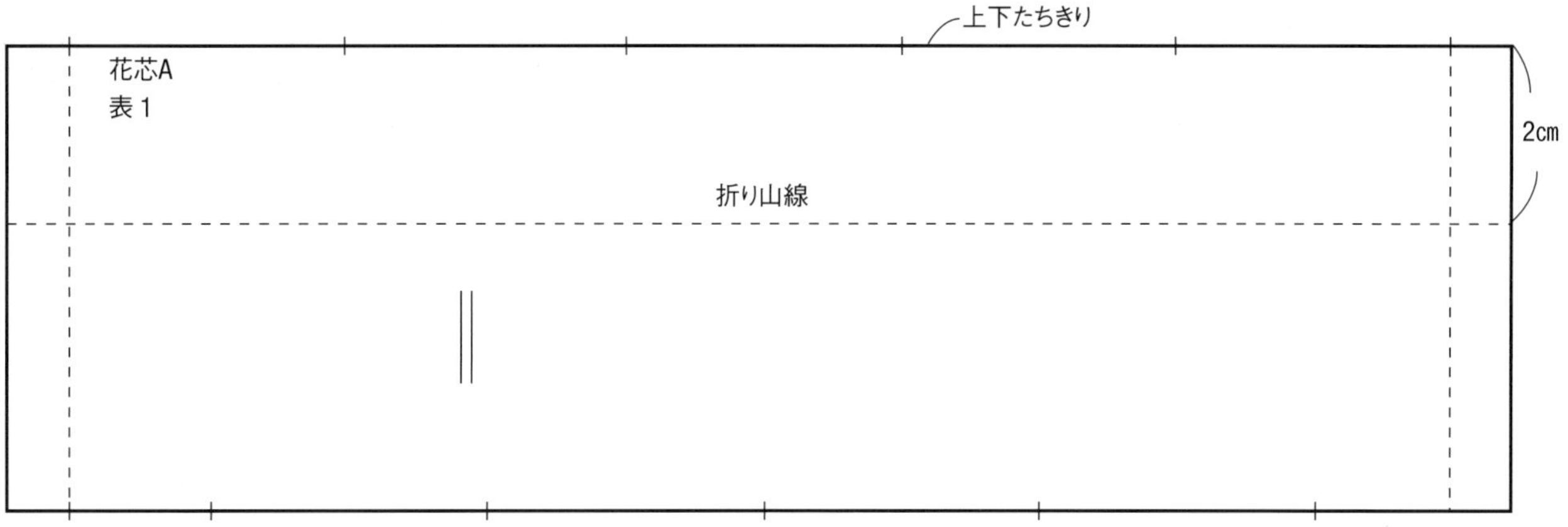

実物大型紙

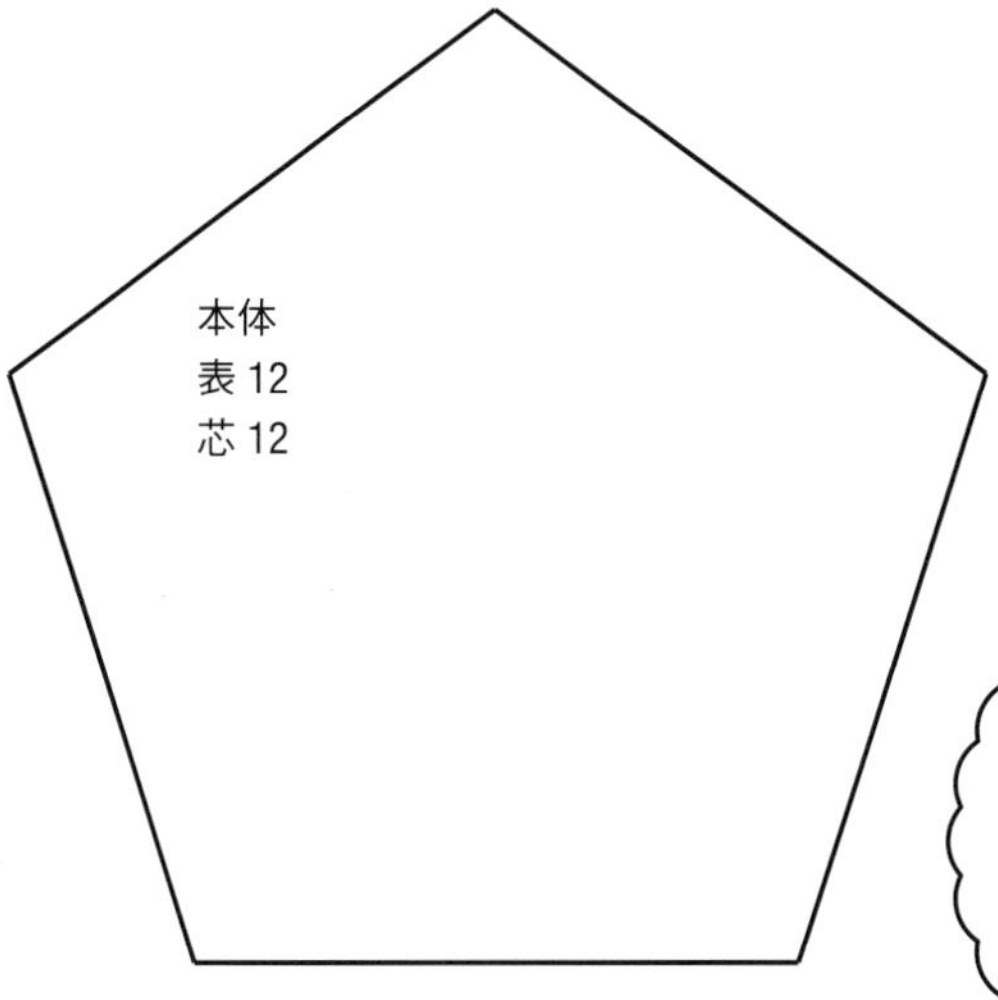

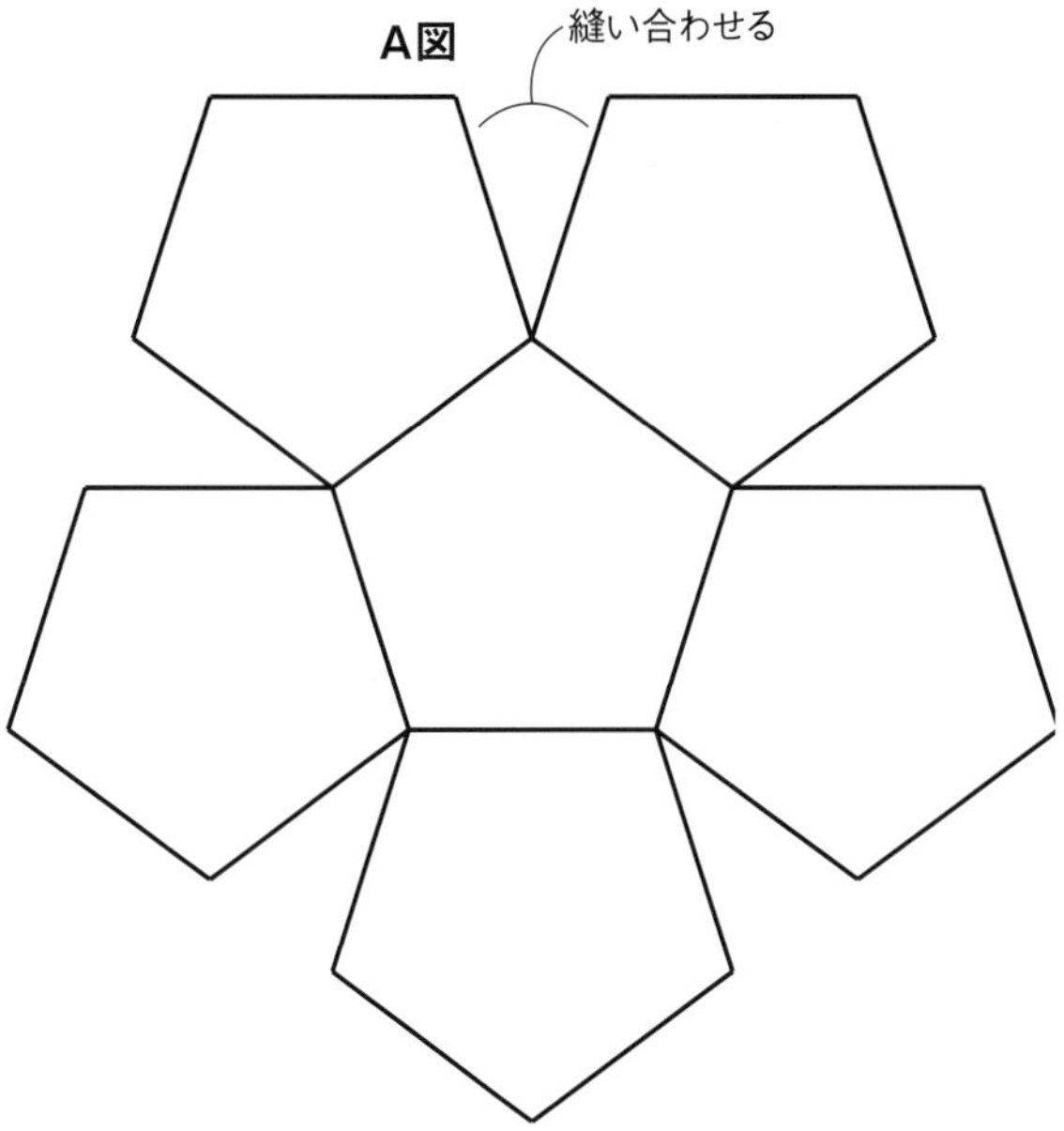

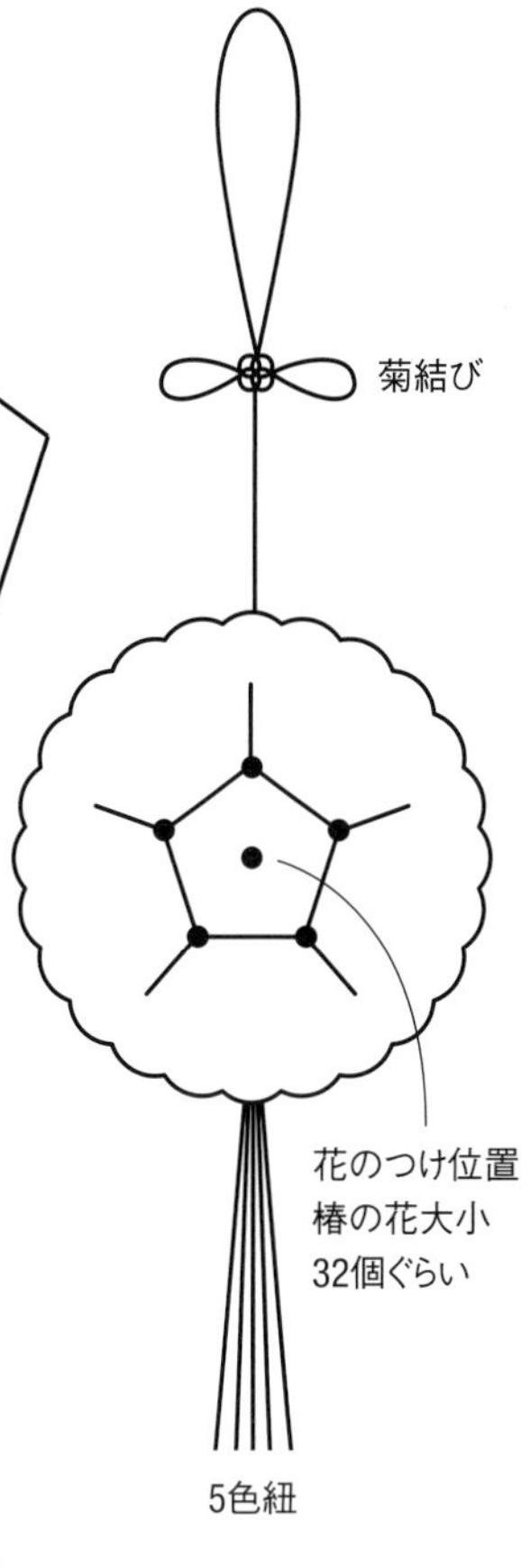

No.19

作品
P.33

くす玉

材料（くす玉）

縮緬無地、柄
その他着物地
接着芯
化繊綿
打ち紐
太さ0.2cm×2m=5色
太さ0.35cm×150cm
胴裏地

作り方（くす玉）

❶一辺が4cmの五角形をA図の様に縫い2組作る
❷2組を合わせて球体を作る。一辺開けておく。表に返して化繊綿を詰める。
❸本体の五角形の角と五角形の中央にバランス良く椿の花をつける。

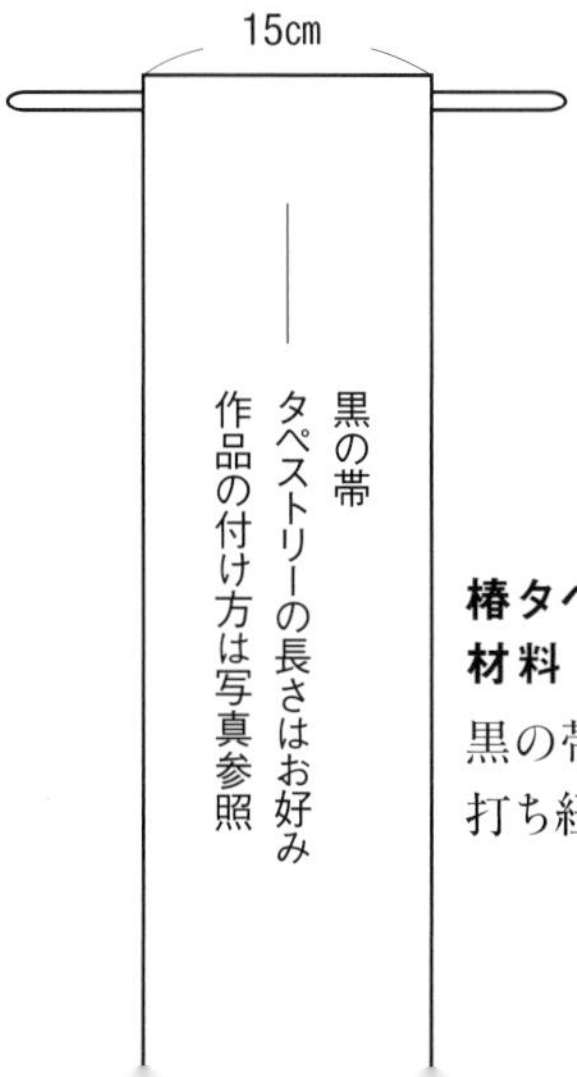

椿タペストリー仕上げ
材料

黒の帯210cm
打ち紐太さ0.35cm×4m

実物大型紙

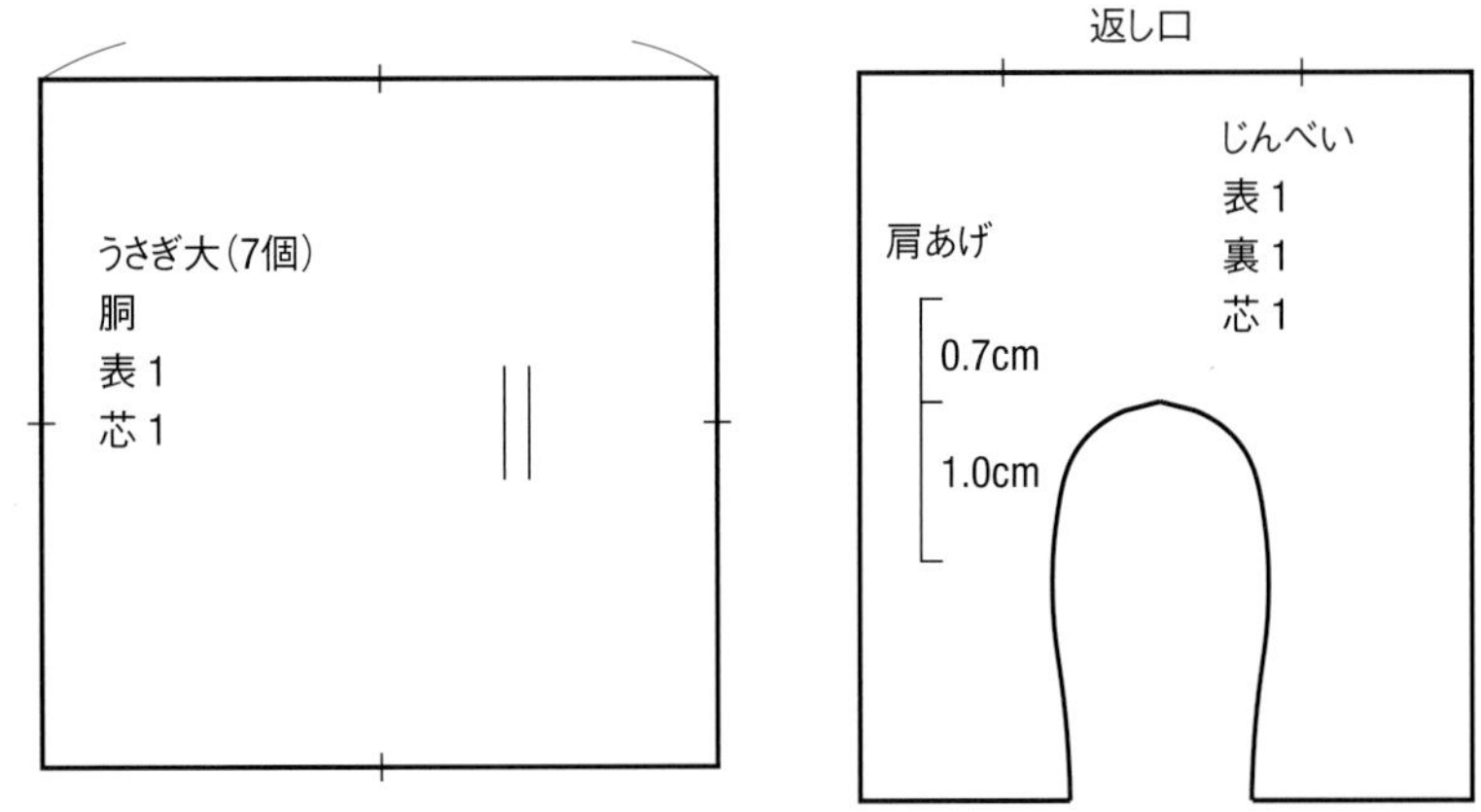

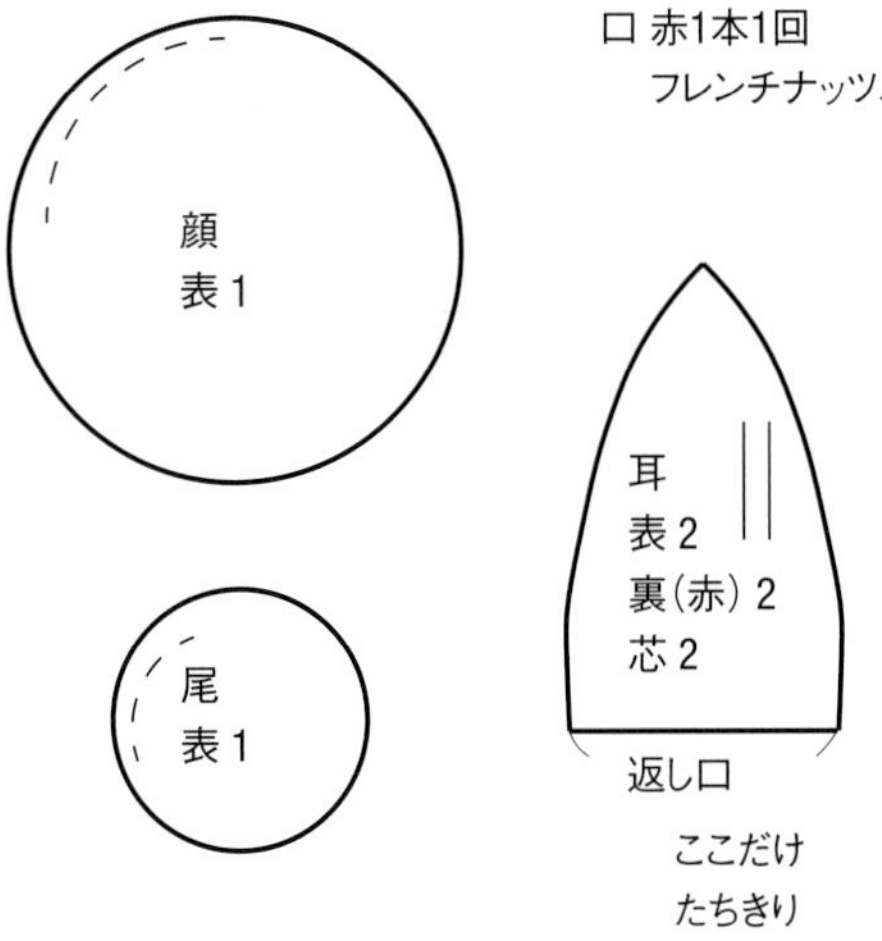

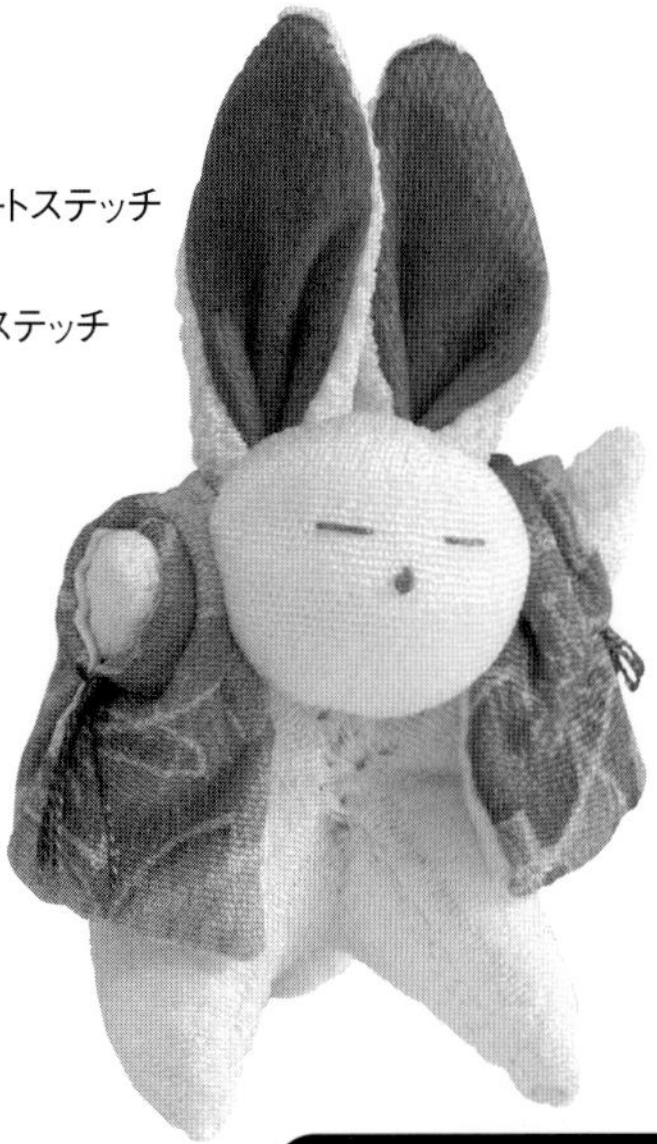

出来上がりの形

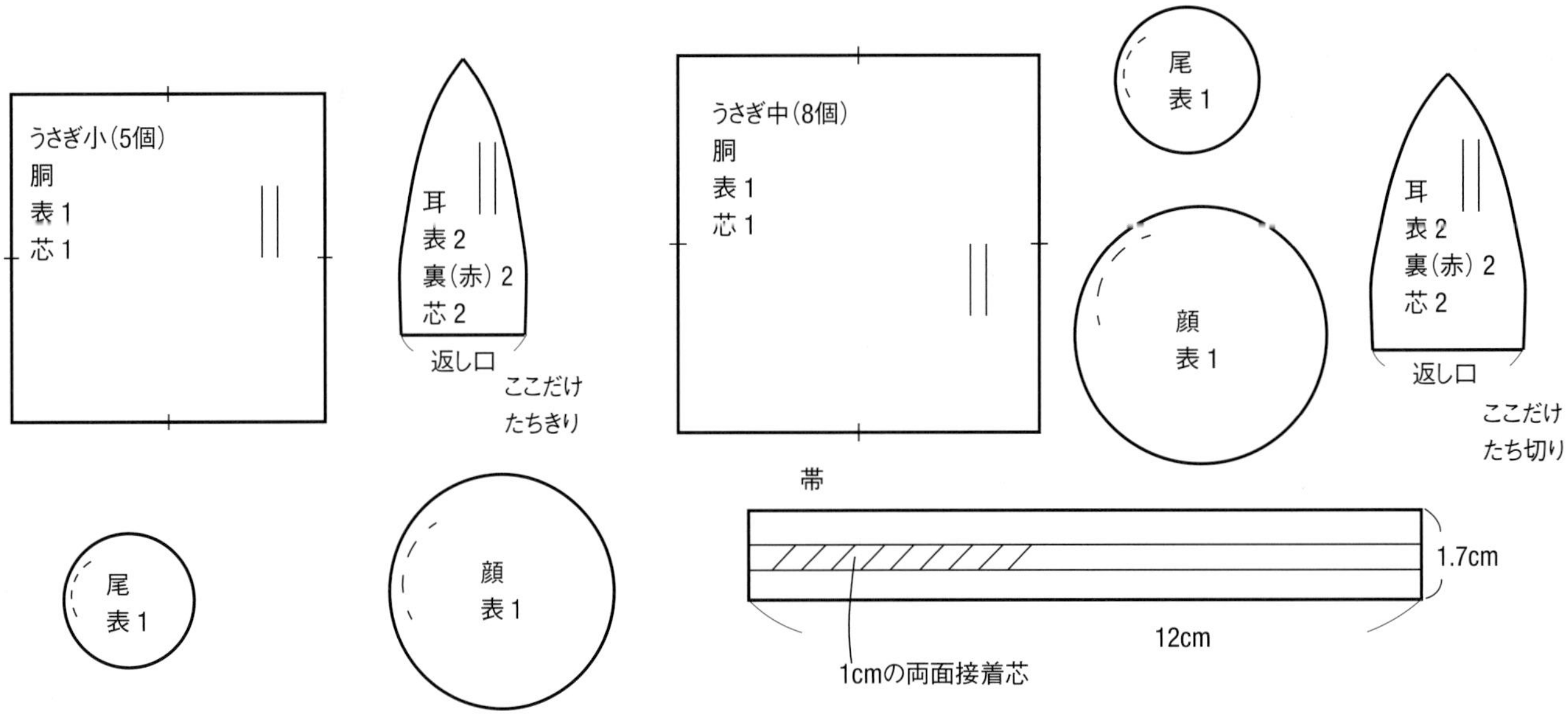

No.20

作品 *P.34*

傘福

材料（傘 直径30cm）

縮緬無地、柄／その他着物地／接着芯／化繊綿／打ち紐（極細）／ウッドビーズTOHO　R-5-3レッド／帯地／傘の台（なければ糸巻きを使う）

作り方（うさぎ）

❶布を中表に合わせ、胴の四隅を縫い合わせる（返し口は残す）。

❷表に返して化繊綿を詰め返し口をまつる。顔と尾をつける。

作り方（じんべい）

❶表布と裏布を中表に合わせ、返し口を残して縫い合わせる。

❷表に返し返し口をくける。

❸肩あげを縫う。

作り方（花、葉）

❶花弁布の周りをぐし縫いして絞る。
❷葉布を三角に2回折り、ぐし縫いして絞り❶の花弁の裏にしつけする。
❸がく布の周りを縫い絞り、花弁と葉をくるみまつり紓け。
❹花芯布の周りをぐし縫いして化繊綿を詰め絞り、花の中央にまつり紓け。

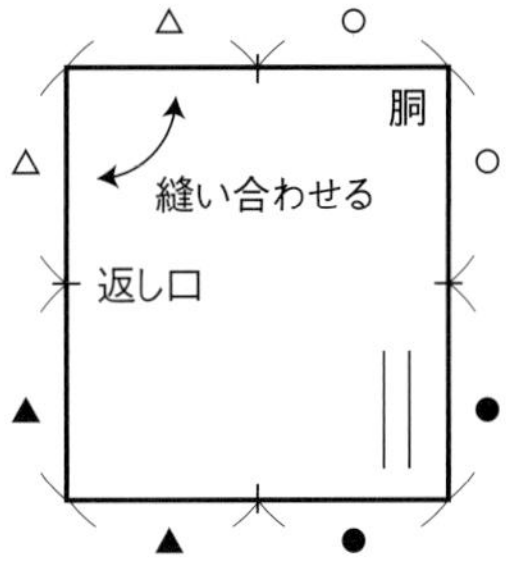

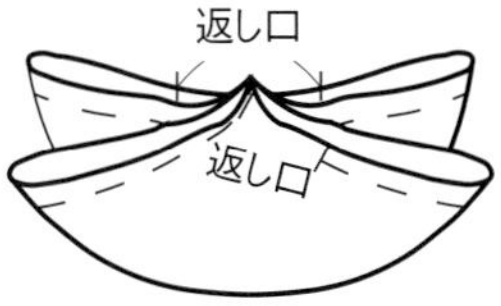

仕上げ

❶極細紐
22cm（花）＝14本
18cm（うさぎ）＝14本
傘の骨に付ける。
ウッドビーズを通す。
❷紐をひと結びにして花、うさぎを付ける。
❸傘の骨全部に長短を付け、好みの作品を下げる。

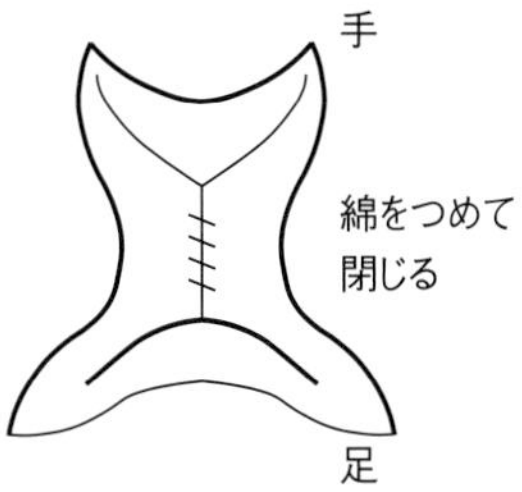

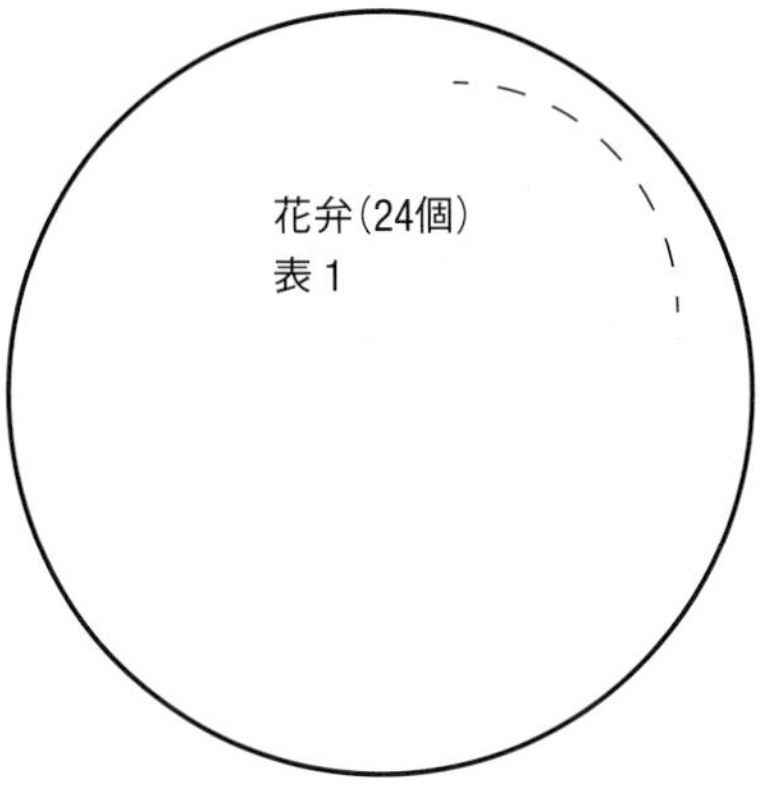

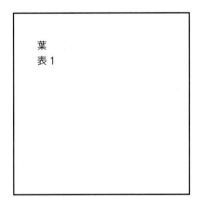

たちきり

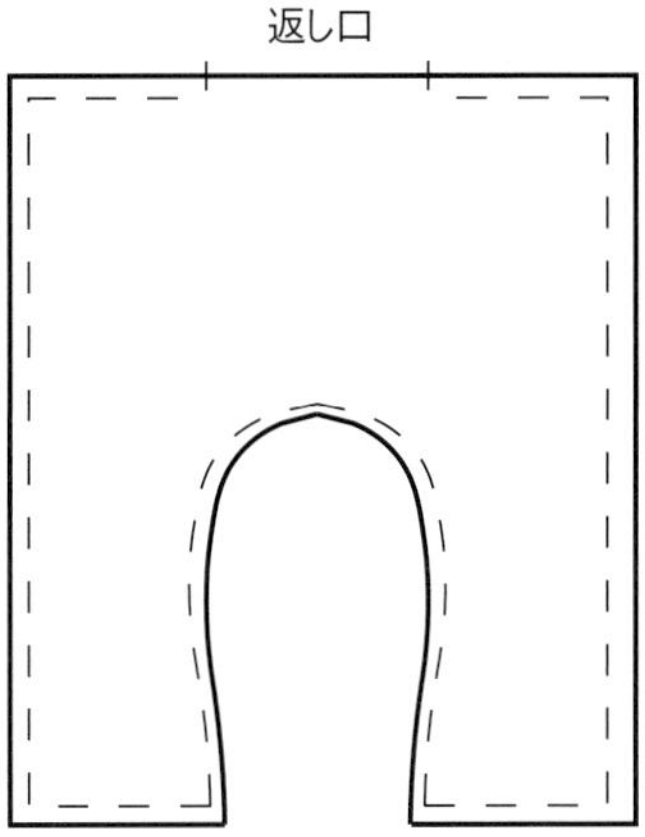

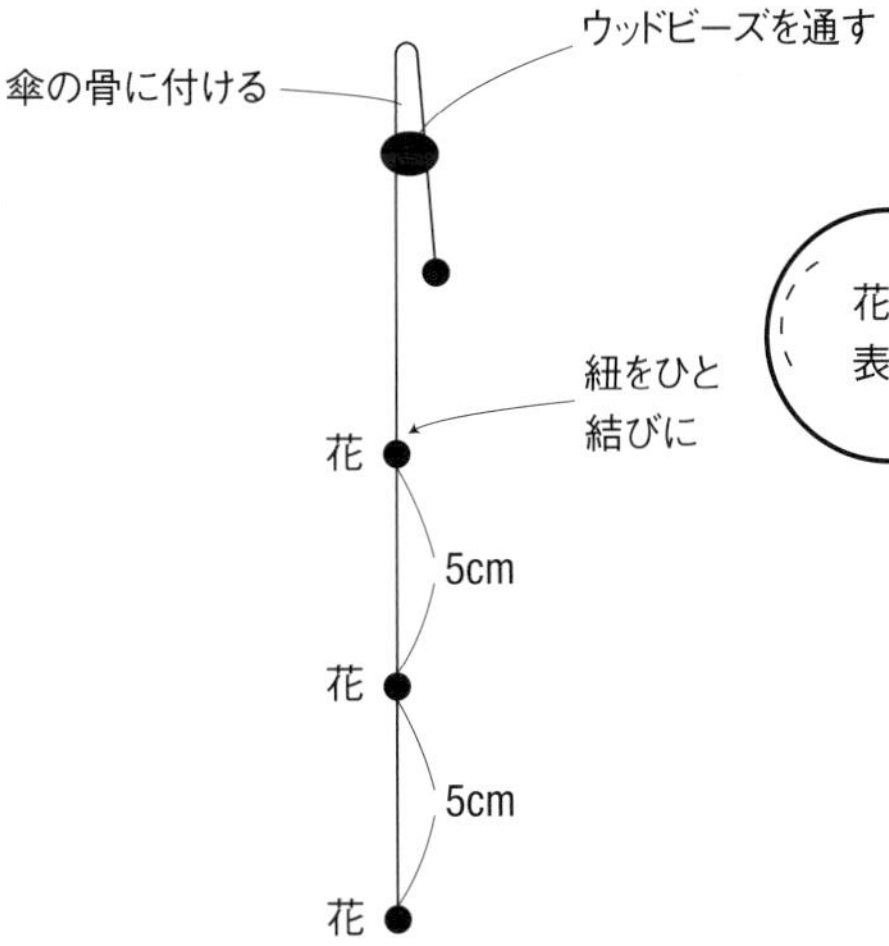

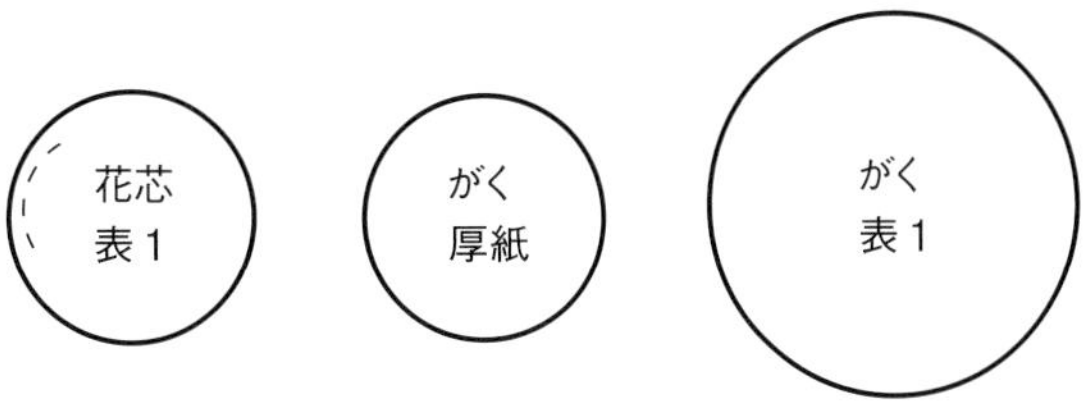

じんべい

❶表布と裏布を中表に合わせ、裾側を縫い合わせる。
❷脇を縫い衿ぐりを縫って表に返し返し口をくける。
❸表、裏布の前裾、後裾を縫う。

葉の作り方

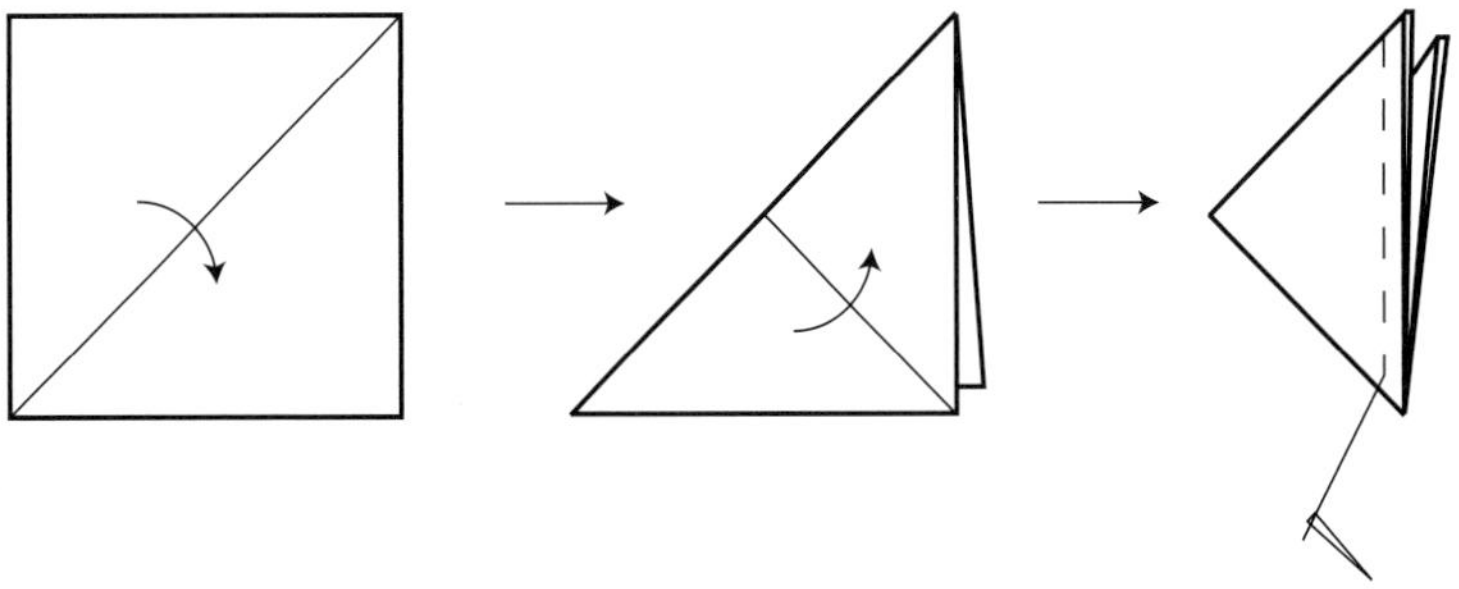

実物大型紙

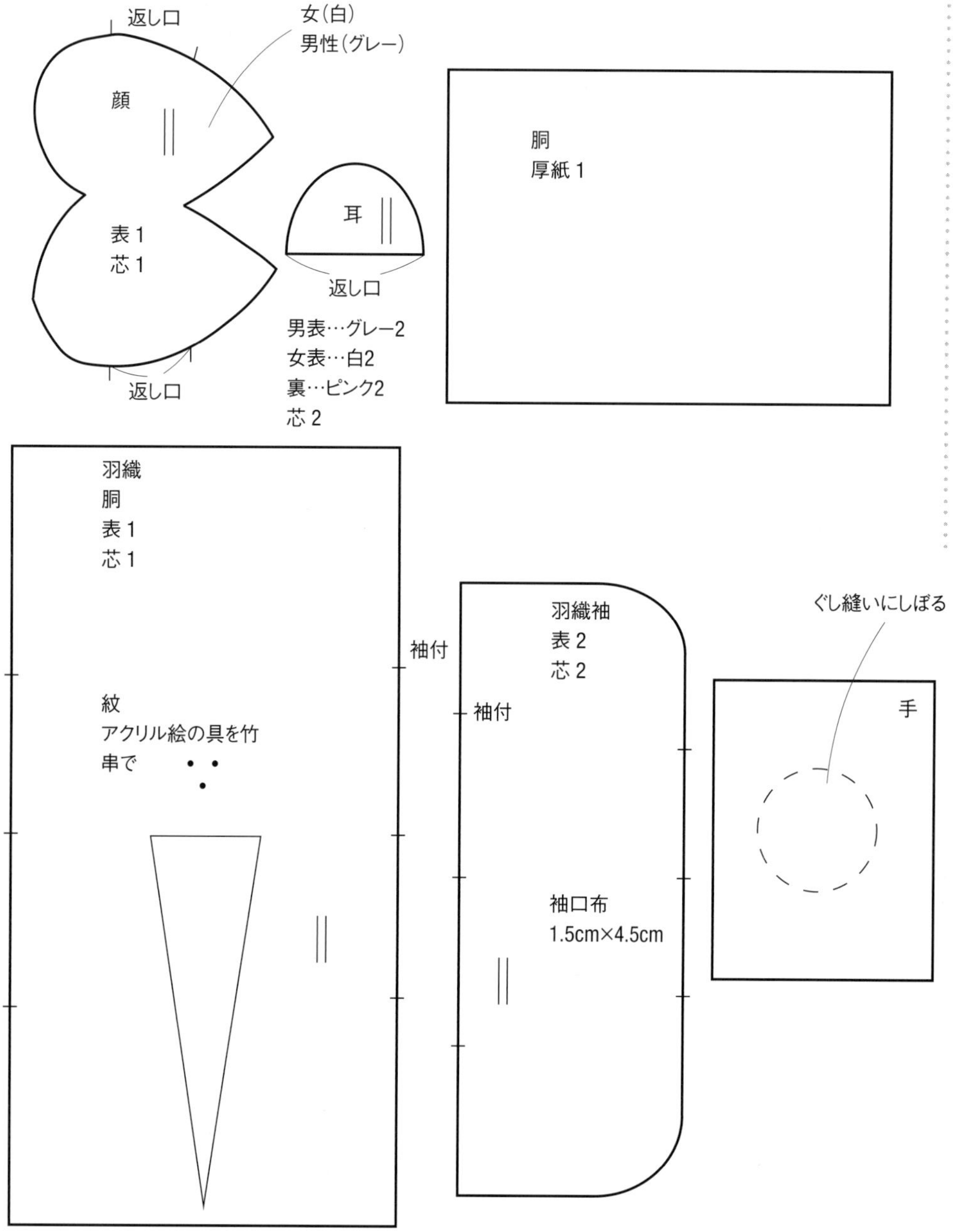

No.21

作品 P.36

ねずみの嫁入り

材料

縮緬無地、柄／その他着物地／接着芯／胴裏地／化繊綿／打ち紐／丸大ビーズ赤(目)／丸小ビーズ赤(鼻)／ワイヤー＃20、＃22、＃26／粘土／厚紙

材料(提灯)

和紙／アクリル絵の具／竹串／割り箸／スチボール2cm

出来上がりの形

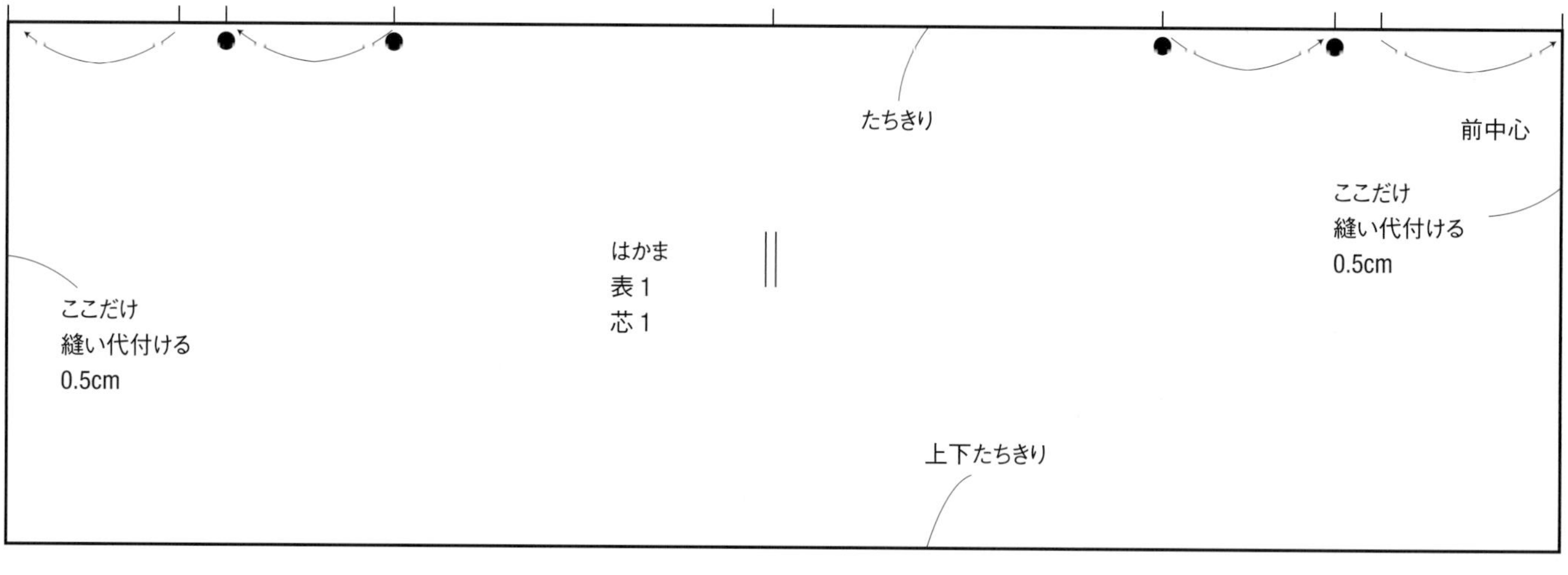

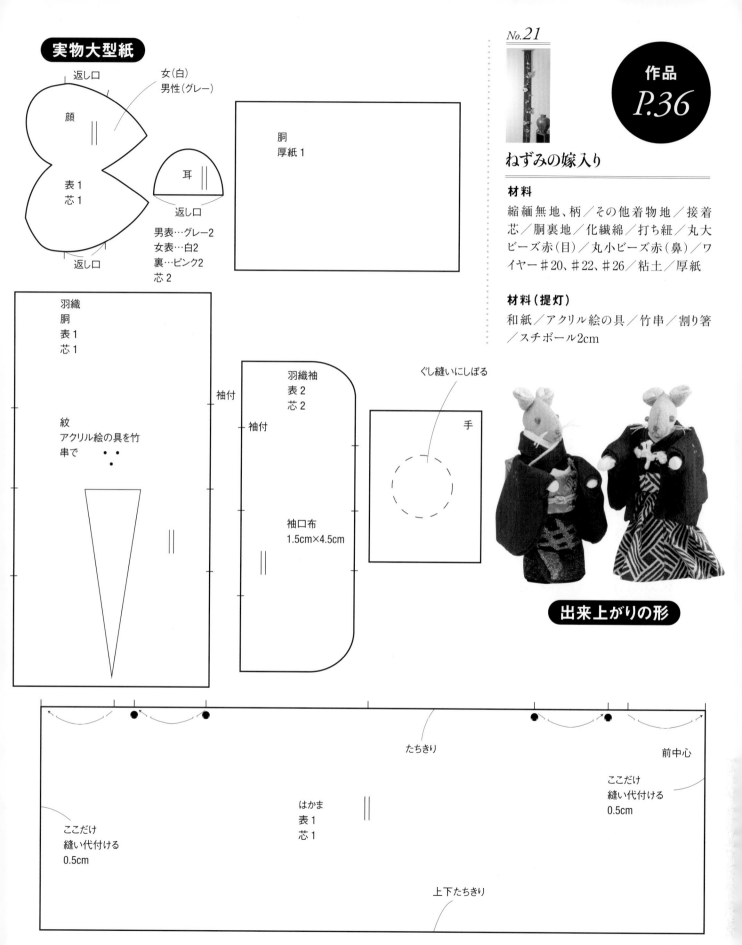

作り方（着付）

❶顔にボンドを付けた竹串を差し込み胴に付ける。

❷脱脂綿で首周り補正し、衿を着せ、着物を着せる。

❸裾除けを付ける。(A図)

❹はかまは腰回りをぐし縫いして着せる。はかま紐三つ折りにしてボンドで貼る。

❺羽織を着せる。

裾除け

裾0.5cm折って胴下に貼る。(両面テープ使用)

絞り底に付ける

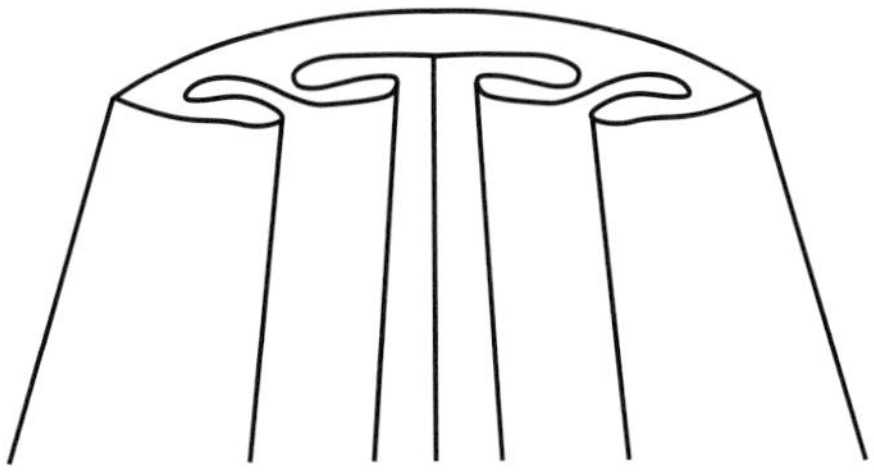

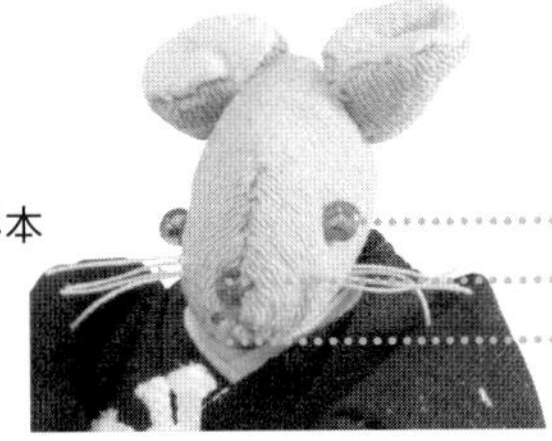

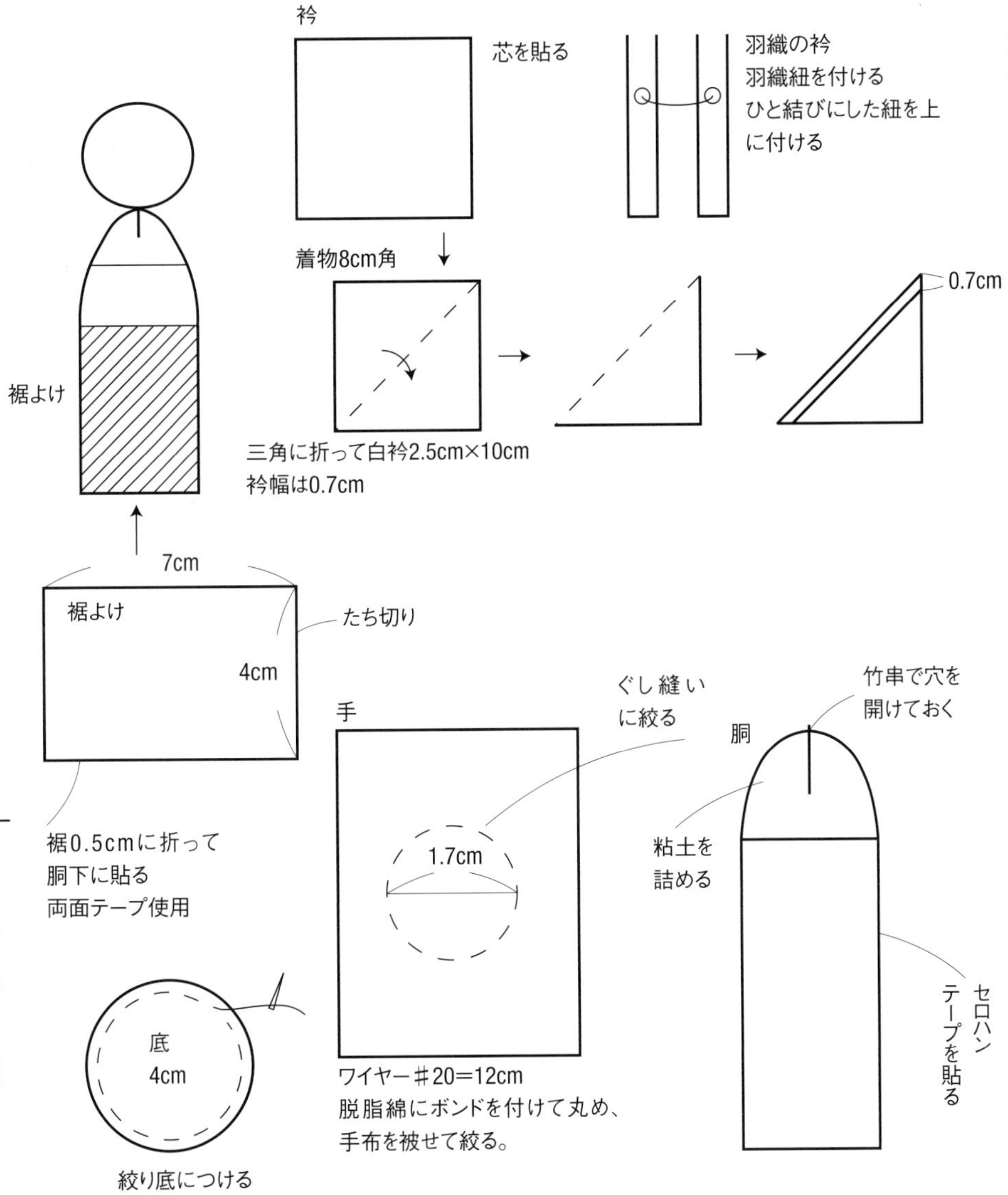

作り方（顔）

❶顔布を半分に折り、返し口を残して周りを縫い、表に返して化繊綿を詰める。

❷耳布を縫い返し口を絎ける。少し縮めて顔に付ける。

❸顔の表情をつける。

口 2本フライステッチ

目 丸大赤ビーズ

鼻 丸小赤ビーズ

ヒゲ キルト糸4本

作り方（胴）

❶厚紙を輪にしてセロハンテープを貼り、粘土を詰める。

竹串で穴を開けておく。

作り方（羽織）

❶袖口布を付ける。

❷衿付（裾アイロンで折っておく）。

❸袖付（縫い代は袖側）。

❹袖付のとめ。

❺脇縫い。

❻袖口のとめ。袖下縫い。

作り方（手）

❶ワイヤー＃20＝12cm

脱脂綿にボンドを付けて丸める。

手布を被せて絞る。

作り方（はかま）

❶はかま布を輪に縫う(縫い目が前中央になる)。

❷はかま丈が5cmになる様に裾を折る(両面接着芯使用)。

❸ひだをとる。

❹紐2cm×14cm(たちきり)を三つ折り。(両面接着芯使用)前飾り紐

作り方（衿）

❶着物8cm角

三角に折って、表側に衿幅0.7cmになる様にもう一度折る。

❷白衿2.5cm×10cm(両面テープ使用)

実物大型紙

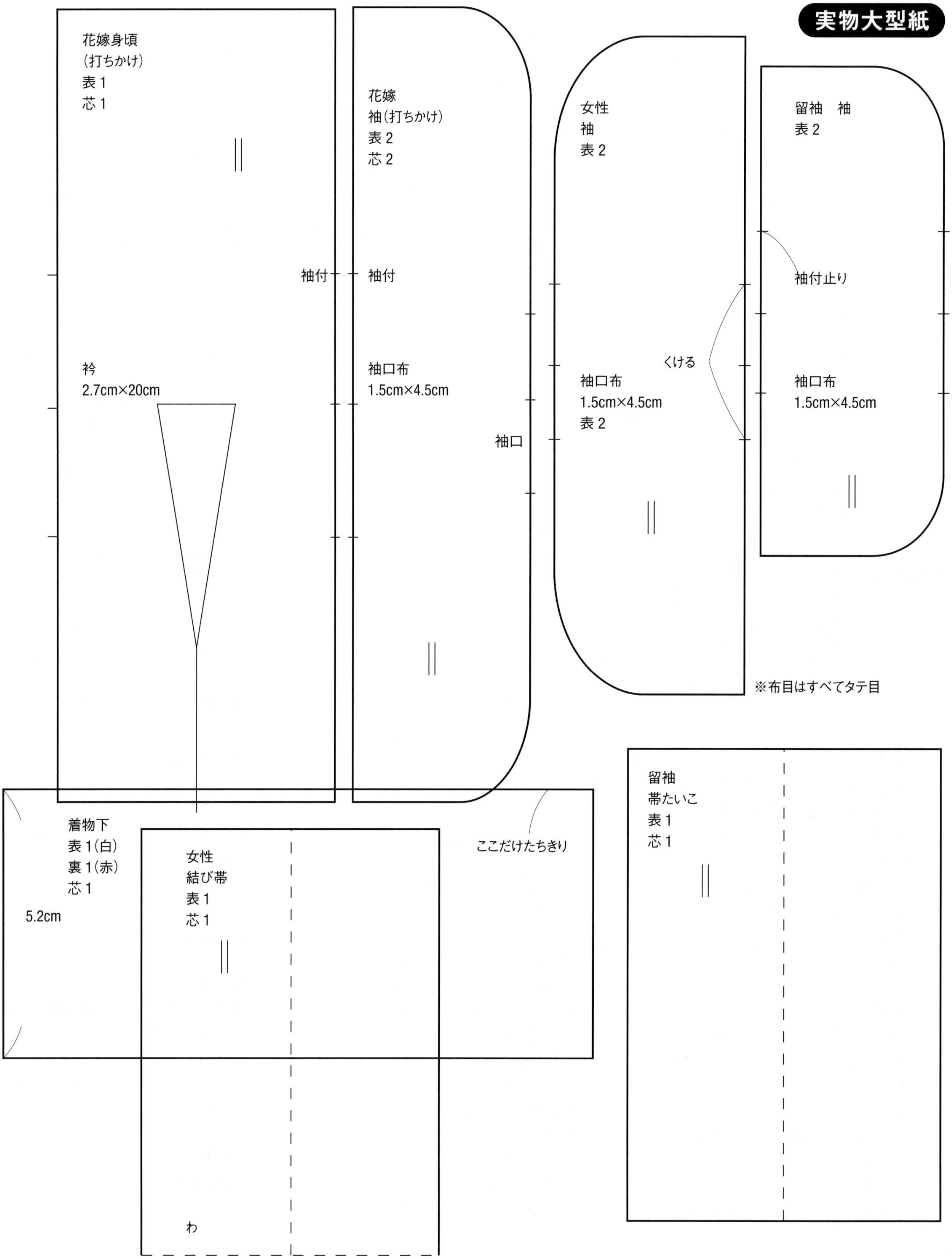

花嫁身頃
(打ちかけ)
表1
芯1
袖付
衿
2.7cm×20cm
花嫁
袖(打ちかけ)
表2
芯2
袖付
袖口布
1.5cm×4.5cm
袖口
女性
袖
表2
くける
袖口布
1.5cm×4.5cm
表2
留袖　袖
表2
袖付止り
袖口布
1.5cm×4.5cm
※布目はすべてタテ目
着物下
表1(白)
裏1(赤)
芯1
5.2cm
ここだけたちきり
女性
結び帯
表1
芯1
わ
留袖
帯たいこ
表1
芯1

実物大型紙

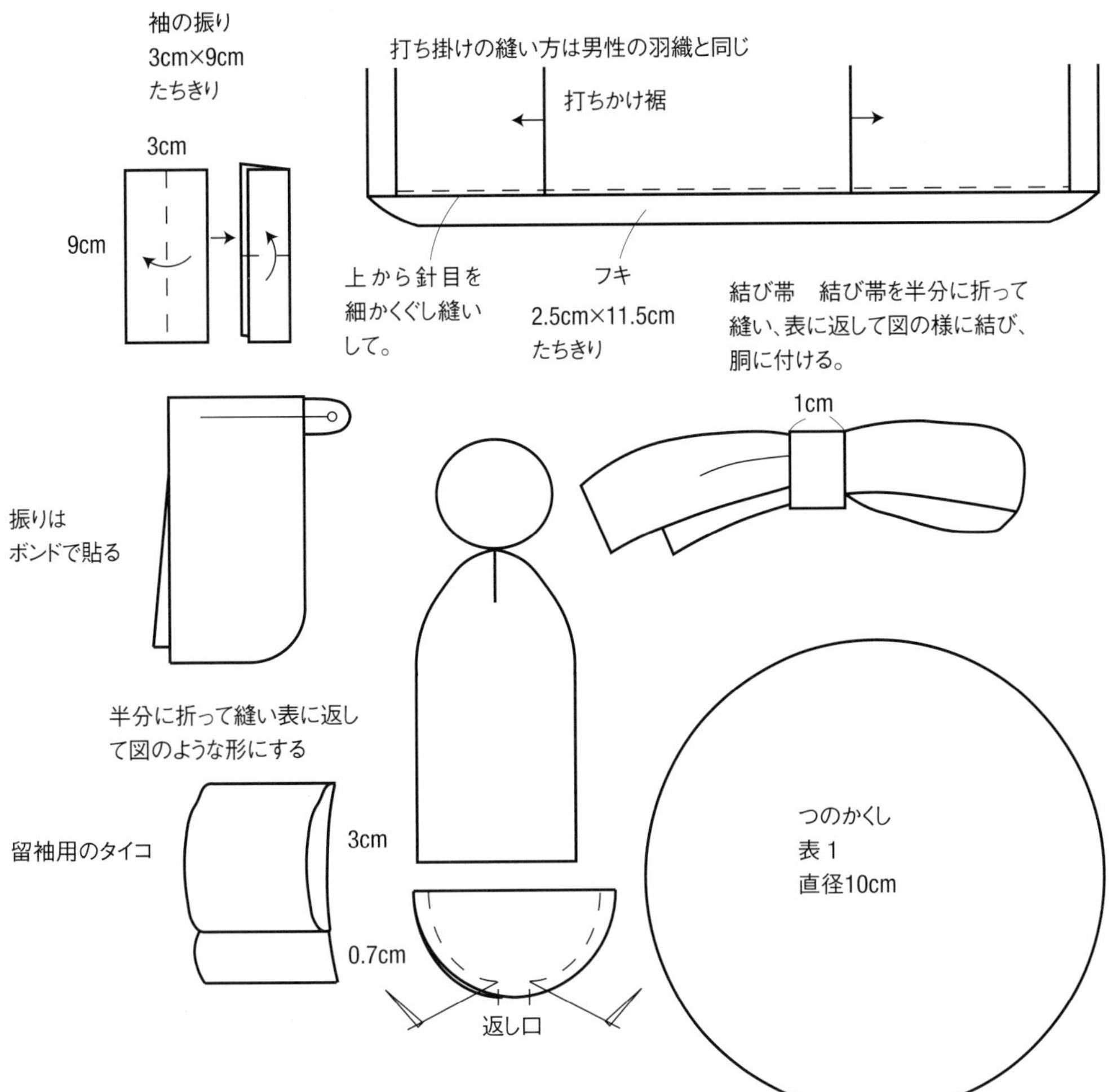

帯あげ
花嫁2cm×10cm
女性1.5cm×8cm

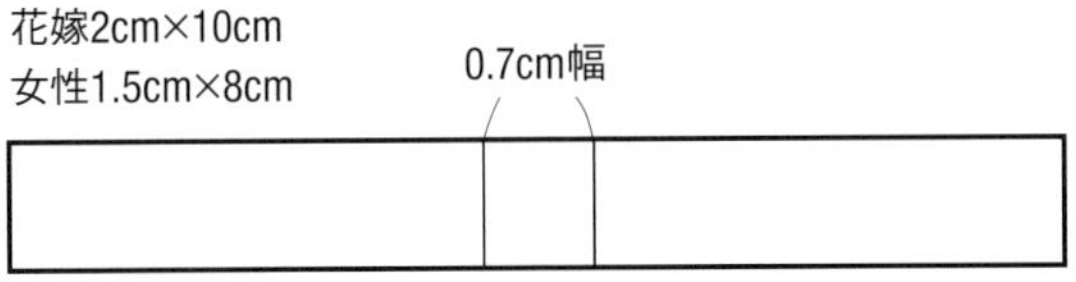

仕上げ

男性と同じように衿、着物、裾除け、着物下を付け、前帯、帯締め、帯上げ、打ちかけを着せる。

結び帯

結び帯を半分に折って縫い、表に返して図の様に結び、胴に付ける。

前帯

4cm×11cmたちきり(出来上がり1.7cmに折る)。

帯締

打ち紐太さ0.1cm×20cm(金)。留袖用

打ち紐太さ0.1cm×20cm(配色の良い色)。

帯上げ

1.5cm×8cm(たちきり)。白、留袖用

三つ折りにして中央でひと結び。

女性用

2.5cm×5cmたちきり。出来上がり幅1cm

仕上げ(花嫁、女性共通)

❶顔、耳を縫い竹串を図の様にし胴、頭を差し込む(ボンド使用)。

❷底布4cm円に縫い代を付けてもみ布を裁ち、ぐし縫いして絞る。

❸裾除けを縫い、胴に着せる(両面接着芯使用)。

❹首に脱脂綿を巻いて白衿(白もみ)に芯を貼り、三角に折り着せる。

❺着物下を縫い胴に着せる。

❻着物を着せる。

❼前帯を三つ折りし胴に付ける。結び帯を縫い着付け。

❽袖を縫い付ける(手も)。

材料(花嫁)

衿7cm角(たちきり)／着物8cm角(たちきり)／色衿(赤)2.5cm×10cm角(たちきり)／裾除け(赤)11cm角(たちきり)

前帯4cm×11cm(表1、芯1)たちきり(出来上がり幅2cm)／両面接着芯使用、出来上がりに折るだけ／帯締め　打ち紐0.1cm×18cm／帯上げ2cm×10cm両面接着芯使用／つのかくし(白胴裏地)

作り方(花嫁 打ち掛)

❶打ちかけの縫い方は男性の羽織と同じ。

❷花嫁は裾フキを付ける。

❸脇縫いをしてから裾フキを付け、残りの衿を縫い、絎ける。

❹上から針目を細かくぐし縫いして。

作り方(花嫁 帯上げ)

❶2cm×10cmの布を三つ折りする(両面接着芯使用)。

仕上げ(花嫁 つのかくし)

❶つのかくし布を半分に折り、ぐし縫いして絞る。

❷表に返して返し口をぐし縫いして絞る。

❸頭に付ける。

作り方(花嫁 留袖用のタイコ)

❶半分に折って縫い表に返して図のような形にする

作り方(女性 袖)

❶袖口布を半分に折り、袖口に付ける。

❷袖のとめをして袖下を縫う。

❸縦半分に折り、もう一度折って袖に付ける(ボンド使用)。

袖の振り

3cm×9cm=2枚

たちきり

作り方(女性 手)

❶共通P89参照

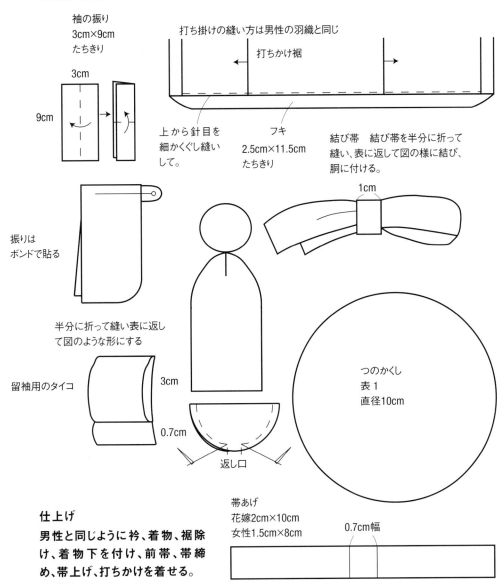

実物大型紙

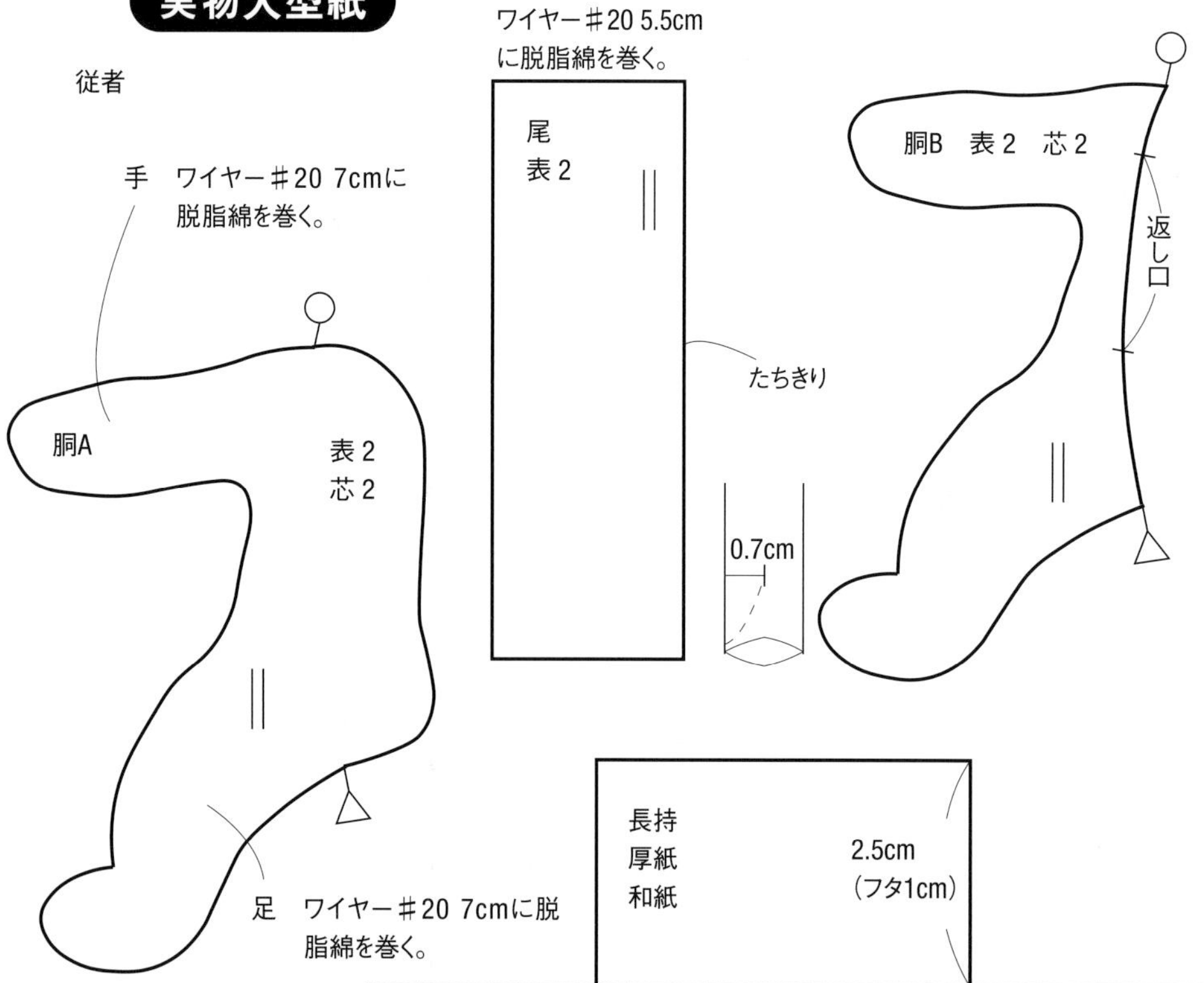

材料（従者）

縮緬無地、柄／その他着物地／接着芯／胴裏地／化繊綿／打ち紐／丸大ビーズ赤(目)／丸小ビーズ赤(鼻)／ワイヤー＃20、＃22、＃26／粘土／厚紙／割り箸／竹串／スチボール2cm(提灯)／和紙／アクリル絵の具

材料（手）

ワイヤー＃20 7cmに脱脂綿を巻く。

材料（足）

ワイヤー＃20 7cmに脱脂綿を巻く。

材料（尾＝表）

ワイヤー＃20 5.5cmに脱脂綿を巻く。

材料（衿）

2,7cm×13cm 出来上がり衿幅0.7cmたちきり

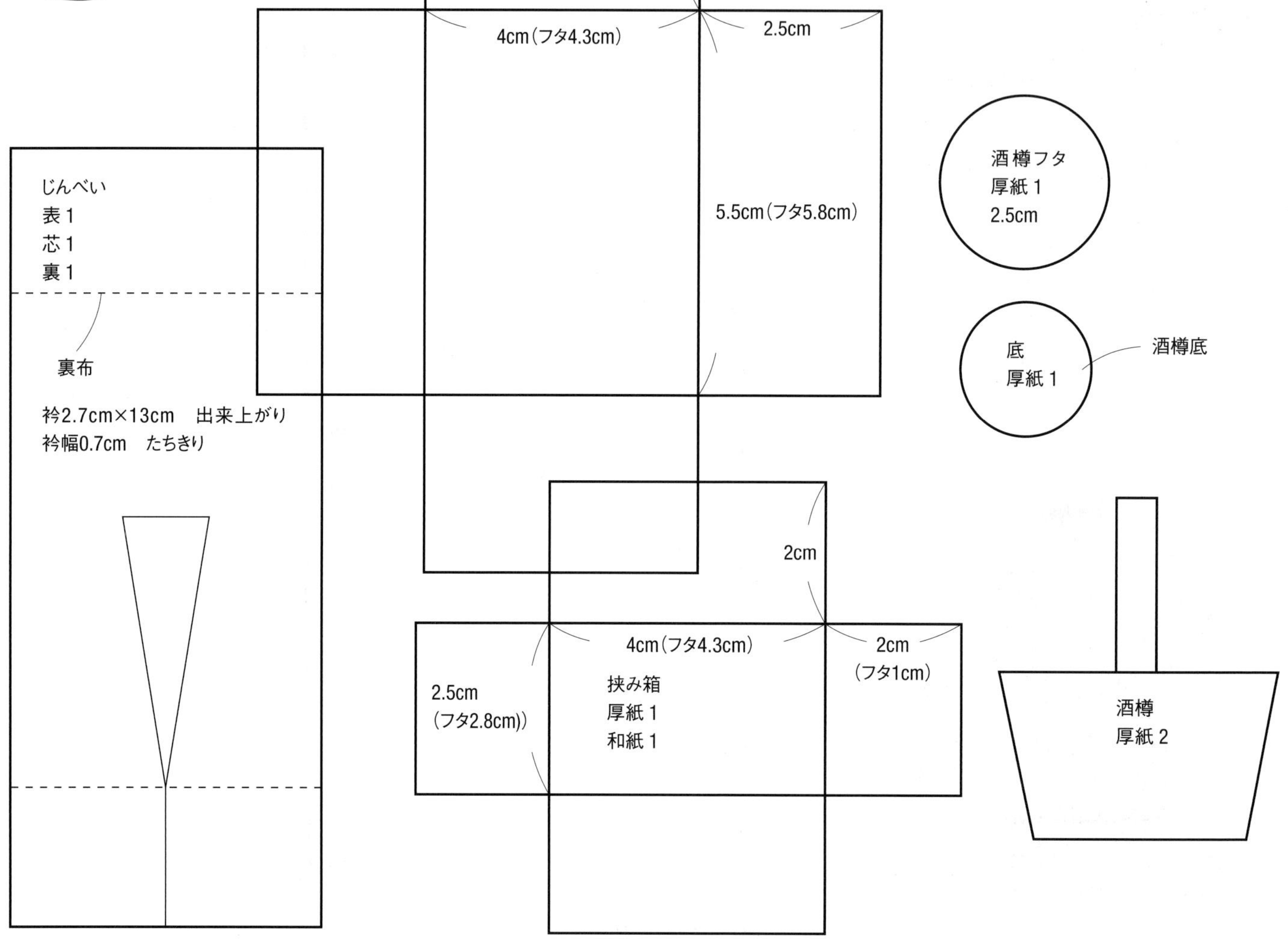

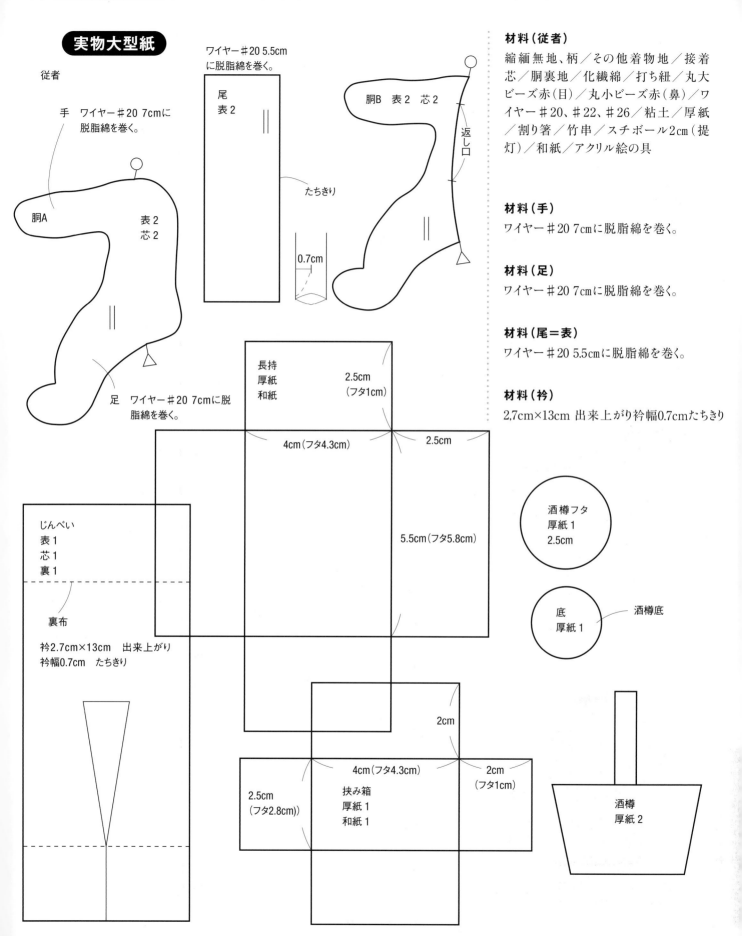

材料（酒樽）

ワイヤー＃22
ワイヤー＃26
和紙を貼って彩色。
ワイヤー＃26をねじる（黒に彩色）

仕上げ

❶胴に顔、尾を付けてじんべいを着せる。
❷それぞれ小道具を持たせる。
❸男性の羽織、留袖には竹串を使って紋を付ける（点3つ）。白アクリル絵の具で

※長持…衣類、布団などを入れておく長方形の箱。
※挟み箱…昔、着替えの衣類を入れ、棒を通して供の者に担がせた箱。

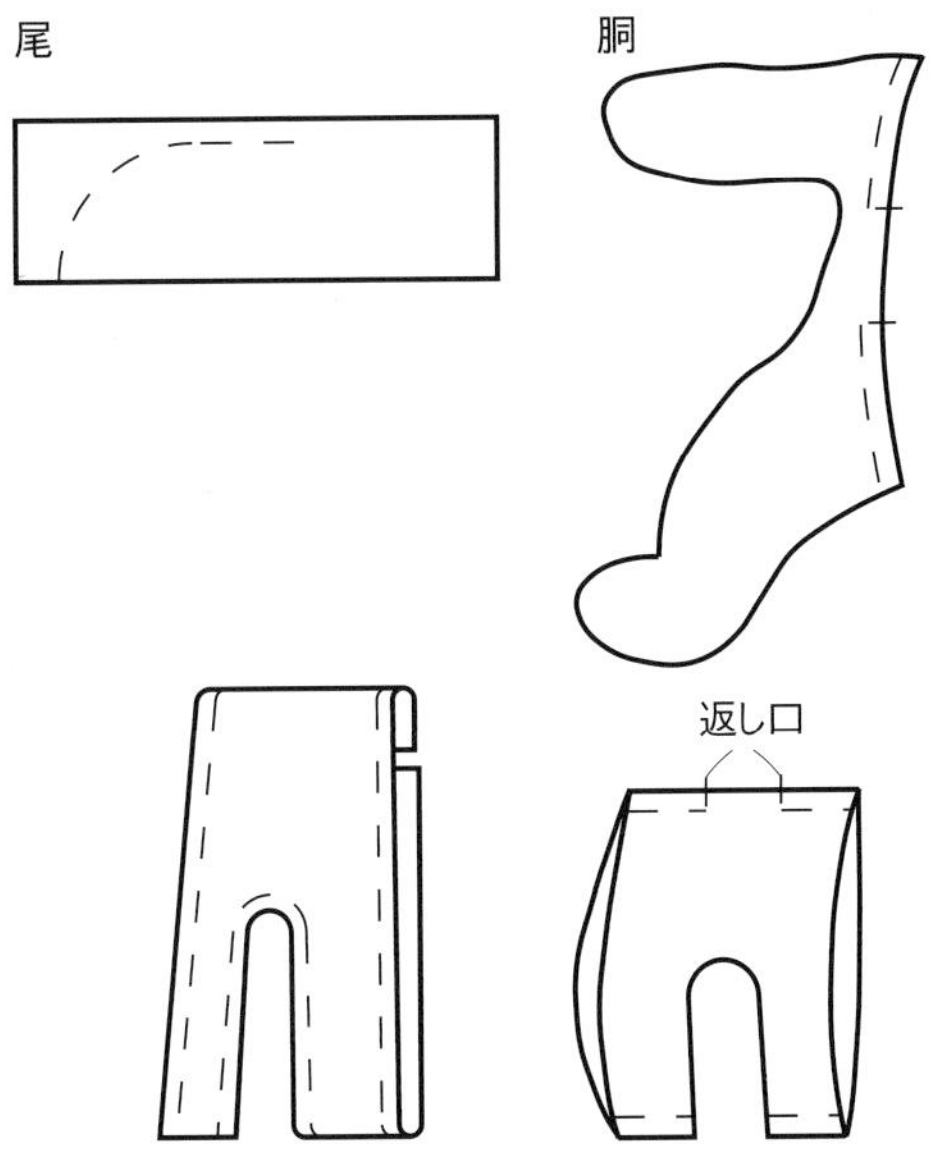

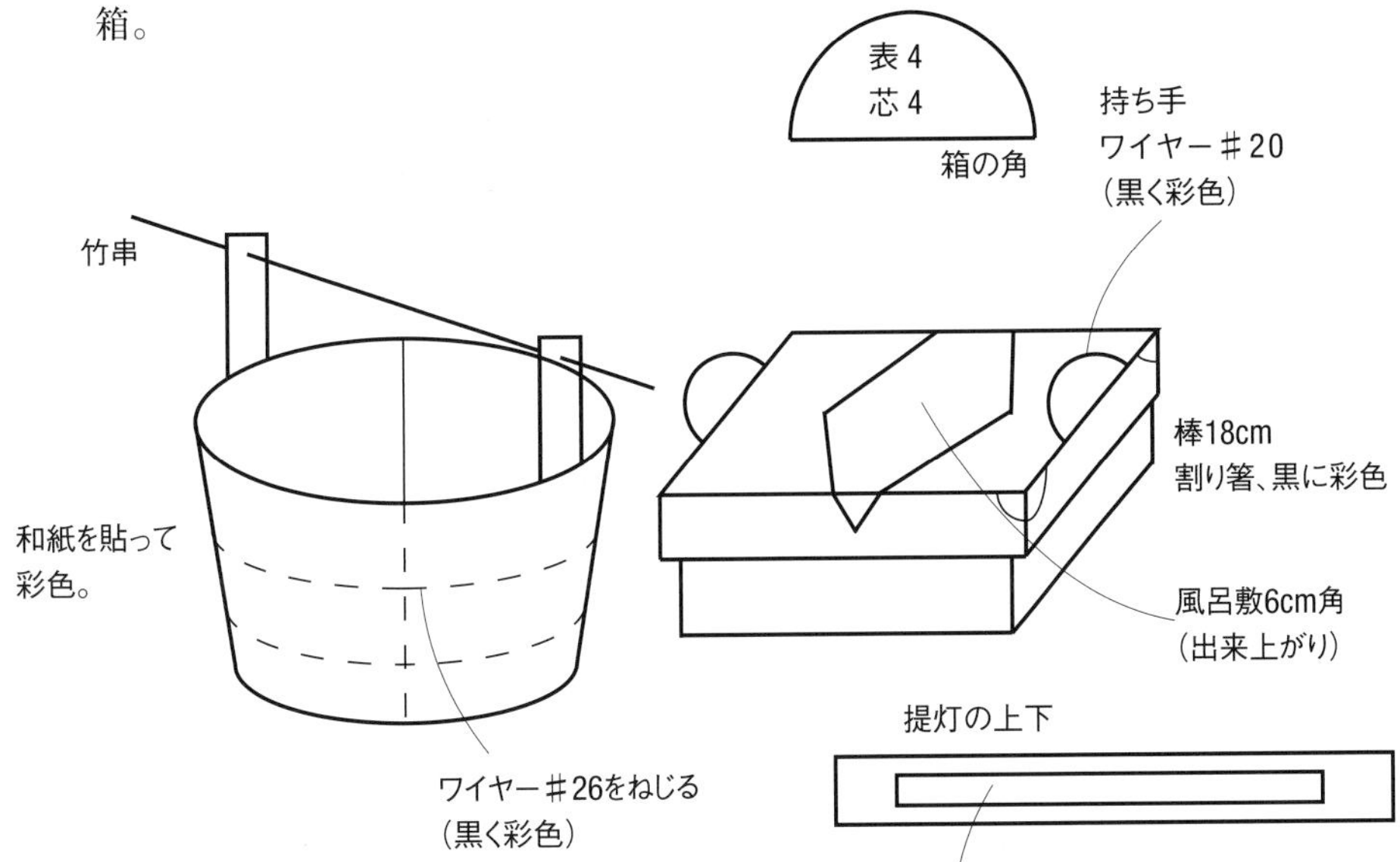

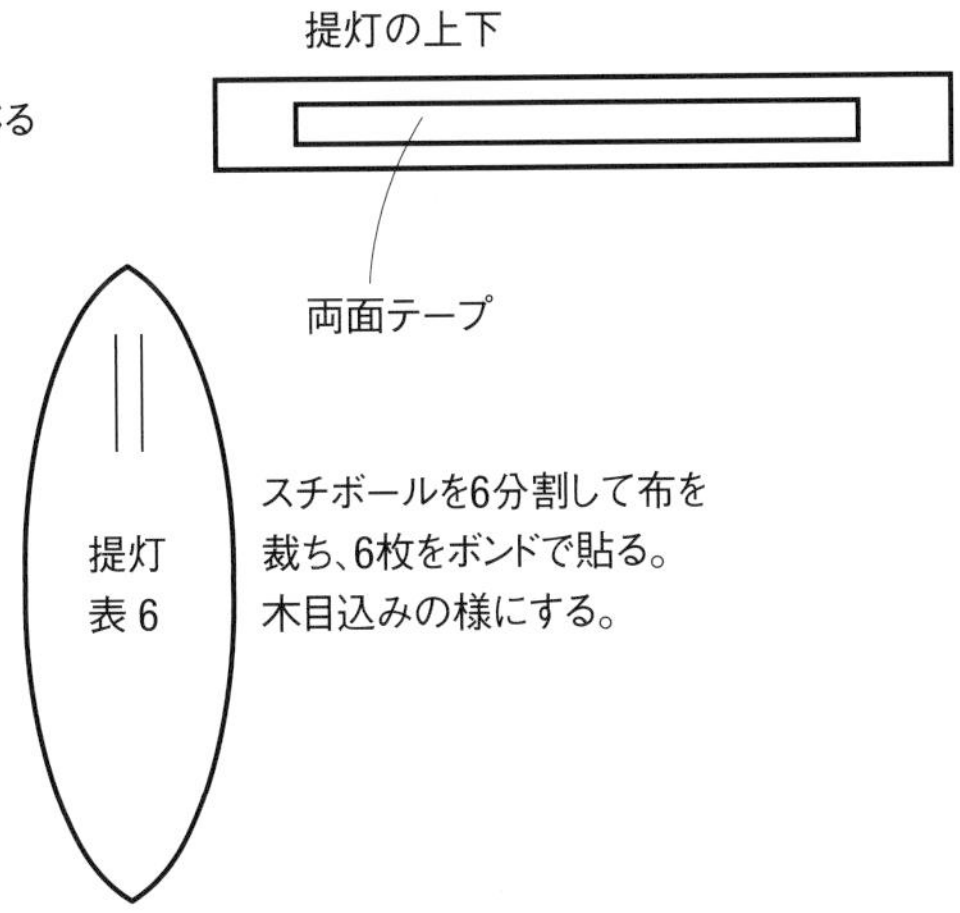

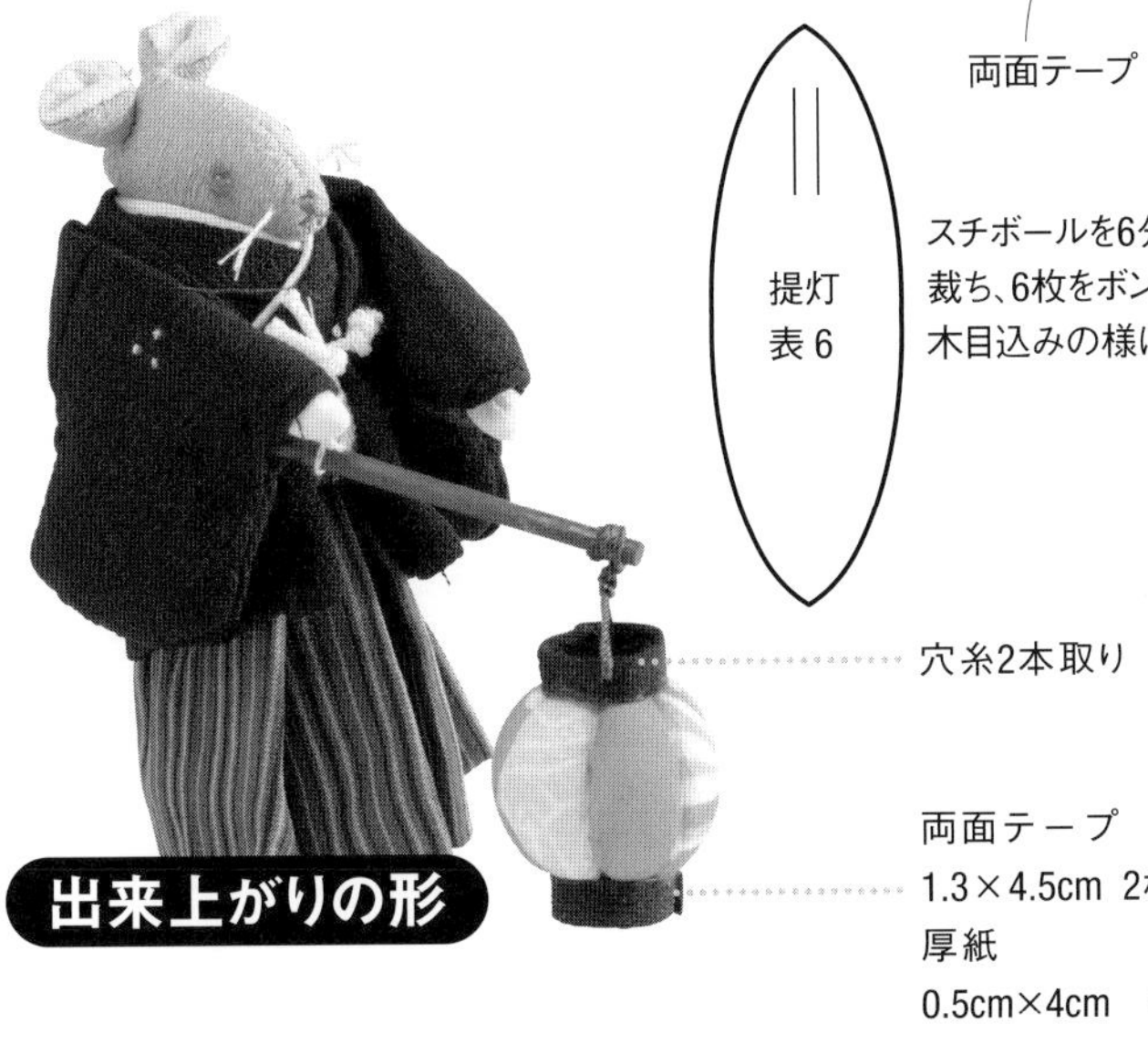

作り方（従者 顔）

❶P88共通参照

作り方（従者 胴）

❶胴布Aの背を合印○～△まで縫う。
❷胴Bのお腹を縫い、胴Aと合わせて手足を縫い、返し口より表に返して化繊綿を詰める（脱脂綿を巻いて、手に入れておく）。
❸尾布を半分に折り、尾の先を縫い、表に返して脱脂綿を巻いたワイヤーを入れる。残りは絎ける。
❹足も手と同じくワイヤーを入れる。

作り方（じんべい）

❶甚平表裏布の前裾、後裾を縫う。（P87参照）

材料（長持 挟み箱）

箱の角（たちきり）
ワイヤー＃20 5cm（黒く彩色）
風呂敷6cm角（出来上がり）。
棒18cm、割り箸、黒に彩色。

作り方（長持 挟み箱）

❶厚紙で箱を作り和紙を貼ってアクリル絵の具で彩色。
❷箱のフタ（数字は型紙参照）も作り方同じ。
❸風呂敷布を7cm角に切って端を0.5cm折る（両面接着芯使用）。長持の上に貼る。
❹ワイヤー＃20をフタに差し込み持ち手にする。

材料（提灯）

スチボール2cm
穴糸2本取り
厚紙　0.5cm×4cm　表布
両面テープ
表布　1.3×4.5cm　2枚

作り方（提灯）

❶P60参照

No.22

作品 P.38

花ととり

材料（花ととり）

縮緬無地、柄
その他着物地
接着芯
化繊綿
市販の吊り台or木の枝
極細紐15cm／1本

作り方（とり）

❶尾布中表に縫い胴にしつけ。
❷くちばしを胴にしつけする。胴布を中表に周りを縫い、表に返して化繊綿を詰め返し口を絎ける。
❸羽布を中表に縫い表に返して、返し口を絎け胴に付ける。
❹目、スクリューポンチ（0.2㎝）で穴を開ける。紐を背に付ける。

作り方（花1つ分）

❶表布の上にキルト綿を重ね、キルト綿を内側に4分の1を折り、折り線の真ん中に糸を通す。
❷❶に重ねるように4分の1を折り、糸を通す。
❸同様に重ねて折り、糸を通す。
❹図のように菱形になるように糸を通す。
❺糸を引いて絞り、中央にビーズを付ける。

実物大型紙

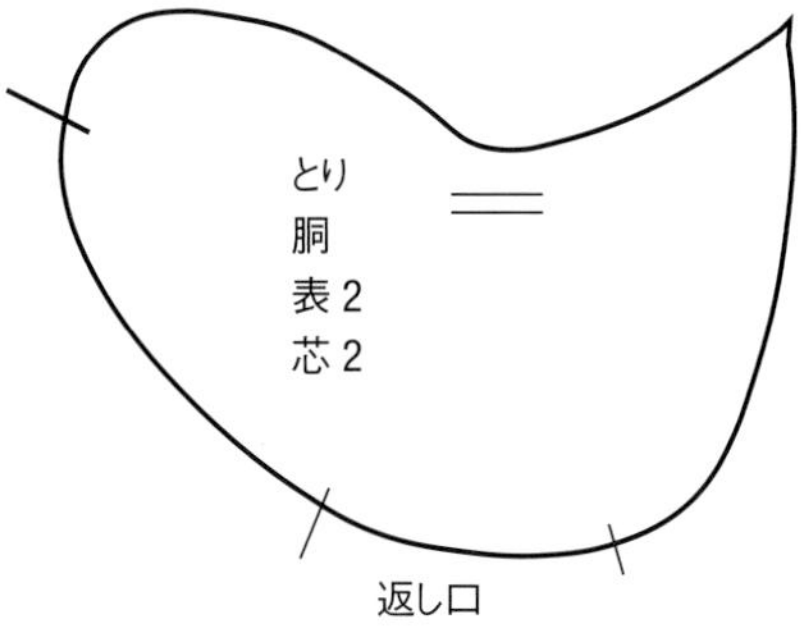

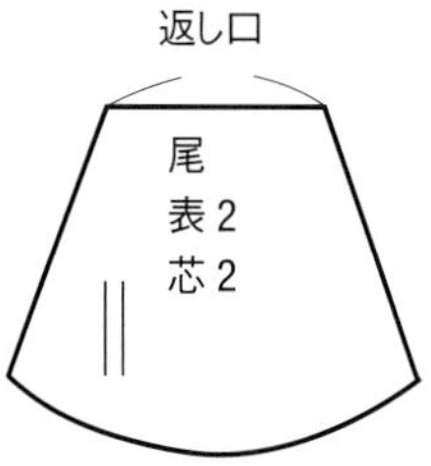

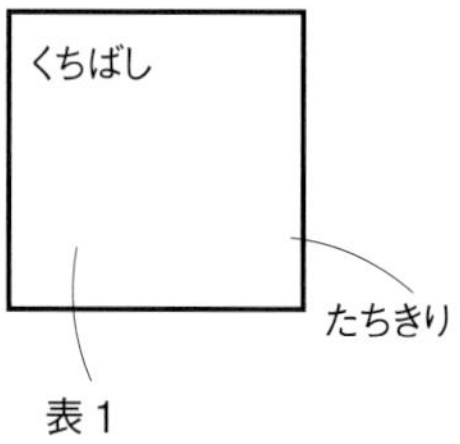

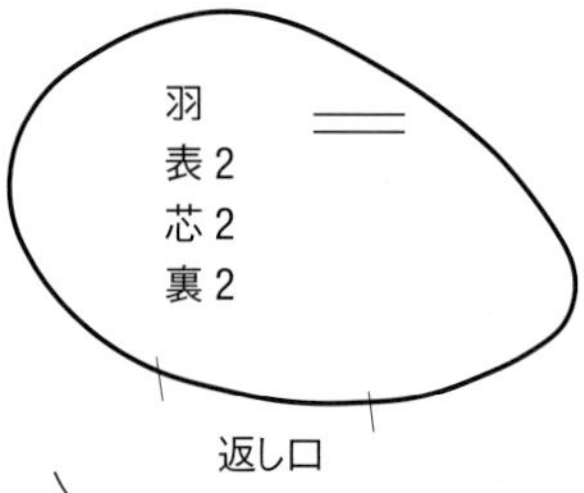

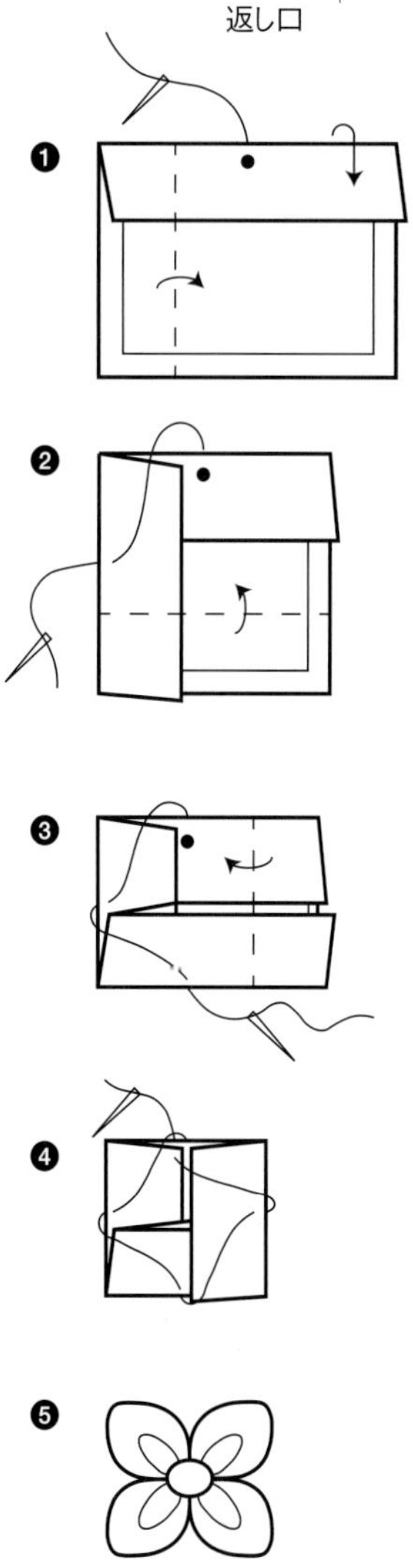

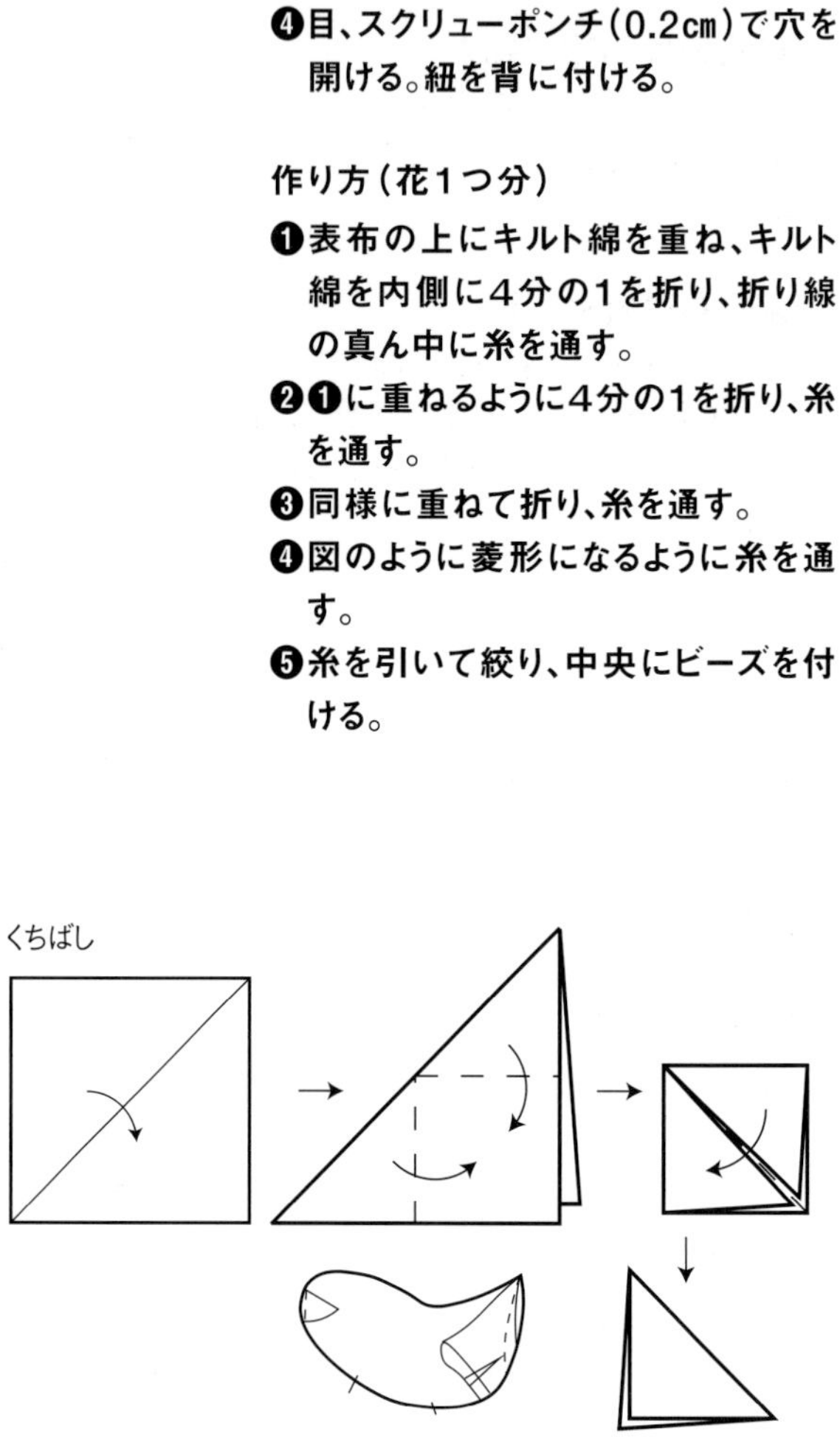

出来上がりの形

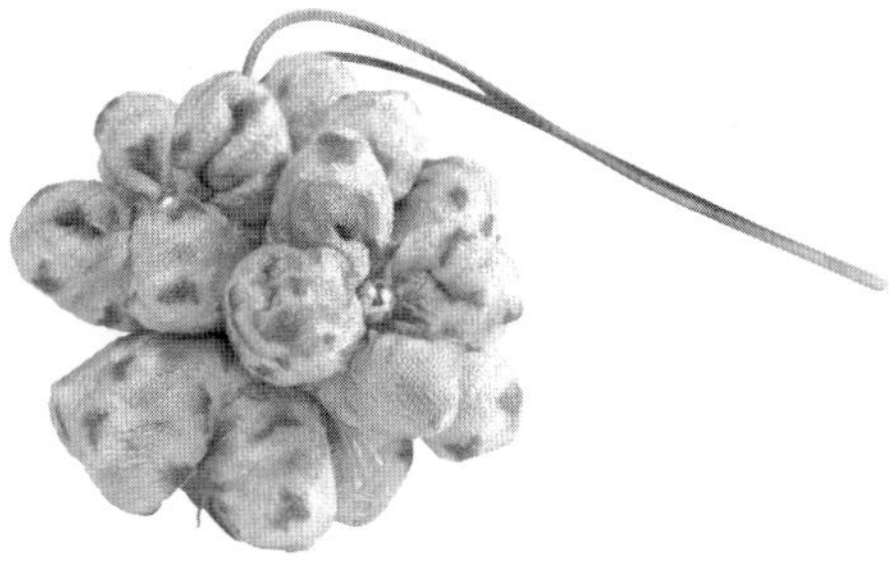

※市販の吊りがなければ木の枝などに下げるとよい。

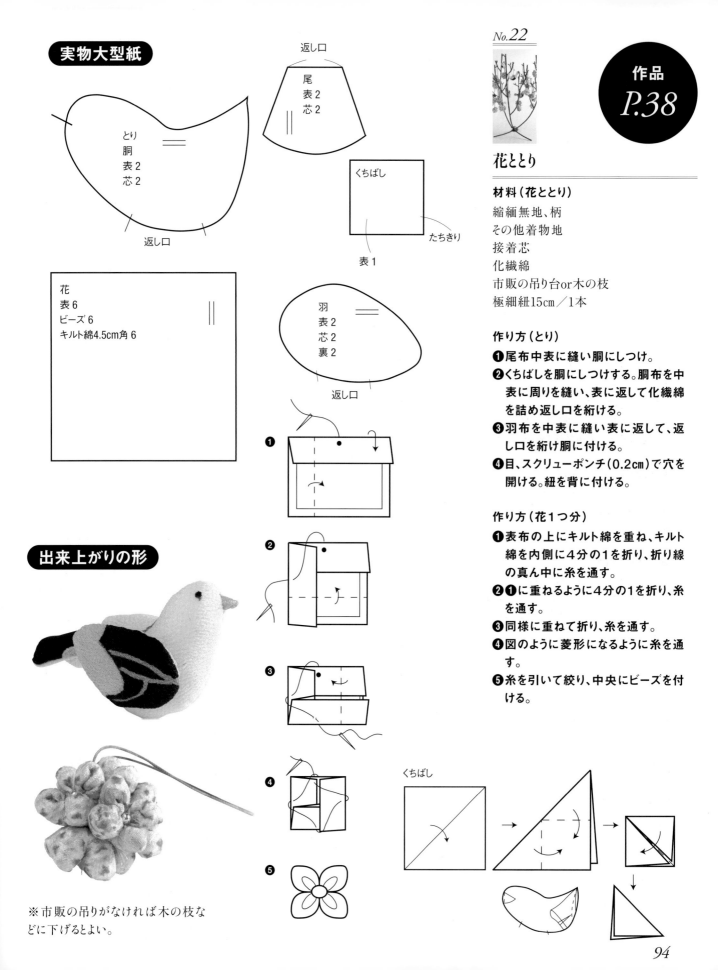

●口縁のぬい方

内づけ（図A）

①口縁の両端は縫いしろを折って縫い、外表に折る。

②外表に折った口縁を内袋と表布の間にはさんでいっしょに縫う。

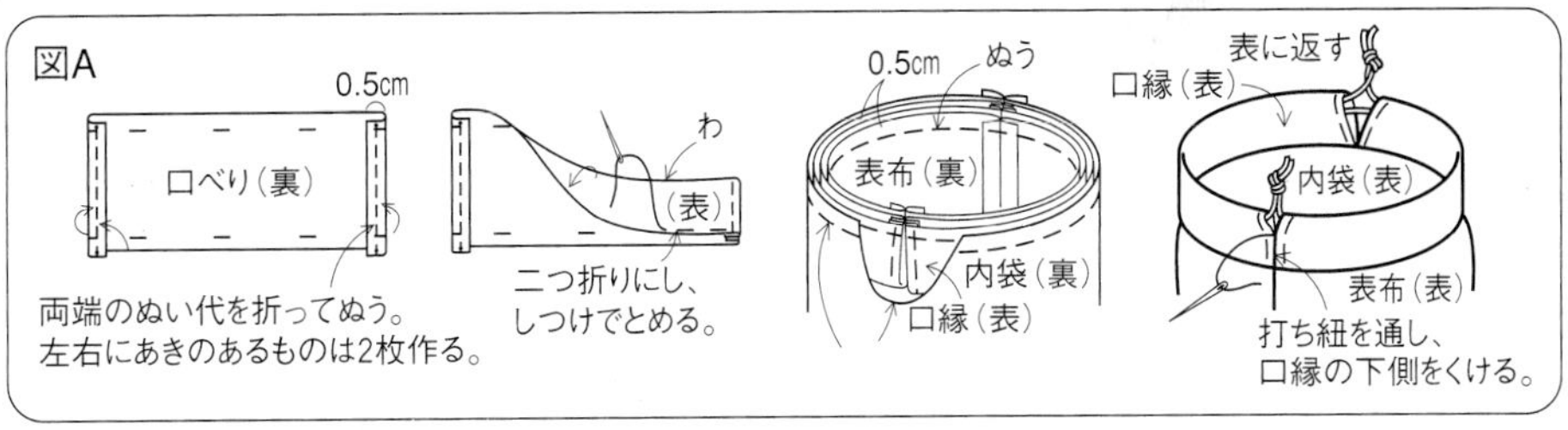

外づけ（図B）

①口縁の両端は縫いしろを折って縫う。

②外表に合わせた表布と内袋に口縁を中表に重ねて縫い合わせ、口縁の縫いしろをまつって仕上げる。

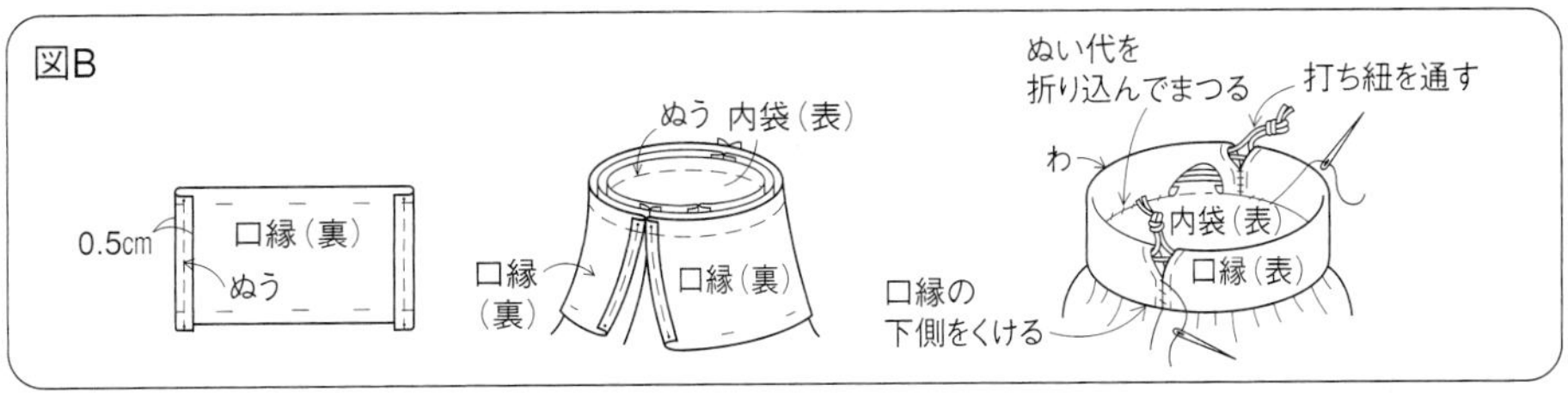

●内袋のぬい方（図C）

外周を5～6等分して、ひと針ずつすくう。縫いしろを内側に入れて、糸を引きしぼる。

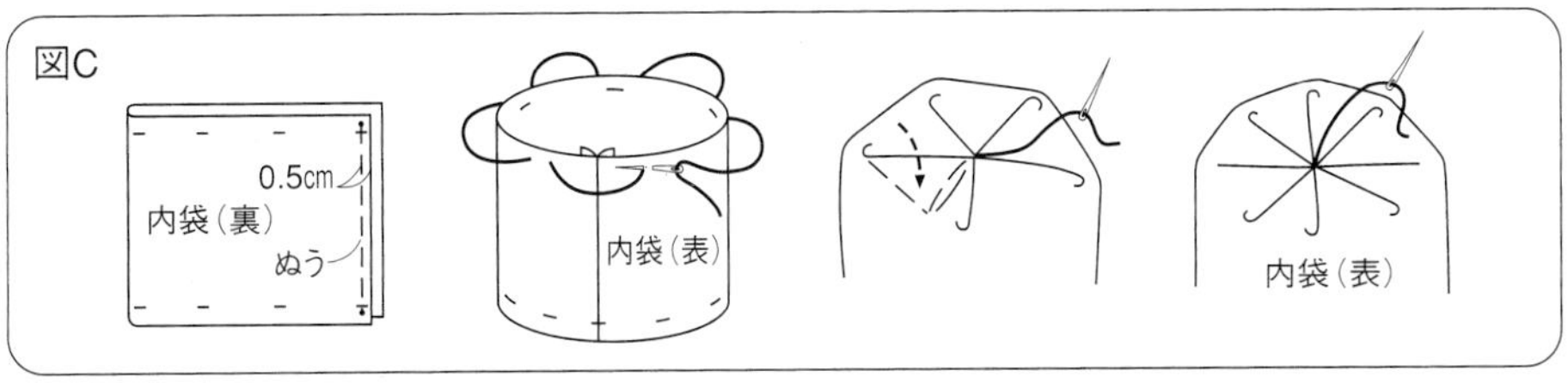

●カーブのぬい方（図D）

布を縫い合わせたら、縫いしろをぐし縫いして糸をしぼってカーブをつけ、軽くアイロンを当てる。布に型紙サイズの厚紙をのせてしぼると、カーブがきれいに出る。

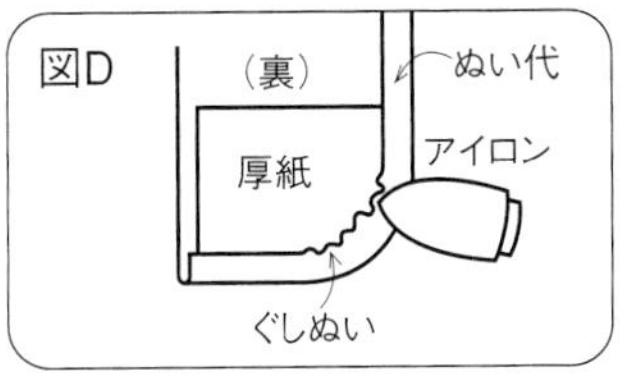

●角のぬい方（図E）

とがった角はひと針手前で返し縫いをし、縫いしろと先端をカットして折り込んで表に返す。

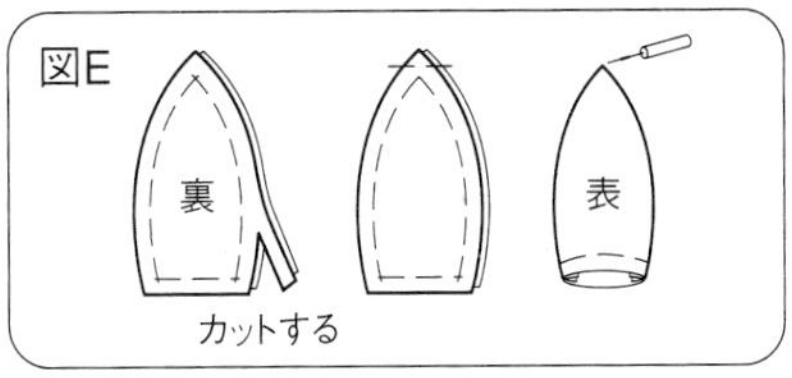

●ひも先飾り（図F）

①表布にキルト綿をのせ、図のように折る。

②ひと結びしたひもを中に入れて糸を引いてしぼり、てるてる坊主のように形づける。

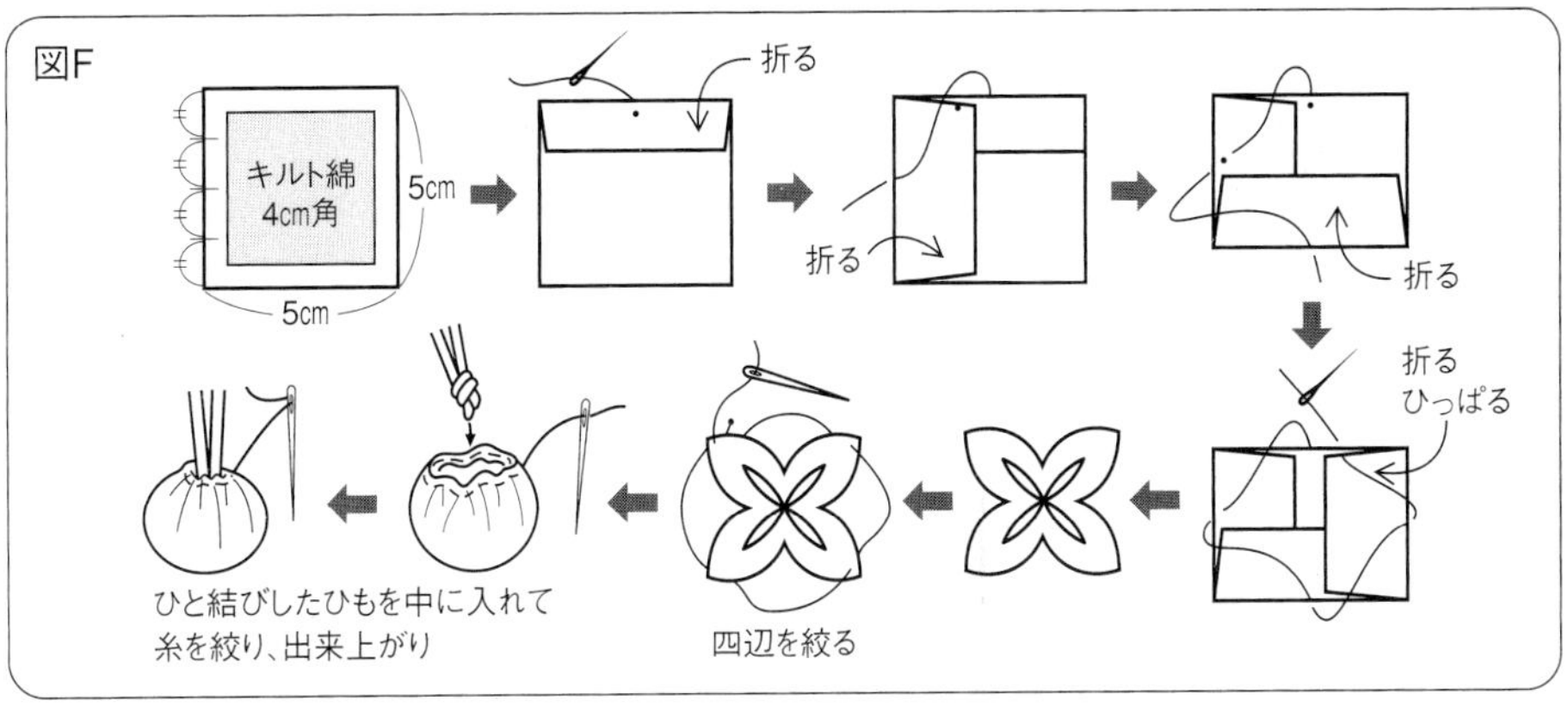

●刺しゅうの種類

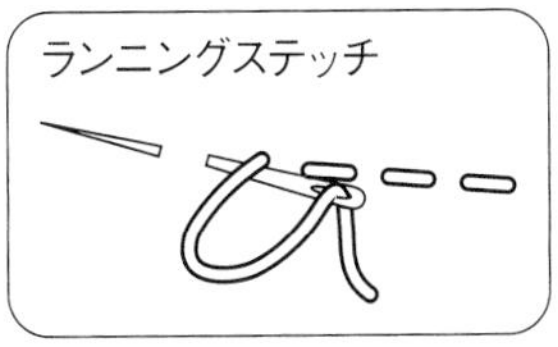

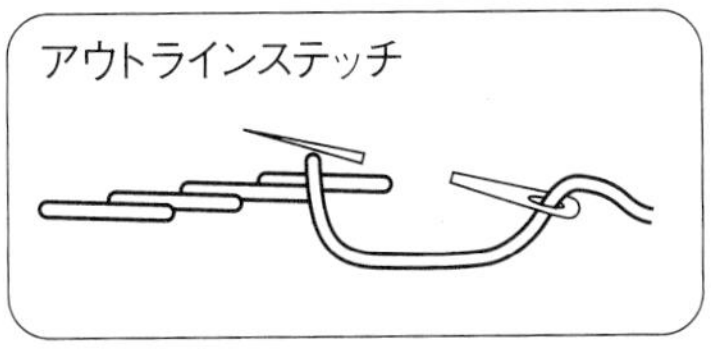

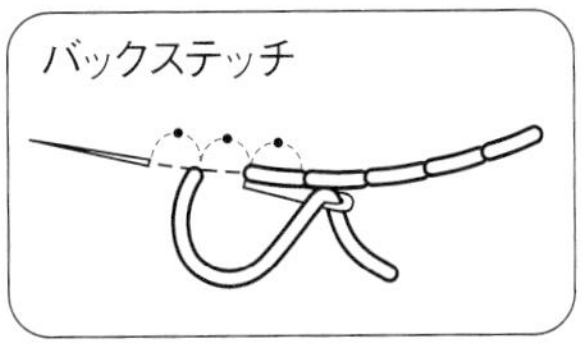

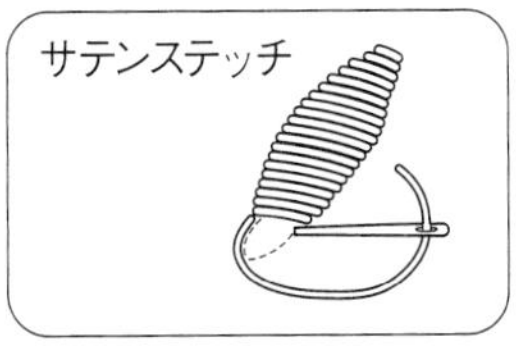

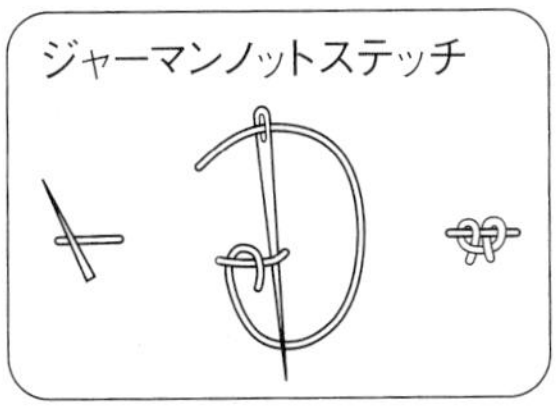

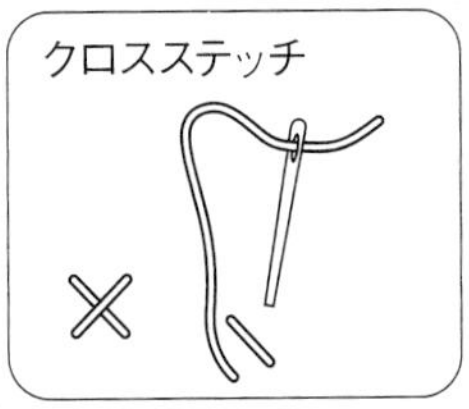

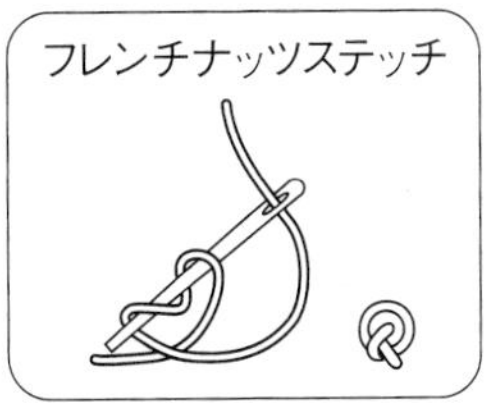

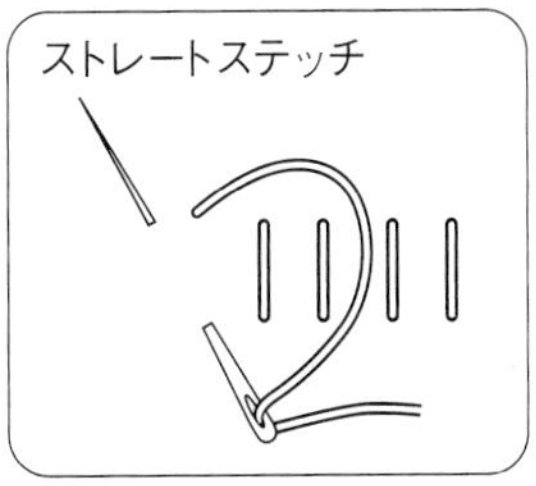

※読者の皆様へ
本書の内容に関するお問い合わせは、
お手紙、FAX(03-5360-8047)、メール@TG-NET.co.jpにて承ります。
恐縮ですが、電話での問い合わせは、ご遠慮ください。
「はじめてのつるし飾りとちりめん細工」編集部。

著者プロフィール

山口信子《やまぐち・のぶこ》

ちりめん細工作家。
1980年代より、大阪三越、東京嫁菜の花美術館、滋賀県泰荘町歴史文化資料館、フランスのカンヌなどで作品展を開催。1990年代より『小裂あそび』(3巻)(フジアート出版社)『四季を飾るちりめん細工』(世界文化社)などに作品を発表。1999年桜井市に縮緬細工資料館「山桜桃」(ゆすらうめ)を開館(現在は閉館)。『はじめての布あそび』(小社刊)『四季のちりめん細工』(誠文堂新光社)など著書多数。

作品制作協力

石川淑子　猪久保敏子　石田智恵子　小野誠子(書)　堺なるみ　嶽釜志津江　辻野友巳
中西崇光(木工)　野村節子　藤井幸代　堀田由子　松原永子　山口美枝子

参考文献

『しあわせ通信』(妙音新聞社)

編集制作　(有)モノアート
撮影　福谷均(ストリーム)
本文・カバーデザイン　cycledesign
イラスト・トレース　Plan B Design　モノアート
企画進行　鏑木香緒里

はじめてのつるし飾りとちりめん細工

2016年11月15日 初版第1刷発行

著　者　山口信子
発行者　穂谷竹俊
発行所　株式会社日東書院本社
〒160-0022 東京都新宿区新宿2丁目15番14号 辰巳ビル
TEL 03-5360-7522(代表)　FAX 03-5360-8951(販売部)
振替 00180-0-705733　URL http://www.TG-NET.co.jp

印　刷　三共グラフィック株式会社　　製　本　株式会社セイコーバインダリー

ISBN 978-4-528-02110-5　C2077